本书系华东师范大学文化建设资助项目成果

华东师大"丽娃档案"丛书

编委会主任

童世骏　陈　群

麗娃记忆

华东师大口述实录

第二辑

主编　汤　涛

上海三联书店

　　很少有一条小河那么有名，很少有一条名河那么小巧。华东师范大学的这条校河，虽然在上海市中心中山北路校区的地图以外难见踪影，却在遍布全球的师大校友的心里，时时激起浪花。

　　站在丽虹桥上望着丽娃河，那绿树鲜花簇拥着的、蓝天白云倒映着的清澈水面，也许有人会认为她过于清纯精致不够豪放，而与师大结缘于郊外新校区的老师和同学们，会觉得她与闵行新校区的樱桃河其实各有千秋。但是，一年又一年，一代又一代，有多少人一提起她的名字有说不完的话，却又常常不知从何说起……

　　华东师范大学成立于1951年10月16日，成立大会的地点就在离丽娃河不远的思群堂。华东师大的基础是成立于1924年的大夏大学和成立于1925年的光华大学，以及其他一些高校的部分科系，其中包括成立于1879的上海圣约翰大学分解以后的理学院（数学系、物理系、化学系、生物系）和教育系，以及圣约翰的11万余册藏书。尽管按惯例我们可以把建校日确定在20世纪20年代，甚至还可以追溯到中国土地上第一所现代大学诞生的一百三十多年前，但我们更珍惜"新中国第一所师范大学"的荣誉，更珍惜曾经是中共中央指定的全国十六所重点高校之一的责任，也因此而更珍惜与这种荣誉和责任有独特缘分的那个校园、那条小河。

　　因此，"丽娃"是一种象征，象征着华东师大的荣誉，象征着华东师大的责任。编撰以"丽娃"命名的这套丛书，是为了表达我们对学校的荣誉和责任的珍惜，表达我们对获得这种荣誉和履行这种责任的前辈和学长们的怀念和景仰，也表达我们对不同时期支持学校战胜挑战、追求卓越的历届校友和各界人士的由衷感激。

　　这套丛书，应该忠实记载华东师大百余年的文脉传承和一甲子的办学历程，全面解读"平常时节自信而低调、进取而从容，关键时刻却挺身而出、义无反顾"的师大人气质，充分展现华东师大精神传统的各个侧面和形成过程。

　　这套丛书，应该生动讲述历代校友的精彩故事和不同时期的奋斗历程，让我们和我们的后代们知道,华东师大的前辈们是怎样用文化的传承来抵抗野蛮和苦难的,是怎样用知识的创造来追求光明和尊严的,又是怎样努力用卓越的学术追求与和谐的团体生活,来培养德智体美全面发展的社会主义建设者和接班人的。

这套丛书,更应该激励我们和我们的后代,永远继承"自强不息"、"格致诚正"的精神,发扬学思结合、中外汇通的传统,不断追求"智慧的创获,品性的陶熔,民族和社会的发展"的大学理想,忠实履行"求实创造,为人师表"的师生准则。

这样一套丛书,将不仅成为华东师大这个特定学术共同体的自我认识和集体记忆,而且也将成为人们了解现代中国高等教育曲折发展脉络、研究中华民族科教兴国艰苦历程的资料来源和研究参考。

从这个角度来看,编撰出版这样一套丛书,是以一种特殊方式续写着华东师大的历史,更新着华东师大的传统,丰富着华东师大的精神。

因此,我们有多种理由对丛书的诞生和成长充满期待,祝愿"丽娃档案"丛书编辑工作取得圆满成功。

华东师范大学党委书记

2014 年 5 月于丽娃河畔

目录

张瑞琨：从苏联留学生到大学校长 / 1

吴　铎：走在开拓新学科的道路上 / 17

郭豫适：慎思笃行　学者风范 / 37

江　铭："双肩挑"的读书人 / 51

徐天芬：不求立丰碑，只盼理想早实现 / 65

黄永砥：绘制遥感人生的地图 / 81

盛和林：探索动物世界的农家子弟 / 95

倪蕊琴：我的托尔斯泰情结 / 113

颜逸明：家贫才钝好追求　天道酬勤乐悠悠 / 129

陈崇武：一生难逢的两次重要机遇 / 143

宋永昌：生态学科的守护者，环境学科的探路人 / 159

陈伯庚：中国化的马克思主义经济学者 / 175

彭漪涟：跋涉在逻辑教学与研究的征途上 / 189

王耀发："金嗓子喉宝"之父 / 205

梅安新：察地扶摇上九天 / 219

沈焕庭：我对河口怀有深厚感情 / 233

齐森华：我把学生看作我生命的延续 / 251

邹兆芳：人生选择　选择人生 / 265

周尚文：跋涉在求真路上 / 281

张　超：地理学人铸人生 / 297

茆诗松：中国数理统计的开拓者 / 313

刘运来：千金一诺　大爱无疆 / 327

跋 / 343

张瑞琨，1935 年生，上海市人，自然科学史、自然辩证法教授，华东师范大学第四任校长（1992 年 12 月—1997 年 2 月）。

1956 年华东师范大学物理系毕业后留校任教。1959 年底赴苏联科学院列别捷夫物理研究所做研究生，1963 年获副博士学位。回国后，历任上海华东师大物理系讲师、副教授、教授。先后担任华东师大物理系理论物理教研室副主任、自然辩证法暨自然科学史研究所所长、外事办公室主任、上海市高等教育局副局长、华东师范大学副校长、校长。兼任中国自然辩证法研究会常务理事、上海自然辩证法研究会理事长、上海市政协委员等职。1992 年荣获国务院颁发的政府特殊津贴和证书。

长期从事自然辩证法和自然科学史研究，对物理学史造诣较深。主要著作有《近代自然科学史概论》（共三册，主编）、《自然发展史》、《自然辩证法讲义（初稿）》（合编，获中国自然辩证法研究会优秀著作奖，北京市 1978 年以来优秀著作一等奖）、《自然辩证法通论》中的《自然论》（主编）。共发表论文 30 多篇，主要有《基本粒子结构认识简史》、《Planck 的内插方法和能量量子化》、《为寻求真理所付的代价》等。

"留学苏联是我人生的转折点"

主持人:张校长,您好!华东师范大学档案馆正在实施"丽娃记忆——华东师大口述实录"项目,计划采访一批 80 岁以上的老干部、老教授和老校友,希望通过大家的口述,记录华东师大的历史,您先简单介绍一下您的求学经历吧?

张瑞琨:我是 1935 年 1 月出生在上海,小学和中学也都是在上海就读的。读小学正赶上是抗战时期,读中学是一半在解放前,一半在解放后。1952 年夏天,我读的是高三上学期的春季班,当时规定春季班也能报考大学,所以我高中只念了两年半。我报考华东师大是因为当时国家刚解放不久,要发展教育事业。发展教育事业关键就是教师资源,当时国家号召高中毕业生报考师范、献身教育事业。在这样的形势下,我通过全国统考进入华东师范大学物理系物理专业学习。

我们班级有 60 个人,其中有应届高中毕业生,也有调干生,即工作过的人。这样的班级学习上差别还是蛮大的,有的人学起来比较吃力。当时大家一心想把成绩搞上去,都有一个朴素的想法,不要辜负党和国家对我们的要求。特别是调干生,即使他们学习非常困难,也非常刻苦。在这样的情况下,我们分了 5 个学习组,一个学习小组 12 个人。学习比较好的学生和学习比较困难的学生在一个组里,我们希望在自己学好之后能够把相互帮助的对象的成绩也搞上去。我们经常自己复习完,还要和别人讨论,所以自修教室晚上人都是满满的。这种方式对彼此的提升都有很大的好处。通过这个学习小组,你要动脑筋去想怎么和别人讲,这个过程就

2005年，张瑞琨校长和夫人徐文柳教授合影

加深了自己的理解，我认为这种形式实际上是双赢。

在生活上我们也是互相帮助。我印象最深的是吃饭也直接和老师坐一起，八人一桌，大家互相关心，气氛很好。老师们对待教育事业都非常敬业，对待我们就像对自己的弟妹和子女一样爱护。所以有时候如果我们不去找助教辅导，他们会主动问我们，哪些人学习比较困难，然后找学习困难的同学去教研室一起讨论，打消疑虑。我们华东师大有个传统，就是学会老老实实做人，我们的老师这么教育我们，将来我们当了老师以后也这么教育我们的学生，所以师大出来的人工作都很勤恳。

我跟我夫人徐文柳是同班同学，她后来是物理系理论物理教研室教授。1952年考入华东师大物理系，1956年毕业进了理论物理研究班，1958年毕业以后被分配至福建师范学院。我们是1959年结婚的，结婚一个月不到，我就出国了。她则一直在福建，直到1973年再回到华东师大，所以我们一分就是15年。这个可能在别人看来很难接受，但我们也都克服了，因为我们接受的教育就是勤勤恳恳工作，要以事业为重。

主持人：您是1959年12月赴苏联科学院列别捷夫物理研究所做研究生，当时的背景是什么？能否谈谈您在苏联的学习、生活经历？苏联的教育模式给您印象最深的是什么？

张瑞琨：由于国家需要培养一批较高层次的人才，我有机会于1958年参加赴

1962年，张瑞琨摄于莫斯科红场

苏联留学的选拔考试，并有幸获得通过。这个也可以说是我人生中的一个转折点。为了做好赴苏联留学的准备，我于1958年10月去北京俄语学院留苏预备部学习俄语。正在这时出现了一个情况，中国和苏联教育的交流名额用完了，但是中国科学院交流的名额还有多的。于是，中央决定从高校中抽一批同志代替科学院去苏联科学院学习，我有幸被抽中，所以我1959年12月到苏联去学习了。这就是我去苏联科学院学习的背景。

1959年12月我赴莫斯科开始了留学生活。我被分到苏联科学院列别捷夫物理研究所理论物理研究室读研究生，学制为3年半。我的导师是著名物理学家、诺贝尔物理学奖获得者、苏联科学院院士塔姆先生，这位犹太血统的老人很慈祥、和蔼，曾访问过中国。研究所除了要求我补习俄语外，还给我配备了一位小导师，他叫戈里芳特，是位在格鲁吉亚出生的副博士。

根据规定，我必须要通过两门课的考试，才能开始学位论文的研究和撰写工作。大导师提出，我的第一门学位课程要通过"量子电动力学"的考试，他指定了参考书，要我什么时候准备好，什么时候来考。我顿时傻了眼，因为"量子电动力学"这个名称我从来没有听到过。此时此刻，我心里很清楚，艰难的生活已经在等待着我。我去书店购买了导师指定的参考书，这本书16开本，共652页。第一页的物理内容我就不懂，在学校里也没有学习过。我想我别无选择，国家花了这么多的财力来培养我，我只能是拼命努力完成祖国和人民交给自己的任务。我足足花了一年半的时间读懂了书的内容,推导出书中的公式。

于是,我就向小导师提出考试要求,我的这门考试获得了通过!第二门考试科目为"统计物理",经过3个月的准备,我也获得了通过。经过这两门课程的苦战,我体重一下减了10公斤。由于我们每个人都下决心必须在3年半内完成任务,和导师商量后,我的学位论文题目定为《利用格林函数方法研究重子——反重子系统束缚状态的性质》,这是理论物理中基本粒子理论研究较前沿的课题。在导师的指导下,我查阅了大量文献,同时参加研究室的学术讨论会,进行大量的数学计算。到1963年初,我的论文基本完成,导师对结果也比较满意。经研究所的学术委员会批准,我于1963年5月2日上午进行论文答辩并通过,我获得了苏联科学院数理学部副博士学位。

在留学期间,我还担任了一些社会工作。我在中国科学院赴苏留学的留学生会中先后担任了文娱部长和留学生会主席。1961年以后,因为当时党的组织已经不公开了,这个留学生会组织还成为与大使馆联系、与苏方打交道的机构。所以我后来从事外事工作、管理留学生的本领就是从这个时候学起的。

与自然辩证法结缘

主持人:您后来怎么从物理学改为自然辩证法研究,这里面的契机是什么?

张瑞琨:1963年暑假后,我从苏联回到了华东师大物理系,任理论物理教研室政治副主任,先后担任了原子物理学、热力学统计物理学、基本粒子物理学的教学和研究工作。为进一步提高自己的思想政治品德,1965年我曾去南汇县周浦镇的解放军防化连当兵3个月。"文革"开始后不久,我去校办厂锻炼,后又去"五七干校"学农一年半。我被安排忙这忙那,就是不能接触业务。1972年初,我的老师袁运开先生找我,要我和他一起学习、研究自然科学史和自然辩证法,这样还可以接触一些物理学。当时我欣然同意,就参加了由袁老师领导的自然辩证法组。我们这个自然辩证法组后来发展成自然辩证法暨自然科学史研究室,乃至自然辩证法暨自然科学史研究所。1978年,这个研究机构被审核批准为全国名列前茅,可以招收自然辩证法和自然科学史两大专业研究生的单位。我们参与了全国第一本自然辩证法教材,即《自然辩证法讲义》(初稿)的编写工作。从1978年开始,我们每年都招收研究生,还接受国内访问学者、举办助教进修班,为国家培养了不少人才,为这两个学科的发展作出了贡献。

有人问我，你学自然辩证法有什么体会？我说主要有两条，第一条是自然界的发展，停滞的观点是不对的。无论是自然发展史，还是地球、天体、人类、生命、社会都要发展，蓬蓬勃勃地发展。第二条，要有辩证的思维。恩格斯说过：一个民族要站在最高峰，一刻不能脱离理论思维。理论思维就是辩证法。所谓辩证法，当你成功时，你要当心失败的到来；当你失败时，要相信成功就在前面。创造性人才培养关键在于其思维方法，要善于提出、发现问题。所以我们比较系统地学习了哲学著作、自然辩证法。我们学习打了基础后，研究所还是作了些贡献，在全国还算比较好的，可惜现在没有了。

从1977年开始我担任研究室主任，后又任研究所所长。除了自己担任教学工作、开展研究工作、指导研究生以外，还组织全室同仁们共同搞好教学和科研工作，完成有关方面下达的任务。1981年，我赴罗马尼亚布加勒斯特参加了"第十六届国际科学史会议"，在会上宣读了论文《宋应星的〈论气〉及其在声学上的成就》。

1982年5月，学校将我调至外事办公室任主任，虽然是"双肩挑"，继续教学、研究工作和培养研究生，但我还是改变了工作的轨迹，开始朝管理工作方面转向。做了一年半以后，上海市委和市政府决定调我到市高等教育局工作，任高教局副局长。这给我的人生旅途又增添了新的色彩。

高教局的角色转换

主持人：担任高教局副局长期间，您主要做了哪些工作？

张瑞琨：1983年10月18日，我去上海市高教局报到时才知道，当时是从3所全国重点高校各调一位同志前来高教局担任局长和副局长。上海市的领导同志告诫我们3人，到上海市高教局来工作必须进行角色转换，不能只从重点大学角度来处理问题，必须重视市属高校的实际，尽快努力提高市属高校的水平。这一嘱咐，在我的脑海里是生了根的。

根据分工，我负责人事、师资、科研、科技开发、对外交流等项工作。到高教局工作后，我并没有离开华东师大的教学和科研，编制仍属学校，仍兼任自然辩证法暨自然科学史研究所所长，指导国内访问学者和研究生，为研究生、进修老师上课，

1987年，张瑞琨参观伯克利加州大学

担任课题研究项目。这些举措，也得到市有关领导的同意。1986 年，我晋升为教授。

在高教局进行教育管理工作，有几件事让我印象深刻。

1984 年，经局党组讨论、局长办公会议研究，计划在市属高校进行重点学科建设，经费每年 1000 万，着重 20 个重点学科，为期 5 年，市政府领导很快就批，同意进行。局党组决定由我负责这一项目。于是，我组织工作班子，拟定申报重点学科的条件和实施细则，在市属高校范围内进行动员，最后评定了 21 个重点学科，从 1985 年就开始实施，每年评估检查一次。到了 1986 年底，我们组织了有关专家和管理人员对市属高校 21 个重点学科建设进行检查评估，评估的情况良好。1989 年我们再向市政府提出报告，希望再建设第二期的市属高校重点学科。

在师资管理方面，我们具体的做法是：一、实行上海高校专业技术职务聘任工作，进一步优化市属高校教师队伍的职务结构和年龄结构，使之趋向合理；二、在对外交流中，让市属高校的青年教师出国进修，以求尽快提高其水平。

职称评定停顿较久以后，从 1985 年开始恢复了高级职务的评审工作，基本是每年评审一次。由国家教委批准，对复旦大学、华东师大等 5 所高校下放了正副教授审定权，对另 6 所高校下放了副教授审定权（这 11 所高校是全国重点大学和部委所属大学），这样市高教局的教师职务评聘工作就可以全力放在市属高校的师资

1993年，张瑞琨校长工作照

队伍建设上。

为了做好留学生工作，市高教局一方面是经验交流，另一方面表彰先进。在1986年的经验交流会上，我向留管干部提出了四点希望，即：树立和加强留学生工作的光荣感和责任感；像爱护自己的子女一样来关心爱护外国留学生；采取多种形式积极开展对留学生的思想工作；留管干部要加强学习，不断提高自身思想水平和工作水平。在1987年的经验交流会上，我进一步提出：树立为留学生服务的观念，加强管理工作，寓管理于服务之中；内事是外事的基础，要做好内部工作，加强科学管理；完善和严格学籍管理制度。

担任华东师大校长

主持人：担任华东师大校长期间，您在对外合作、科学研究和师资队伍，尤其是产学研方面做了很多工作，请介绍一下这方面等情况？

张瑞琨：1990年3月，上级领导决定让我回华东师大工作，担任副校长，协助校长分管人事、师资、科研、外事等工作。1992年12月，我接任袁运开校长担任华东师范大学校长。

我担任华东师大校长之初，当时国家正处于由计划经济向市场经济转轨之中，教育面临着很多问题。我主要着重考虑以下几个问题：学校如何定位，既要不断提

1995年4月2日，张瑞琨校长接待苏联高教代表团

高学校的学术水平，又要认真对待师范大学如何更好地为基础教育服务的问题；如何不断提高教学质量，提高培养人才的质量；学校的经费不足、缺口很大，如何弥补，能否做到收支基本平衡。

首先，我清楚地知道，华东师大之所以能成为全国重点大学，是因为"师范"二字，如果完全变成综合性大学，那就难以保证重点大学的地位。所以，我明确提出全校教职工要"认清形势，转变观念，加快改革，积极发展"。到1994年底，经过调研和反复讨论，我明确提出60字的方针，即"正确定位，办出师范特色；确定目标，发挥学科优势；立足上海，面向华东全国；加强联系，扩大校际合作；从严治校，提高管理水平；深化改革，创建一流学校"。具体的奋斗目标，经过反复讨论和不断修改，在"211工程建设规划"中得到了明确的回答。

其次，我明确提出，要打通成人教育和全日制教育的界限，给受教育者学习自主权。学生可以出去锻炼两年，学校为其保留学籍，工作后可以再回来读书。这样可以提高成人教育的质量，也可以给贫困的学生，或者由于其他原因不能继续读书的学生以主动权。我认为，学生进校选专业，是家长、班主任的志愿，入学后学生发现自己对本专业没有兴趣，如果想要转专业，也是可以的。人才观在不同的社会有不同的内涵，20世纪过去之后，本来以为人才有两种，一种搞研究，一种搞技术。现在看来有第三种人才，叫做工艺性人才。现在掌控数控机床的，是什么人才呢？蓝领工人、掌握计算机技能的人，我们国家急缺这种人才，可惜恰恰普通高等教育

1996年4月23日，张瑞琨校长代表学校在"211工程"部门预审会上汇报

不重视这方面人才。

第三，促进教授、副教授走出校门，为社会服务。无论是理工科还是文科，我号召大家必须走出校门，走向社会和经济建设第一线，多接课题，要使科研经费不断增长，从这一侧面也可弥补学校经费之不足。同时也不断宣传如何使科研成果转化为生产力。我也考虑如何使我校的企业进行重组，转换经营机制，建立现代企业制度。由此，我极力主张把学校的各个企业组织起来，组建企业集团。1995年底组建了华大集团，成立了董事会、监事会，实行总经理负责制。集团组建后，弥补了学校一些财力不足的情况。

第四，在教学工作方面，明确了"本科为本"是至关重要的教育理念。所以在学校教学工作上，我们就不断地提出要保证教学质量，要加强教师的教学梯队的建设，要鼓励正、副教授上教学第一线，要编写高质量的教材，要加强基础实验室的建设等等。在教学工作中，我很主张进行改革，"给受教育者以学习的自主权"，我认为教学工作必须发挥教师和学生两方面积极性才能搞好。我也很赞成实行完全学分制，让教师努力多开设选修课。

第五，中国办教育要取得政府的认可和社会的支持，这是我到现在还坚信不疑的。所以我在任期间努力向这方面去做。最典型的是东方房地产学院的建立。这个学院实行董事会领导下的院长负责制，由华东师大校长任董事长，上海市房屋土地管理局局长任执行董事长。各董事单位出资助学，使学院运转正常。办学的层

2015年7月，张瑞琨（中）与档案馆访谈人员俞玮琦（右）、陈洲（左）合影

次包括大专、本科和研究生。办学过程中，他们还做到了产学研一体化。几年实践证明这个办学模式是成功的，东方房地产学院在上海市房地产界，乃至全国的房地产界都享有盛誉。由华东师大和普陀区人民政府联合创办的华夏学院也挂牌成立，它是民办公助性质的，进行国家学历文凭考试。10年的实践表明办学的质量是好的，为高校的管理机制的转换提供了经验。

除此以外，从1994年起，还先后成立了东方法商学院、黄浦工商管理学院，华东师大电器总公司，学校还与静安区签订了教育合作协议、与普陀区实施全方位合作计划等。

主持人：华东师大"211工程"是从您开始申请筹划的吗？

张瑞琨：国家提出在21世纪重点建设100所大学的"211工程"之后，学校工作的重点就放在制订建设规划、努力争取进入"211工程"建设行列上面。

在校党委的领导下，我负责制订建设规划。我们反复讨论，听取意见，不断修改，同时将修改稿送教代会讨论，以求进一步取得共识。我们在建设规划中明确了奋斗目标："经过15年的奋斗，把华东师范大学建成以教育学科为重点，多学科高水平协调发展，国内领先、国际有影响的社会主义师范大学，成为培养高质量的基础教育、高等教育和职业教育专门人才的摇篮，成为解决国家尤其是上海教育、经济和社会发展重大课题的研究和咨询基地，成为以教育为主的国际国内学术交流中心。"

丽娃记忆：华东师大口述实录

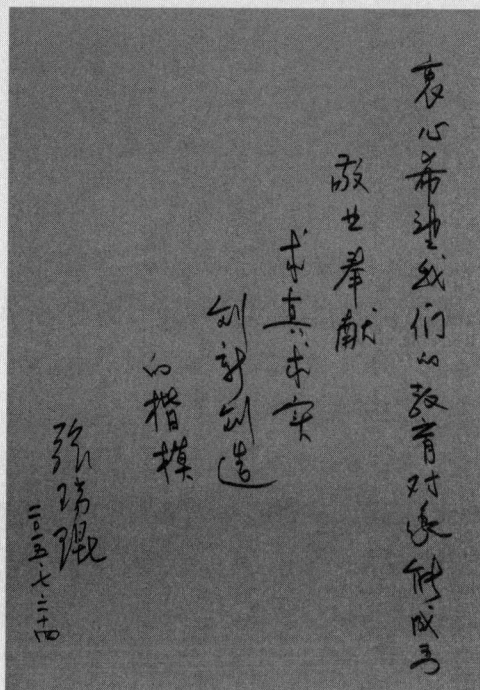

衷心希望我们的教育对象都成为

敬业奉献

求真务实

创新创造

的楷模

张瑞琨
二〇〇五·七·二十四

张瑞琨题词

在 1996 年 4 月 23 日举行的华东师范大学"211 工程"部门预审会上，我以题为"抓住机遇、再创辉煌"的报告向预审的专家组和教育部、上海市的领导做了汇报，并获得了通过。这样学校就沿着这一方向进行"211 工程"的建设。

链接：

现行高校体制的弊病和对高教改革的建议①

当前，随着各项事业改革步伐的加快，社会主义市场经济的逐步建立，高等院校的改革怎么办？最近，华东师范大学副校长张瑞琨教授就这一问题，对记者谈了他的一些看法和建议。

张瑞琨教授说，高等教育的体制，长期受计划经济的影响，已明显不适应整个国家改革开放的发展。他说："对此我已思考了几年。"他认为，归纳起来有六大问题，亟待改变。

一、学制死板，无法调动受教育者学习的主动性、积极性。学生一考定终身，当进校后发现这个专业自己并不最感兴趣，又没法转专业，只能学到底。而且，不管学生学得好还是不好，都是 4 年毕业。有的学生想多学一点其他专业的知识，也不行。整个教育体系，不能充分调动受教育者的主动性，是按计划经济体制下的行政计划来定约，连高校自己都没有自主权。于是，精力充沛的学生，只好把精力用到别的地方去。华东师大从 1984 年开始搞主辅修制，学生很欢迎，表明学生还是希望扩大自己的知识面的。

二、现行教育体制下的录取标准，只适合于从校门到校门的单向流动，不利于让有实践经验的人再回头进入校门学习、提高。这种教育制度"进门难，出门易"。学生凭考分进校，而进来后，没有淘汰机制，不管学得如何，绝大多数都能毕业。相反，有一定实践经验的人，由于在全国统考中处于不利地位，考分不一定比得上应届高中毕业生，就无法进校门。应该指出，有的专业是不适宜招应届高中毕业生的，如各类管理专业，从来没有在企业、科研单位等工作过的高中生，怎么能达到培养成中高级管理人才的要求？应该让有一定实践经验的年轻人进校来读这类专业。但我们的录取标准只有一个——按考分划线。结果，一些非常想学而考分低

---

① 原载《文汇报情况反映》第 147 期，1992 年 9 月 9 日。本文由中共中央政策研究室《简报》第 429 期（1992 年 10 月 14 日）转载。时任中共中央政治局委员、国务委员兼国家教委主任李铁映同志批示："请开轩、克明、遵谦、元庆（远清）同志阅。教改应在委属学校加快进行试点。铁映 10.16。"

了些的工人、干部没有机会学；而对学习并无多大兴趣的人，却勉强地在学。这种状况，各校都普遍存在。

三、中专、大专、本科之间截然分隔，没有联系的通道。一个高中毕业生高考差了一分，没有进本科，进了大专，如果他大专学得很好，想再进本科，就不行，必须毕业后工作几年，再考专科升本科。而考进自然科学类本科专业的学生，如果他想改读工艺型的专业，也不行。还有，如果他进校读一年后，想去工作一段时间，以后再来继续读，更不行，要被取消学籍。这样，受教育者不能重新选择，无法根据需要和本人的爱好不断地塑造自己。这种将不同学制、不同专业截然隔离的做法，不适应当代社会科学与自然科学交融、汇流的趋势，不适合培养复合型的人才。国外的大学没有这种割离的体制，他们用"学分"将这些都"通"了起来。社区大学的学生，可进州立大学，而学分也可被承认。我认为本科生读了一两年，可以去工作，今后再来读成人高校。全日制和成人高校应该相互融通。我希望，像华东师大这样的高校，可以先试点，用学分制把全日制脱产学习和成人在职学习联通起来，使这两种学制真正成为高校的两条腿。

四、教育内容偏重于知识讲授，忽视实践教育。尽管现在也有实验课和实习时间，但实验课只是作为理论课的补充、知识的证实。实践教育应起到课堂教育起不到的作用：对学生进行辩证唯物主义思维方法教育；进行实事求是作风的教育；进行严谨的科学精神的教育；形成现代科学研究需要的协作的观念；培养动手能力、创造性思维的能力，等等。对这些要求，目前的高等教育尚缺乏重视。

五、在硕士、博士的培养上，自己束缚自己。硕士生学习期太长，国际上硕士生的培养时间一般是一年半，而我们要2至3年。有的外国专家认为，我们培养的硕士生，相当于他们的博士生，这样就影响了国际学术交流。在博士生的培养上，对自己人卡得太紧，比如同一个专业，全市只准有1至3个博士生培养点。结果，培养点少，许多想读博士的学生就只好跑到国外去读，而实际上我们不少专业培养博士的水平不比国外的水平差。

六、学校教育与社会教育的标准不一，在价值观念的取向上不同。现在，社会上有人才市场、技术市场、文化市场、金融市场，市场观念已影响、渗透到社会生活的各个方面，但我们的教育观念，还是计划经济下的陈旧观念，无法向学生讲授和解释市场经济状况下产生的许多纷繁复杂的社会现象，更无法正确地引导学生介入各种类型的市场竞争。于是，教育界滞后于社会的经济、科技等领域的发展。社会需要的人,学校培养不出来,而学校培养出来的人,社会不一定需要。

针对以上六个方面的弊病,张瑞琨教授提出改革高等教育体制的七点建议:

一、改变目前国家一切都包下来的做法,实行两个"不包":不包费用,不包分配。不包费用就是让受教育者自己负担一部分费用。现在自费生就比公费生学习积极。当然,收费标准可以考虑如何适当,并设立奖励制度,对学习好的人,可通过奖励制度,减少他的学习费用负担。这样,可在学生中形成一种竞争机制,谁学得好,可以少出钱,学得不好就得多出钱。

二、改革目前的"学年制",实行"学分制"。规定各达到多少学分,就可以大专、本科毕业,不受年制限制。学生可以集中学,也可以分段学,一边工作一边学。只要学分达到了,一样发给毕业证书。

三、采取灵活管理体制,允许学生转专业。当然,不能随便转,要妥善制订一套管理办法。学校负责安排好教室,让教室从早晨到晚上都排满课程,学生自由选择要听的课程。这样,不仅学生学得更主动,学校也发掘了校舍的潜力,可增加招收走读生的数额。

四、改"进门难出门易"为"进门易出门难"。这样,既可改变"一考定终身"的情况,又可让有实践经验的历届生获得进高校学习的机会。看待学生的质量,根据的不是进校的考分,而是毕业时的成绩和实际水平。

五、学校根据社会需要,有开设新专业的自主权。教育行政主管部门主要是宏观控制、目标管理,学校可以根据社会需要,及时更新专业设置,才能及时适应人才市场的变化。

六、打通全日制和成人教育之间的通道。对有些专业,提倡学生先读专科,毕业后有一段工作实践后,再通过成人教育,取得本科文凭。国外许多大学生就是一边工作,一边读书的。至于想读硕士、博士的,就先找一个合适的工作,赚一笔钱,几年后再读,这种情况更多。

七、充分利用退休教师和富余的教师资源,办民办大学。民办大学可采取民办公助的形式,在少增加国家教育经费负担的情况下,增加更多的教育渠道,加快教育事业发展的步伐。

(作者系《文汇报》记者姚诗煌,摘自《教育生涯录——教育科学、自然科学史、自然辩证法文选》,张瑞琨著,华东师范大学出版社,2008 年 11 月第 1 版)

吴铎：走在开拓新学科的道路上

　　吴铎，1932 年 8 月 26 日生，湖北沔阳人。华东师范大学社会发展学院社会学系教授。

　　1954 年毕业于华东师大政治教育专修科，留校任教。先后担任政教系教材教法教研室主任、社会学教研室主任、政教系常务副主任、华东师范大学社会学研究中心主任、华东师范大学教务长、华东师范大学党委副书记。曾任全国中小学教材审定委员会委员、中国社会学会副会长、中国社会学会顾问、全国哲学社会科学规划社会学学科组成员，上海社会学会、社区发展研究会、法制研究会和婚姻家庭研究会副会长等。

　　长期从事学科教育学、社会学、社会工作的教学和研究。主要的研究领域：学科教学论、道德教育、社会学原理、城市社会学、社会工作、社区建设等。

难忘的两年专修科求学经历

主持人:吴教授,您好! 首先请您回顾一下求学经历。

吴　铎:我1952年作为新中国建立初的应届高中毕业生,从重庆市立第一中学考入华东师范大学政治教育专修科,两年毕业。这两年是我人生历程中重要的两年。当时国家十分重视对急需人才的培养,学校配备了最强的教授阵容在我们专修科任教。四门专业基础课分别由教务长刘佛年教授讲授联共(布)党史,知名哲学家冯契教授讲授哲学,经济学家、我校国际金融专业奠基人陈彪如教授讲授政治经济学,知名党史学者刘惠吾先生讲授中共党史。其他专业课也都是知名教授担任。历史学家陈旭麓教授讲授中国近代史,历史学家曹汉奇教授讲授中国通史,政治学家石啸冲教授讲授国际关系,教育学家曹孚教授讲授教育学,心理学家谢循初教授讲授心理学。这样的师资力量可以说是最高水平的。教授不仅给我们传授知识,还十分重视培养我们的能力,尤其是社会调查、科学研究和教学工作的能力。虽然我们的学习时间只有两年,却分别安排了一个月的农村社会调查、一个月的工厂社会调查和一个月的教育实习。党委特别重视我们专修科的思想政治工作。校党委书记周抗亲自兼任我们的班主任,负责我们班的思想政治工作和党的发展工作,与我们学生的关系非常亲密。

在这样有利的条件下,两年的求学生活十分愉快,政治上和业务上获得很快成长。我1953年加入中国共产党。在专业学习的同时,还兼任了一些社会工作,担

1952年，吴铎（右一）在专修科学习

任过校学生会副主席、主席、校共青团团委委员。专修科两年的求学，给我留下终生难忘的深刻记忆，奠定了我人生发展的坚实基础。

创建思想政治教育学

主持人：请谈谈您开始走上工作岗位的情况。

吴　铎：1954年我从华东师大毕业并留校任教，要求我承担思想政治教育学课程（时称"教材教法"）。而当时这门课程处于无教学大纲、无教材、无教师的"三无"状态。按照教学计划，师范大学每个专业都必须开设这门课，比如数学教学法、语文教学法等。老的专业的教学法课程是比较成熟的，思想政治教育是新建立的专业，教学法课程还是空白。当时领导考虑把我培养为思想政治教育专业的教学法课程教师。而我最大的不足是"从学校到学校"，仅有一点教育实习经验，没有在中学任教的经验。为了培养我成为教学法教师，学校领导安排苏联专家杰普莉斯卡娅和我谈了一次话，主要是问了我的情况，对我进行指导。她很耐心地听取后，给我提了建议。她说，如果你要成为教学法的专家，作为一个青年教师，那必须要补一课，到中学去从事教学实践。

在1956年，我去华东师大一附中教了一年政治课。1963年，教育部组织编写中学政治课教材，我被调到教育部，参加了一年半的教材编写工作。教育部领导

全国中学思想政治课教材审查委员会合影，前排左三为吴铎，左四为国家教委原副主任彭佩云(女)

说，你们自己编写的教材，自己去施教，这样才能检验教材是否符合教学需要，自己也可取得教学经验。1964 年，根据教育部的要求以及当初苏联专家的建议，我到华东师大二附中教了一年的课，其间我还兼任了班主任的工作。全心全意实践锻炼了一年，获得了直接的教学实践经验。这些实践经验对于我日后的教学和科学研究工作都是很有价值的。

在长期从事思想政治教育课程建设的过程中，除了担任本专业的教学法课、教育实习指导，还承担了上海市和国家教育部委托的组织编写上海市以及全国中学思想政治课教材的任务，担任上海市中学思想政治教材主编、全国中学思想政治教材编委会主任、全国中小学教材审定委员会委员等。在众多编写人员和上海教育出版社、人民教育出版社的共同努力下，分别编撰了供上海中学生和全国中学生使用的《思想品德》、《思想政治》教科书以及相应的供教师使用的教学参考书。我的研究工作也取得较大进展。撰著了《思想政治课文集》、《德育课程与教学论》，主编了《思想政治教育学》、《中学思想政治课教学法》、《中国著名特级教师教学思想录》（思想政治卷）、《中学教学全书（思想政治卷）》、《中学生百科》等著作。

参与社会学的恢复重建

主持人：您是如何介入社会学学科的呢？

1981年，政治教育系七七级社会学小组研讨恢复重建社会学，前排左二为吴铎

吴　铎：我开始从事思想政治课教学法是进入一个新学科，而参与恢复和重建社会学，是又一次进入一个新学科。关于第二次跨入新学科，我在自己的著作《简明社会学》有过简短的交代。这本著作有一篇前言，题目是"我与社会学的缘分"。说到"缘分"，有三件事是我难忘的。

第一件，是"文革"后恢复高校招生，我系1977年招收的学生主动建立社会学研究组。1978年中国共产党召开十一届三中全会后，中国社会发展进程进入了改革开放的历史新时期。1979年3月15日至18日，由全国哲学社会科学规划会议筹备处主持的"社会学座谈会"在北京举行。会议的目的是商讨如何在马列主义、毛泽东思想的指导下，恢复和开展社会学的研究工作，为中国社会主义现代化建设作出贡献。同月30日，邓小平在理论工作会议上发表了《坚持四项基本原则》的讲话，提出"政治学、法学、社会学以及世界政治的研究，我们过去多年忽视了，现在也需要赶快补课"。[①] 从此，我国社会学走上了恢复重建的道路。恢复和重建社会学的形势，对我们政治教育系的师生产生了巨大的激励和鼓舞作用。我当时主持系里的教学工作，便与"文革"后第一批入学的9位大学生，共同组建了一个社会学研究组[②]，在言心哲

---

① 《邓小平文选》第二卷，人民出版社1983年7月版，第180—181页。

② 1979年4月，政治教育系1977级第一个课外兴趣小组——社会学研究组成立。首批6人是陈莉莉（组长）、孙廷华、王建民、田小丽、毛丽华、王佩蓉，都是对社会问题感兴趣的志同道合者。继而参加的有费少华、蒋鸿祥、徐瑾。

等老一辈社会学家指导下,开始搜集、阅读、翻译社会学的文章、书籍,并编印了一本《社会学资料》。以政治教育系为平台的社会学"补课",就这样红红火火展开了,学习和研究的浓烈气氛,恰似"红杏枝头春意闹"。这成为我结缘社会学的起点。

第二件,是我撰写和发表《当前上海市区乞讨现象试析》文稿。1980 年我碰上了一件新鲜事。那年春季开学后,上海某中学的语文教师出了一道作文题——《除夕》。有个学生写他除夕之夜到"大光明"影院去看电影。走到影院对面,看到一位"大盖帽"把一个怀抱幼儿向路人乞讨的中年妇女带走收容,于是心情难以平静。看完电影却不知所云何事,出影院门抬头一望,只见"大光明"灰蒙蒙一片,高耸的国际饭店正渐渐倒塌下去。情文并茂,颇为动人。对此,教师却形成两种相反的评价:一是拍案叫绝,说是敢吐真言,多年不见;二是不予及格,称文以载道,如此一叶障目,应予批评。争论多时,难以取得共识,于是请华东师大派一教师给予评价和小结。由于参与恢复社会学研究,这项任务落到我肩上。我思考多时,感到问题的关键在于如何认识现时的乞讨现象和乞讨者。为求得正确的分析和认识,我走访了上海市收容遣送站①,请教该站工作人员,查看历年有关资料以及各类收容对象谈话,并随遣送专车前往外地逐村、逐户调查访问。在取得大量材料和理性认识的基础上,我前往该校讲课,后又写成论文《当前上海市区乞讨现象试析》②,该校师生普遍反映"有说服力"。论文被《报刊文摘》采用,国外有关书刊译载③。这是我进入社会学领域后上的第一堂课和撰写的第一篇论文。这不仅使我直接领略到这门学科的价值,而且在情感上也深深地被它所吸引。

第三件,是我撰写《马克思与社会学》论文的经历。1983 年,适逢马克思逝世100 周年。在纪念这位人类伟大的思想家、理论家的过程中,我重新学习他和他的战友恩格斯的一些重要著作,发现在马克思主义的宝库中,社会学也是其中的重要组成部分,而且许多西方学者尊称马克思为社会学的"鼻祖"之一。我作为一个学习、研究马克思主义而又涉足社会学的学者,对此格外兴奋,于是集兴奋和心得于

---

① 收容遣送制度已被废止,按国务院颁布的《城市生活无着的流浪乞讨人员救助管理办法》对城市流浪乞讨人员实施社会救助。

② 《社会》杂志,1981 年第 1 期。

③ Chinese Sociology and Anthropology GUEST EDITORS:David S. K. Chu and Sucan L. Holme University of California,Berkeley,1984.

一体,写成论文《马克思与社会学》。① 文章写成之后,在学术和理论方面总有些忐忑不安。于是不揣冒昧,将文稿转给费老②,请他审阅和指点。后来,中国社会科学院社会学研究所的负责人告诉我,费老看了这篇文稿后,称该稿代表了一种社会学观点,在恢复和重建社会学过程提出新的观点是值得提倡的,同时将该稿推荐给《社会学通讯》③发表。费老的支持和鼓励,成为我参与社会学恢复和重建的重大推力。我深深感到,马克思为我们开辟了科学社会学的道路,而我们对于马克思的最好纪念,就是沿着这条道路阔步前进,并且牢记:任重而道远。

"中国特色社会学"的提出

主持人:"中国特色社会学"是怎样提出来的?

吴　铎:在社会学恢复和重建初期,对于我们要恢复和重建怎样的社会学,展开了广泛的讨论,包括社会学与历史唯物主义的关系,与中国传统文化的关系,与西方社会学的关系等等。有的主张不应简单地提"恢复",限于"恢复"就是走西方社会学之路。我们应该在继承的基础上有所创新,因而是"重建"。重建的社会学应是"马克思主义社会学"、"社会主义社会学"等。有的认为,社会学作为一门学科,具有特定的研究对象,反映共同的规律,不宜给"社会学"增加各种限制语,而宜直称"社会学"。争论中,比较多的学者认为,"恢复"与"重建"并提为好,我们需要的社会学既有学科的特定内涵,又要立足中国国情和融合中国传统文化。"中国特色社会学"概念就是在这样的背景下提出来的。

社会学恢复和重建10周年时,我受中国社会学会的委托,撰写了《创建有中国特色的社会学——重建社会学十年》④一文。重建"中国特色社会学",既是我的认识,也概括了当时大多数社会学者的共同认识。

在我看来,中国特色社会学突出以下几点:第一点,强调以马克思主义为指导。中国的社会科学,都要强调以马克思主义基本理论和方法论为指导。第二点,强调联系中国社会实际。既要融合中国文化传统,更要立足中国改革开放新时期,为社

---

① 《社会学通讯》,1983年第1期。

② 我们社会学界对费孝通的尊称。

③ 《社会学研究》的前身。

④ 《中国社会学年鉴》(1979—1989),中国大百科全书出版社,1989年10月。

吴铎教授出席学术研讨会

会主义现代化建设服务。第三点,强调社会调查的方法,注重社会调查。

应该说,这篇文章具有继往开来的意义,既是对恢复和重建社会学过往十年经验的最基本总结,又是对恢复和重建社会学进一步拓展的主要展望。

本着这样的认识,我还撰写了《上海重建社会学十年》①、《上海社会学重建二十年》②。这是对上海恢复和重建社会学十年、二十年经验的最基本总结,也是对上海恢复和重建社会学进一步拓展的主要展望。上海社会科学界庆祝新中国建立60周年时,我主编了《社会发展与社会学》③一书,比较全面地概述了我国恢复和重建社会学的历程。恢复和重建社会学30多年中,我撰写的主要著作有《社会学文集》、《简明社会学》、《马克思主义妇女观与妇女发展》、《〈家庭、私有制和国家的起源〉读书札记》、《社会工作发展简史》等;主编的主要著作有《邓小平社会理论研究》、《社会学》、《上海社会的现状与趋势》、《中国大百科全书(社会学卷)》"城市社区"部分、《中国社会工作发展报告》、《中国社会工作百科全书》(副主编)、《教育与社会》、《劳动社会学知识》、《城市社区工作读本》、《社区建设:热土上的社会工程》、《上海与香港青少年心理健康比较研究》等。这些著作可以说都贯彻了"中国特色社会学"这一认识。

---

① 《社会学》,1990 年第 1 期。
② 《社会学》,1999 年第 3 期。
③ 上海人民出版社,2009 年 9 月出版。

华东师大与社会学的渊源

主持人：华东师范大学的社会学是起源于哪里呢？

吴　铎：华东师大社会学的历史，最早要追溯到沪江大学社会学系。社会发展学院举办过沪江大学社会学系 100 周年的纪念会，当时我有一个发言，专门讲"继承与发展"，阐述华东师大与社会学的渊源。

新中国建立之初，全国 205 所高等学校中有社会学系 19 个，教师 102 人，学生 975 人。在 1952 年中国高等院校院系大调整中，社会学作为一门学科在中国的社会科学目录中被勾销了。沪江大学社会学系并入复旦大学社会学系后被一并撤销。部分社会学教师和图书资料并到华东师大，教师转到其他专业。

改革开放后，华东师大恢复、重建社会学学科，在一定意义上是对沪江大学社会学系的传承与发展。

首先，简要介绍五位原沪江大学社会学系教师。他们在华东师大恢复、重建社会学学科过程中，发挥了传承与发展沪江大学社会学系的作用。

第一位是雷洁琼（1905—2011）。沪江大学著名教授。新中国建立后，她曾任中国民主促进会中央委员会主席，中国人民政治协商会议全国委员会副主席，第七届全国人民代表大会常务委员会副委员长。她与费孝通教授同为我国恢复重建社会学、社会工作学科的领军人。恢复重建社会学之初，我进入社会学领域的第二篇论文《马克思与社会学》得到雷老的鼓励；我的第一本社会学习作《简明社会学》荣获雷老作序；我还三次到雷老北京住所向她求教社会学恢复重建的问题。

第二位是言心哲（1898—1984）。言心哲 1919 年赴法勤工俭学，1921 年赴美留学，先后在加州阿尔托中学、太平洋学院学习。1923 年入南加州大学攻读社会学和经济学，获文科硕士学位。回国后曾先后在燕京大学、中央大学、复旦大学、中山大学等校担任社会学教授，长期担任复旦大学社会学系主任。1950—1952 年在沪江大学任兼职教授。华东师大建立后，来师大教育系和研究部任职。他是我国第一代社会学者群中的杰出一员。1979 年中央决定恢复和重建社会学后，他应邀前往北京，出席胡乔木召开的重新开启社会学的专家座谈会。

第三位是金武周（1900—1982）。1929 年 9 月，公费留学美国哈佛大学，获三门学科博士学位。1931 年 9 月归国，任教于沪江大学，兼任学校社会系师生实验

吴铎（前排右）与言心哲教授（前排中）合影

基地"沪东公社"主任。1980年受华东师范大学政教系聘任，兼职翻译国外社会学资料，培训出国研究生，参与编著《哲学社会科学词典》、译著《城市社会学》等书。

第四位是励天予（1913—2006）。1933年秋—1937年夏在沪江大学社会学系学习至毕业。1937年秋—1941年夏在沪江大学附设沪东公社任社会工作干事。1947年秋—1949年夏在美国哥伦比亚大学社会工作学院学习并获硕士学位。1949年秋—1952年春任沪江大学社会学系讲师。1982年秋—1993年任华东师范大学社会学研究中心兼职教授。

第五位是陈誉（1920—2003）。1939年考入清华大学，1943年毕业于西南联大社会学系，获法学学士学位。1950年毕业于美国哥伦比亚大学社会工作研究生院，获理学硕士学位。回国后在沪江大学社会学系任讲师。1952年调到华东师大，先后任政教系资料室主任、图书情报学系主任、图书馆馆长。

华东师大恢复、重建社会学学科过程中，传承与发展沪江大学社会学系主要体现在四个方面：

一、开创了华东师大新的社会学学科领域

华东师大恢复和重建社会学，从获准建立硕士点开始。而硕士点的申报和设立由原沪江大学教授担纲。我校1982年开始招生的社会学硕士点是全国首批四个社会学硕士点之一。其他三个设立在北京大学、南开大学、中山大学。硕士点申报以言心哲教授牵头，陈誉和我为辅。研究生指导组亦由三人组成。社会学硕士点的建立,对华东师大社会学学科具有开创性意义,为社会学新学科发展奠定了初步基础。

二、奠定了重视社会学理论和历史的基础

恢复和重建社会学之初,教学计划、教材、教师都缺乏,一切需要从头开始。我们主要依靠来自沪江大学社会学系的几位教授的指导和帮助,逐步解决这些重大问题。在他们的指导下拟定教学计划。他们强调要重视社会学理论和历史,并亲自讲课。当时言心哲教授已84岁高龄,讲授"中国社会学史"课程;励天予也70岁高龄,讲授"西方社会思想史"、"专业英语"课程。在他们(包括金武周、陈誉教授)的鼓励和指导下,由我讲授"社会学原理"及"城市社会学"课程,时蓉华教授讲授"社会心理学"课程等。金武周教授因高龄未能亲自授课,编译了大量《城市社会学》及其他社会学资料,帮助和支持我们为大学生开课以及研究生培养工作。

三、奠定了重视社会调查和社会工作的基础

在拟定教学计划时,他们将沪江大学社会学系坚持走社会学本土化的道路、结合实际办沪东公社的思路、方法,运用于指导我们的研究生和大学本科的一个社会学研究小组。陈誉教授当时身兼图书情报学系系主任、图书馆馆长,还亲自讲授"社会工作"课程。

四、培养了一批社会学研究和应用的优秀人才

在几位原沪江大学社会学教授的指导和参与下,到我校社会学系正式建立时,已培养了数十名硕士研究生。他们毕业后分布在高校、研究单位、党政机关或出国工作。在高校工作的多已成为社会学教授,有的成为学科领军人物;在研究机构工作的成果累累;在党政机关工作的不少担任领导职务,他们一致认为,社会学的眼光、理论和方法,是做好领导工作的重要因素。

我做人和做学问的榜样

主持人:在工作中,有哪些人,哪些事让您印象深刻难忘?

吴　铎:我迄今写过纪念刘佛年、冯契、周抗、徐怀启、常溪萍等诸位老师和领导人的文章,还写过纪念费孝通的文章,也写一些纪念同辈的文章。我写文章纪念他们,就是因为他们在做人或做学问方面对我有深刻影响,是我的榜样。这里,我举《永生的教师形象——忆佛年老师二三事》、《冯契老师对我的人生启迪》两篇纪

念文章,说明我对他们的崇敬。

《永生的教师形象——忆佛年老师二三事》写道:佛年教授是我大学时代的老师,那已经是 50 年前了。佛年老师任教,注重以心育人。入学的时候,我便听说,早在新中国建立之前,佛年老师在上海市第一师范学校担任校长时,就是享誉上海的"民主教授"。他不只是讲授书本,教给学生知识,更是关爱学生,引导学生掌握正确观察和分析问题的方法。特别在针砭时弊时,他更是言辞锋利、大义凛然。听课的学生都以仰慕的心情,聆听他的教诲。亲身受教于佛年老师之后,更深切地感受到,他是在以心育人,是一位名副其实的导师。佛年老师为我们授课时,还担负着校教务长的重任。建校初期的教务长,总揽全校教务工作,是很忙碌的。但是,他总是把为我们授课作为第一要务。每一堂课,他都经过精心准备,任课的一年期间,他从未因其他工作忙碌而上课时迟到、早退,更没有缺过一次课。他对全班 60 多位同学从来都是非常和蔼可亲,对学习上的问题,总是循循善诱,没有责备训斥过任何一位同学。他把每一位同学都看成是自己心爱的弟子,鼓励我们克服困难,学得多一点,学得好一点。他是在用自己的心灵和行为,为我们诠释"师范"二字的真谛,为我们树立教师的形象。

还有一件过年三十的事,也是我终生难忘的。1955 年春节,我时年 22 岁,作为上海的"外来人口",没有一个亲戚,父母弟妹远在四川重庆。刚刚工作,薪资微薄,还要孝敬老人、照顾弟妹,因而囊中十分羞涩,这年春节也就准备就地而过了。但到了年关,不免感到孤独,深深思念亲人。佛年、冯契等几位老师,好像看透了我们的心。那天上午,他们便邀请和我情况相似的三位年轻助教,分别到他们家里过年三十,我有幸到了佛年老师的家。到老师家过年,是我有生以来头一次,见到佛年老师和他的家人,感到十分拘谨。而佛年老师却把我当作他的家庭成员一样,亲切地拉着我入席,将酒杯放到我的面前,说:过节,你也喝一点酒。面对佛年老师的笑容,面对老师全家的热情和满桌丰盛的佳肴,我完全沉浸到"回家"的幸福之中。

《冯契老师对我的人生启迪》写道:组织上决定我担任这门课程(指思想政治课教学法)时,我是唯一的教师,既无大纲、教材、参考资料,更无任何经验,思想上的纠结很多。当年,校长、书记、苏联专家都给我谈话,提出要求,给予鼓励。在这些谈话、鼓励中对我影响特别深远的,是冯契老师的指点和智慧启迪。他对我说:你们都向往从事哲学教学,这很好。但是,眼光要放得宽广一些。其实,研究学科教学法,也就是研究认识论,研究认识论的具体运用。既要研究学生的认知规律、知识传授规律,更要研究学生品德养成的规律,也就是马克思主义内化为信、外化为行的规律。这件事做好了,那就真正体现了哲学的意义。冯契老师还以苏联世界近代史学家叶菲莫夫为例,说明教学法教师应该既是专业方面的专家,又是认识论的专家。叶菲莫夫教授撰著了《世界近代史教程》,为指导这门课程的教学,又撰著了《世界近代史教学法》。我用了很长时间研读叶菲莫夫的这两部著作。冯契老师的指点,对我来说是珍贵的智慧启迪。

在开始恢复和重建社会学时,对社会学在认识上还是存在许多分歧,开展许多争论,其中一个具有全局性的问题,是历史唯物论与社会学的关系。这关系到我国需不需要社会学,需要怎样的社会学。在这个学科的关节问题上,我求教于冯契老师。他说:历史唯物论与社会学的关系可以比喻为灵魂与躯体的关系。历史唯物论是灵魂,社会学是躯体,两者既不应相互取代,也不能互相分离。否定历史唯物论的指引,社会学就等于失魂,因而不能成为一门体现社会客观规律的真正科学;而如果否定社会学,那就等于落魄,失去形体,这样,历史唯物论也就成为空洞教条、苍白无力了。冯契老师这番话,对于我是重要的智慧启迪,对于我们正确认识苏联取缔社会学的教训、处理与西方社会学的关系、创建中国特色的社会学等,都是一种睿智的指引。

教学和党政工作的平衡

主持人:您又要教学研究,又要负责党政工作,怎么兼顾两者呢?

吴　铎:我们教师队伍中,许多人都是在担任教学、科研的同时,也担任党政工作,我们称之为"双肩挑"。其实"文革"之前我主要是从事业务,教研室主任的行政工作不多,主要是组织教学工作。我做党政工作是"文革"之后,"双肩挑"也就是二十来年的时间。

我做过系里的常务副系主任。当时的系主任是冯契老师,他主要是做学术,威望高,是政治教育系的创始人之一。系的行政事务由我来负责,同时我还要上教学法的课和社会学的课,这个时候我是真正的"双肩挑"。到1984年,我被调到学校做教务长,负责全校的教务工作,这个担子是很重的。涉及专科生、本科生、研究生的教务工作统筹。1986年以后,担任校党委副书记,做党委工作,任务更繁重,除了自己的研究生,其他教学工作已经停了。我们这一批做党政工作的干部,是从承

吴铎教授在东方讲坛讲课

担教学、科研业务工作中提拔出来的,和学校建校初期以党政工作为唯一职务的人员具有不同特点。他们以党政工作作为职业,我们是教师兼职党政工作。也可以换一个角度说,我们在高校做党政工作不宜完全脱离教学和科研实际。

做好"双肩挑"工作是要吃点苦的,党政工作很繁忙,给学生上课也要负责,两方面都要尽力,都不能三心二意。最重要的是学会运用唯物辩证法处理好两者的关系,既要有全面观点,照顾到工作和专业两个方面;又要注重把握重点。从大局看,"双肩挑"的重点无疑是工作的一面;但从局部看,暂时看,业务也可能成为重点。将两点论和重点论的关系处理好了,两者兼顾并非绝对不可能。

做党政工作对我研究社会学是很有帮助,因为做党政工作要处理各种人际关系,包括处理学生之间的关系、教师之间的关系、师生之间的关系、员工之间的关系、干部队伍之间的关系,等等。其实这都是社会学的研究内容。有人说,社会学的本质就是研究人际关系,研究人际关系的调整。所以我做党政工作丰富了我研究社会学的知识,在方法上、在观点上也给了我很多帮助,我把他们看成相辅相成、相得益彰的事情。那些年我是坚持"双肩挑"的。在位时,我把做好工作作为第一要务,而从终生发展来说,做好教师始终是我的本分。

对师大学子寄予厚望

主持人:对华东师大的未来、还有师大的学生们,您有什么想对他们说的话吗?

吴　铎:是祖国养育了我们这一代人,也是华东师大养育了我们。我从一个普通学生成长为教授,从一个普通公民成长为党的干部,无论政治上还是业务上的成长,都离不开中国共产党、祖国和华东师大的养育。我们这一代人对党、祖国充满热爱,对华东师大的一草一木充满深情。我衷心期盼,华东师大经过几代人持续不断的顽强奋斗,终能建设成为世界一流大学。

对青年大学生最主要的期望,就是传承我们学校好的传统。华东师大有很多很优良的传统。我主编的《师魂》①一书的前言,概括了我们华东师大的几个优良传统。特别值得我们青年学子继承和发扬的,一是身怀爱国之心,笃行报国之志。我从我们的老师那里学到了他们的爱国热情,很多老师都是到国外去学习深造,学成后回来报效祖国。可以说很多人都抛弃了在国外已经获得或者可以获得的优越条件回来的。二是坚持自强不息,崇尚厚德载物。我们老师一辈和我们这一辈很多人,当时的条件比我们当代大学生的条件要艰苦得多,但是他们怎么能成才呢?就是在艰苦的条件下自强不息。现代年轻人热情高,但有时候也容易产生波动,碰到困难挫折就容易摇摆,信心不足。在这方面要向老一辈学习。三是倡导治学尚严,潜心探究真理。我们老师一辈治学倡导严谨的学风,备课是一个一个字写出来的,文章也是一个一个字、一篇一篇写出来的,一丝不苟,几十年如一日,桃李满园,著作等身。

华东师大的这些优良传统是我们的宝贵财富,是我们世代相系的文脉。只要一代代传下去,并加以发扬光大,就会永葆我们华东师大的优良校风学风。祝愿莘莘学子一代胜过一代,长江后浪推前浪,德智体全面发展,将来成为我们国家的栋梁。

---

① 《师魂——华东师范大学老一辈名师》,华东师范大学出版社,2011年9月出版。

链接：

马克思与社会学(摘要)

西方的各派社会学家,一般都从某个方面把马克思和社会学联系起来,或者称他是社会学者,或者称他创立了一个社会学流派,甚至将他与孔德并列,尊为社会学的"两大鼻祖"之一。马克思和恩格斯首次合著的《神圣家族》明确表示:"我们先发表这部论战性的著作,再各自分头在自己的著作里叙述自己的肯定的观点,以及对现代哲学和社会学的肯定的见解。"①这说明马克思、恩格斯是把社会学和哲学、经济学等学科同样作为自己研究的领域,这就为我们探讨"马克思与社会学"的问题,指明了一条可以遵循的线索。

马克思奠定了科学的社会学理论基础

马克思吸取了圣西门社会学说的精华,而剔除其糟粕,把社会研究从头脑思辨中解放出来,置于现实的基础上。马克思以及他和恩格斯合写的大量著作,许多都可以说是不追求教科书形式的社会学著作。人们只要略加研究,便不难发现他们的著作中包含着丰富的科学社会学的基本原理。

早在 19 世纪 40 年代的初期,马克思便将他的注意中心转向对于德国现实社会的研究。他在《莱茵报》上所发表的许多重要政论,锋芒所向都是当时的社会制度。1842 年写的《关于林木盗窃法的辩论》,1843 年写的《黑格尔法哲学批判》、《论犹太人问题》,1843 年末至 1844 年初写的《黑格尔法哲学批判导言》、《1844 年经济学哲学手稿》等,都提出了许多重要的社会学原理。在这些著作中,马克思开始注重社会的阶级结构,并从纯粹研究政治转而研究经济关系。他明确提出,对于市民社会的解剖,应当在政治经济学中去寻求。这个时期恩格斯也写了许多重要著作,特别是他 1843 年底到 1844 年初写的《政治经济学批判大纲》,奠定了批判资产阶级政治经济学和资本主义社会的基础,提出了科学的社会观,所以被马克思誉为"天才的大纲"。

① 《马克思恩格斯全集》第 2 卷,第 8 页。

我们之所以用了较多的篇幅谈到这些早期著作，是要说明一点：马克思为科学的社会学的奠基工作早在19世纪40年代初就开始了，和孔德完成《实证哲学教程》差不多同时。马克思和恩格斯在以后年代的著作中，特别在《德意志意识形态》、《共产党宣言》、《〈政治经济学批判〉序言》、《资本论》等著作以及大量的通信中，进一步阐发、完善了科学的社会学原理，为社会学的研究奠定了理论基础。

马克思开创了社会调查的研究途径

马克思不仅是一位理论家，而且是一位社会实践家。一方面，他注意审查人类的文化财富，批判地吸收；另一方面，也是更重要的一方面，他将理论的研究建立在对现实社会深入考察的基础之上。

马克思同实际斗争和工人运动始终保持着最紧密的联系。我们知道，马克思一生大部分时间都用在理论著述上。但是，他并没有将自己锁在书斋里。从二十三四岁起，直到逝世前，他都时时刻刻同社会的各种实际斗争、同工人运动和社会革命有着紧密的联系，乃至直接指导、领导这些斗争。

马克思总是把社会实际材料作为理论著述的必要前提。他从大学毕业踏上社会的时候，便为理论著述确立了这样一条原则。马克思的所有重要理论著作，可以说都无一例外地以大量的现实材料作为论证的依据。而这些现实材料，马克思都是通过各种直接或间接的渠道调查得来的。他的《法兰西内战》，是科学社会主义最重要的著作之一。作为总结巴黎公社经验教训的这部著作，是巴黎公社诞生后，马克思对公社给予最密切的关心和有力的支持，直接了解到有关公社的大量材料写成的。马克思不仅细心搜集和研究法、英、德等国报纸材料，而且从公社代表的来信中掌握全面情况。又如《资本论》这部创造全新理论体系的巨大著作，也是以细心调查和研究英国以及资本主义各国的现实材料为前提的。马克思很赞赏英国的社会调查与社会统计工作，称赞英国工厂视察员、编写《公共卫生》报告的英国医生，调查女工、童工受剥削的情况以及居住和营养条件等等，像英国调查委员那样内行、公正、坚决。马克思不仅仔细阅读他们的调查报告，而且在《资本论》中广泛引用他们的调查材料。《资本论》所引用的社会调查和统计材料的数量是惊人的，它堪称当时英国社会经济状况的调查统计大全。

马克思、恩格斯从事社会调查的实践告诉我们，社会调查是社会学研究的基本途径,也是社会学研究的内容。没有社会调查,科学社会学理论便失去源泉;而社会学理论又要通过社会调查去为社会服务,解决社会矛盾,促进社会发展。

马克思对实证主义社会学进行了科学分析

马克思在对社会进行深入考察、为科学社会学奠定理论基础的同时,还以他特有的敏锐目光,注视着资产阶级社会学的建立与发展。绝不像人们所认为的那样,马克思由于鄙弃资产阶级社会学,而对它不屑一顾。恰恰相反,马克思、恩格斯对资产阶级社会学进行了科学的分析,给予了深刻的批判;而矛头则直接指向被认为是资产阶级社会学创始人的孔德和斯宾塞。马克思说:"我作为一个有党派的人,是同孔德主义势不两立的,而作为一个学者,我对它的评价也很低。"①

马克思批判了孔德、斯宾塞社会学的哲学基础——实证主义。马克思指出,孔德的《实证哲学教程》成为一部新的教义,"这部新的教义问答用新的教皇和新的圣徒代替了旧教皇和旧圣徒"。② 这部新教义的基本要领不外两点:人们只能感知现象(即实证的事实),不可能经过抽象思维而认识事物的本质;既然事物的本质是无法认识的,当然也就不可能认识事物的规律。这样,实证主义就从自我标榜的"科学体系"一直滑到不可知论的泥坑。恩格斯批判孔德时,引用了赫胥黎一句很深刻的话:"孔德主义是没有基督教的天主教。"③

马克思批判了孔德、斯宾塞的社会学体系,指出它不过是一种假科学。马克思一针见血地指出,斯宾塞"用假哲学或假科学行话来点缀自己的胡诌"。④ 当实证主义者责难马克思的《资本论》"只限于批判地分析既成的事实,而没有为未来的食堂开出调味单"时,马克思驳斥说,难道要求他开出孔德主义的调味单吗?在马克思看来,实证主义社会学是一种很浅薄的理论,并不是对现实社会的科学认识。

马克思批判了实证主义社会学的阶级本质。马克思说:"孔德在政治方面是帝国制度(个人独裁)的代言人;在政治经济学方面是资本家统治的代言人;在人类活

---

① 《马克思恩格斯全集》第 33 卷,第 227—228 页。
② 《马克思恩格斯选集》第 2 卷,第 424 页。
③ 《马克思恩格斯全集》第 39 卷,第 374 页。
④ 《马克思恩格斯全集》第 32 卷,第 90 页。

动的所有范围内,甚至在科学范围内是等级制度的代言人。"①马克思认为,孔德及其信徒是对现存经济制度完全无知的人,当然不能理解工人为什么要否定这种制度,更不能理解工人阶级力求实现的社会变革正是现存制度本身的必然的、历史的、不可避免的产物。马克思、恩格斯对孔德、斯宾塞的批判十分严厉、尖锐,而又是实事求是的,说理的。从马克思、恩格斯对实证主义社会学的批判中,我们获得的最大教益,就是社会学的研究要坚持实事求是的态度。思想上、理论上的界限要坚决划清,这是一条基本原则;而对社会某些方面所作的具体研究,包括研究的某些具体方法,我们则可以借鉴。

无论从世界范围或中国社会来看,都存在着一种马克思主义社会学传统,也就是科学的社会学传统。这是马克思在社会学领域为我们开创的一条新的道路,正如他在哲学、经济学、法学等其他领域也为我们开创了新的道路一样。一切社会学包含的科学成分、有效的研究方法,我们都要认真学习、借鉴。不过,主要的应该是沿着马克思开创的道路开展社会学研究。

(作者吴铎,原载《社会学通讯》,1983 年第 1 期)

---

① 《马克思恩格斯全集》第 2 卷,第 423—424 页。

慎思笃行：学者风范

郭豫适

郭豫适，1933年生，广东潮阳人。华东师范大学首批终身教授。

1957年毕业于华东师大中国语言文学系。毕业后留校从事古典文学教学和研究工作。1984年晋升教授，1986年起任博士生导师。历任华东师大副校长、研究生院院长，兼任国务院学位委员会中文学科评议组成员兼学科组召集人。现为中国古代文学理论学会名誉会长、中国红楼梦学会顾问。先后获"国家级有突出贡献中青年专家"称号和国务院颁发的政府特殊津贴证书。

主要著作有《中国古代小说论集》（初版、增订版、修订三版）、《学与思：文学遗产研究问题论集》、《中国古代小说批评史略》（合作，有中文版和韩国语版）、《红楼研究小史稿》（清乾隆至民初）、《红楼研究小史续稿》（"五四"时期以后）、《红楼梦问题评论集》、《论红楼梦及其研究》、四卷本《郭豫适文集》、《半砖园文集》、《半砖园居笔记》、《半砖园斋论红学索隐派》、《郭豫适文选》等。

老师说我是"学习典型"

主持人：郭教授，您好！很高兴能采访您，请您先回顾一下您来华东师大之前的求学经历。

郭豫适：我 1933 年 12 月出生于广东潮阳，童年移居上海。我小时候家境并不宽裕，父亲是小商行的职员，学历不高，但爱好文史，平时喜欢读书和写字，教我背诵古代诗文，是我的启蒙老师。

我小学是在我们家乡人办的上海群安义务小学读的。语文老师庄莎莉像我们的姐姐一样，对我们非常好。我记得她在黑板上写过"少壮不努力，老大徒伤悲"这样一句话，给我们留下极深的印象。小学的时候我参加过上海市的书法比赛，还得过奖。比赛用的是九宫格，写的是"我要努力奋斗救中国"，这九个字当年写在纸上，至今永存心间。现在回想起来，深感中国传统书法是瑰宝财富，很值得我们珍视传承学习的。小学毕业后我考入经世中学，我学习比较用功，毕业时老师给我的赠言题词是"学习典型"。我还曾担任过学校的学生会主席，是原上海邑庙区的政协学生代表。当时我们的荣誉感特别强，切身感受到什么叫新社会好，从心底里感悟到没有共产党就没有新中国，这是发自内心、毕生难忘的感受。

主持人：1953 年您报考华东师大中文系，在中文系读书的日子里有哪些令您难忘的学习、生活经历和老师？

郭豫适：我是当时参加全国统考录取华东师大的，录取者名单都登在报纸上。

大学时代的郭豫适（后排中）

那时我们师范生的待遇真是很幸福，入学以后，环境好，伙食好，与来自全国各地的同学友好相处，共同切磋，感到特别满意。毛主席对大学生又特别关心，说大学生正在长身体的时期，伙食费要不要考虑再增加点。这不仅仅体现领袖对我们个人的关心和疼爱，还反映党和国家把高等教育看得很重。我在大学学习期间学费全免，每个月还有三块钱的补贴。学习成绩用的是五分制，五分是满分，但我们对自己的要求很高，考到四分就不是很满意。对我们来说，学习有一种强大的内驱力，平时都十分爱惜时间，连吃饭都匆匆忙忙的，宁愿早一点去图书馆抢座位看书，求知欲特别旺盛。

当时我们中文系的系主任是许杰先生，他和徐震堮、施蛰存、徐中玉、钱谷融、程俊英、史存直等先生都为我们授课，教我们文学理论、古代文学、现代文学、汉语言文字学等诸多课程。另外，还有张耀翔先生教我们心理学，徐怀启先生教我们逻辑学，复旦大学张世禄先生每周过来上语言学概论。我们非常喜欢听他们上课，感觉上课真是一种享受。教我们古代文学的是徐震堮先生，他也是我的导师。徐先生学问既精深又广博，还精通多种外语，包括世界语，可惜的是，当时由于主客观的一些原因，我没有跟着徐先生学会世界语。

又由于当时强调向苏联学习，所以外语统一学的是俄语，后来多荒废了。现在看来，学外语一定要学以致用，如果能够根据自己的兴趣爱好，喜欢俄语就学俄语，喜欢英语就学英语，喜欢两种就学两种语言，能这样会更好的。

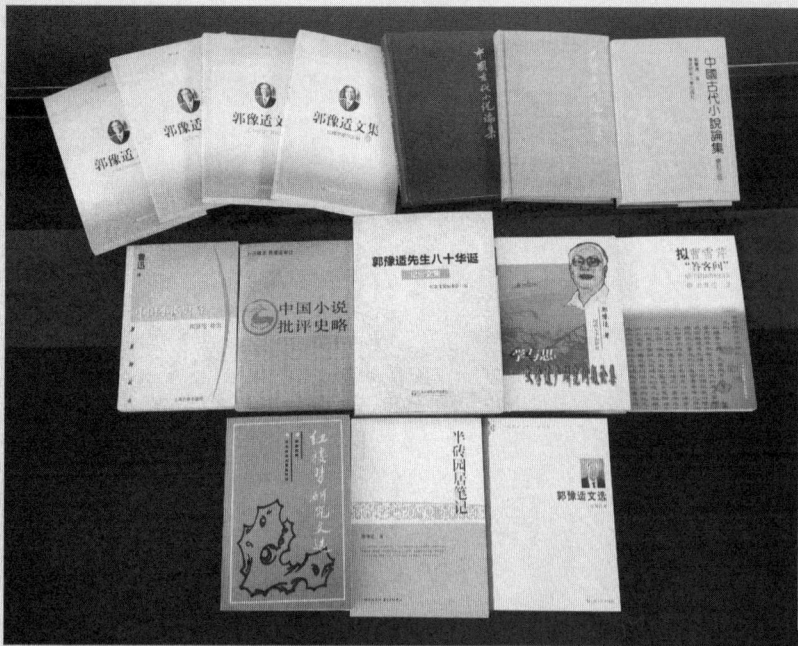

郭豫适教授主要著作

把红学研究更好地继续推向前进

主持人：您多年从事中国古代小说研究，您的《红楼研究小史稿》、《红楼研究小史续稿》是新时期以来开创性的首部学术史专著，广受学界重视和好评。您为何想到研究《红楼梦》这个课题，当您遇到困难时又是如何克服的？能跟我们分享一下您的研究心得吗？

郭豫适：那是 1960 年到 1961 年，中文系开设"中国古典文学专题研究与评论"课程，由程俊英教授、万云骏教授和我轮流主讲，他们两位分别讲《诗经》、宋词，我则讲《红楼梦》评论史，后来断断续续地进行了一些增补和修改的工作，《红楼研究小史稿》基本上就是由那本讲义发展而来。研究学术史在中国是有传统的，我不过是在新时期完成了这样一部学术史专著，在当时还是受到了学界的重视和好评。

但是在写作的过程中确实遇到过很大的困难。首先是史料难找，很多朋友、同学、同志、同事知道我研究《红楼梦》，给我提供了很多参考书籍和资料。当然，最主要的还是依靠图书馆的藏书。那个时候没有复印机，更没有电脑，我就拼命看书，随读随抄。虽然这样的笨办法花的时间比较多，但对后来写书起到了很大的作用。我自己也在实践中深切体会到，假如没有老师，没有同志们的帮助，我不可能发展到现在这个样子，人是离不开大家的。学问是一种"学术公器"，不能把做学问看作

1988年，郭豫适教授（前排右二）与中文系古代文学教研室同事合影

是自己追名逐利的东西。把学问看作是一种事业，还是仅仅是谋取利益的职业，这是很不一样的。

主持人：您是研究《红楼梦》的专家，您如何看待红学研究中的各个学派？在您看来，当今对《红楼梦》的研究是否已经完备？有无继续研究的必要？

郭豫适：这些年来，国内外研究《红楼梦》的人越来越多，"红学"成了一门世界性的学问，成了显学。"红学"的研究总体来说是取得了很大成绩，这很值得高兴，我觉得有继续研究的必要。学问有很多种做法，评论也可，考据也可，关键在于是否实事求是，是否得当。然而，有些研究过多地依靠主观猜测，"索隐派"、"自传派"的味道颇浓，恕我直言，我认为这并不属于科学考证。举个例子，早在1981年，我写了一篇文章《拟曹雪芹"答客问"——红学研究随想录》，发表在《光明日报》上，这是我在全国"红学"讨论会上宣读的论文。这篇文章有什么特点呢？这是一篇学术文章，采用的是写小说的笔法，所以显得新鲜生动、活泼有趣，受到了大家的称赞。写的是什么呢？就是写曹雪芹在自己家的客厅接待那些索隐派红学家到访。某年某月某日，曹雪芹在家里接待这些人，这些人对《红楼梦》有共同的见解，就是"索隐派"研究，以出于自己的想象，主观臆断、私自猜测的方法研究《红楼梦》。我写这篇文章的目的就是反对这种研究方法。

关于《红楼梦》著作权问题，索隐派研究至今也仍在继续。李希凡有篇文章感慨称，有人说《红楼梦》的原始作者已有65个之多，而且还会越来越多。我也深有

郭豫适教授（左）与原校党委书记施平（中）、中文系教授徐中玉（右）合影

同感，是不是再过没多长时间会有更多呢？一本好好的书，现在变成在研究几十个作者究竟是谁。李文指出，曹雪芹就是曹雪芹，《红楼梦》就是《红楼梦》，对于这部名著，因为观点立场、出发点不一样可以有不同的看法，但是无论如何研究学问用这样的方法是很不好的，他认为这个应该纠正过来，我赞成李文的观点和他提出的批评。

主持人：您对后人研究《红楼梦》还有什么建议呢？

郭豫适：其实红学界主张重视红学研究史，批评索隐派的非科学性的人很多，我只是其中一个而已。一方面，要批评红学研究中那些不恰当的东西；另一方面，研究者自身要不断地提高学术素养和学术品格，这是大家的企盼。《红楼梦》是一部大书，是我们民族的骄傲，把红学研究更好地继续推向前进，这是新一代学人的学术使命，是弘扬传统文化，建设新文化的时代需要。

传播鲁迅精神之火

主持人：1976年至1980年您奉调在北京参加16卷注释本《鲁迅全集》编注工作，当时的背景是什么？有什么特别难忘的故事吗？

郭豫适：当然有很多难忘的记忆。这件事情，我是后来才知道是中央组织部要调我去北京参加这个编注工作。而且当年从全国有关单位调集人员，并非全都很顺利，各人到京迟速不一，就我个人而言，正式到北京向出版局政治部报到，已经是1976年11月初的时候了。从我自己的生活来讲，因为我家在上海，而上海、北京地处南北两地，当时中央组织部告诉上海市委，不要增加我的经济负担。实际上，生活还是很艰苦的。后来学校给我发每天5毛钱的生活补贴，这在当时的北京只够每天买一个菜，所以钱根本不够花。总而言之，当时并不知道调过去会这么艰苦。

后来我了解到参加《鲁迅全集》编注工作是非常重要的。在1971年7月召开的全国出版工作会议上，已经确定把重新编成并出版注释本《鲁迅全集》列为全国重点任务之一。这次会议文件是毛主席批准的。但由于"四人帮"的阻挠、破坏，无法有效地进行。我在去北京以前，也听到一些关于《鲁迅全集》《鲁迅书信集》整理出版的事。1967年到1968年期间，江青指使戚本禹以中央文革的名义，从文化部调走鲁迅全部书信手稿，许广平和周海婴非常担心保护不了鲁迅的著作、日记和书信，只得写信报告周总理，请求追查。周总理也非常着急，指出鲁迅书信手稿是国家珍贵文物，必须迅速追查。后来这些手稿就是在钓鱼台江青的住处找到的。又听说，1972年，美国总统尼克松访华，周总理决定要送给他一套《鲁迅全集》，可是竟然难以找到，最后只得从鲁迅博物院里取用1938年出版的那一套没有注释的本子赠送给尼克松，同时决定要把鲁迅的著作、书信等加以注释出版。

我参加的就是这个工作。当时我知道这件事是毛主席去世前交代的事，很重要。1976年11月，我去报到的时候，已经晚了一些时候。而惨重的唐山大地震还没有完全成为过去，京津地区还时不时会出现震情。北京还在警惕地监测、预防可能再来的地震余震，我被安排住进大院子里的平房，北京当时住房很紧张，由于我是外地来的，优待我住单间，面积不大，室内家具非常简单。为了防地震，同志们帮我采取了一些措施，给我使用的是一张结实的铁床，床上铺了挡板，并且把它的四只脚设法升高，在床下的地上铺好席子、垫被，以便我随时可以不睡床铺睡地铺。万一出现震情，铁床可以抵挡屋顶墙壁震塌时的落物，使我得以避免伤害，真是照顾周到，令人感动。

"鲁编"是一个让人怀念的集体，直到今天，曾在鲁编共处过的同志们，每当想起当年为了达到一个共同的目标，为了继承鲁迅这份宝贵遗产，传播鲁迅精神之火，大家不计个人名利得失，彼此真诚友爱互助，那段同甘共苦的岁月都会难以忘怀。

1989年，胡乔木访晤施蛰存，从左至右：陈至立、胡乔木、施蛰存、郭豫适

主持人：您在北京生活了四年，感受最深的是什么？

郭豫适：革命工作是要付出代价的，这不是一个口号，我是把手头的工作放下来全身心地去投入到这个工作中去。对我自己来说，这次经历是一次教育，当时以为两年就能完成了，没想到四年才完成。就好像又上了四年的大学本科，不是在华东师大某一个教室听课听了四年，而是真正地接受了一次教育，使得我对北京同胞、对整个国家的认识升华了，增加了亲切感。假如没有在北京待四年，这个认识是很不一样的。

北京毕竟是首都，我在北京的那段日子，就感受到首都人民对国家形势、对政治生活有更多的关心，和外省市相比，他们决不仅是表现在更多地传播一些政治传闻而已。我记得，1976年周总理去世的时候，"四人帮"压制人民悼念周总理，身在上海的我内心既悲痛又愤懑。1977年，我在北京的时候，特意骑自行车到天安门广场，当时还有很多首都老百姓和来自全国各地的人民群众自发地去悼念周总理逝世一周年。"四人帮"被打倒后，我也特地到天安门广场表达我对周总理的哀思和怀念之情。

主持人：您通过参与编注《鲁迅全集》，对鲁迅和他的著作也有了更深入的了解，您是如何看待鲁迅及其著作的？

郭豫适：鲁迅和他的著作是个永恒的话题。在我看来，无论是过去还是现在，鲁迅这样的伟人都是极其罕见的。他深刻的思想，对国民性的犀利解剖，他的文学创作与学术研究上的杰出贡献，是20世纪中国文化史上一座巍然的丰碑。

我觉得今天我们还是很需要鲁迅的精神。他作为一个思想者的精神，他的爱国情怀，他的立人立德之心。他曾呼吁"救救孩子"，现在我们也要"救救孩子"，甚至要救救我们这些知识分子。因为我们应该要懂得是非善恶，但是现在有些人慢慢变得不辨是非了，连"逃避崇高"这类话也说出来了，做人的态度都扭曲了，变成不要崇高、不要认真、不要是非了。所以这个时代还是需要鲁迅精神，我们不仅要尊重他，还要带有一种信仰。有人说，我们是迷信他，我不这样看，我认为这是一种信仰，一种精神。

践行"三不"才有希望

主持人：您曾担任华东师大的副校长。在任期间，您主要从事哪些方面的工作？

郭豫适：我当时在北京待的时间有点长了，华东师大中文系写信让我早点回来。回来以后，听说学校要我当副校长，我就找刘佛年校长，告诉他如果需要我为学校服务，我可以做一些辅助的工作，但是可不可以不要做副校长，因为我在行政方面并没有太多的才干。后来还是要我做，我是分管文科的，所以很多事情我都是与有关部处的同志一起商量。他们对我印象比较好，我们互相信任，他们敢于与我说一些建议。在同志关系上，帮助别人就是帮助自己，对于这个我的体会还是蛮深的。

在担任副校长期间，有很多会议要参加，工作更加繁忙了。如果不担任副校长，似乎我可以多出几本书。但是仔细一想，如果组织上需要你出来担任工作，你就应该出来工作，不能过多考虑自己的事情。现在到了这个年龄，我有这样的体会，人做事情，不能只看量，更要看质。有时尽管你出了很多本书，但很平庸，都是可出可不出的，更不用说坏书了，所以要出少而精的、高质量的好书。我还兼任过华东师大出版社社长，有一阵子，国务院转发下来文件要华东师大大量压缩刊物。我和出版社的人讲不要压缩刊物，因为我们是看刊物办得好不好，有没有需要来办再作决定。当时很多人都赞同我，这件事我做得是对的。对文科的管理是这样，对理科也是这样。华东师大的知名度高，有一部分就是华东师大出版社出版了很多文科和理科的刊物，这在全国也是很少见的。从这方面来讲，如果能懂得一点儿情

2002年12月，郭豫适教授（前排中）七十寿辰，历届博士生聚会留影

况，敢于负责任，也就敢于坚持好的意见。我有这样的感慨，现在关于管理学有很多书籍，但是管理工作并没有做好，比如说该管的不管，不该管的去管，这种不作为和乱作为都不对。如果我们大家都抱着这种前怕狼、后怕虎的态度去当领导，那就糟糕了。

主持人：您除了担任副校长，还培养了一批又一批学生，可谓桃李满天下。您对从事学术研究的后辈有什么建议和期望？

郭豫适：我认为治学态度最重要，要树立良好的学风，坚持实事求是的思想方法，有定性，能保持独立研究品格。做学问是做人的一部分，两者应统一。治学贵在专心致志，心无旁骛。真要攀登科学高峰，唯有能践行"三不"才有希望。"三不"就是不急于求成，不心猿意马，不哗众取宠。当然，这个要坚持下去是不容易的，希望能与大家共勉。

链接：

仁义之人　其言蔼如
——我心中的郭豫适先生

　　记得我们读大学的时候，郭豫适先生的课是抢着听的，连历史系也有人过来听。虽然从小喜欢《红楼梦》，但《红楼梦》研究史上那些稀奇古怪的事，是从郭先生的课上听来的。慢慢就成了先生的追随者。那时先生住在一村的小房子里，夏天就在走廊里搁块板，穿着背心汗涔涔地在那里写文章。离他几步之遥就是厨房，师母邵老师在那里浓油赤酱。这一幕给我留下了极其深刻的印象，心中暗暗以此作为今后家庭生活的模板。

　　我考过先生的研究生，先生也乐意收我，但因为种种原因而未能如愿。尽管如此，先生仍把我当他的学生看，每每出书，总不忘送我一本。去年春天，我又拿到先生赠与的厚厚四本《郭豫适文集》。惊喜惭愧之余，认真思考一下，觉得先生在做学问方面有好几个地方是值得我们学习的。

　　首先，是先生为红学研究建史的眼光和创意。

　　先生自 1960 年起因教学需要，编印了《红楼梦研究简史》的讲义，后不断增删修正，终于 1980 年 1 月，由上海文艺出版社出版了《红楼研究小史稿》，翌年 8 月，又出版了《红楼研究小史续稿》。其时，"不仅还没有一部关于《红楼梦》研究史的专著，甚至连一般的介绍《红楼梦》研究历史的专篇文章都很难看到。"先生敏锐地发现这是一个需要去填补的学术空白，于是穷数年之力从讲义发展而为"《石头记》问世以来第一部研究红学发展史的专著，也是'文革'以来第一部文学类学术史专著"。在学术史研究方兴未艾的今天，先生的筚路蓝缕之功，自是不可磨灭的。由此想到，做学术研究实在是需要一种眼光的。鲁迅在写《中国小说史略》的时候也说到"中国小说自来无史"是他著书的重要原因。

　　既是治史，就有一个如何面对客观材料的问题。在《红楼研究小史稿》中有一令人注目的专章，那就是第七章《李辰冬的〈红楼梦〉研究》。李辰冬河南省济源县人，1907 年生，燕京大学毕业，法国巴黎大学文学博士，曾执教于河北女子师范、西北师院、台湾师大等校。1942 年于中正书局出版《红楼梦研究》。虽然他的著作在上世纪 40 年代的红学研究中至关重要,但他却有一个要命的"政治污点"。如何面对他的研究? 郭先生可以选择回避,在那个时候没有人会因为这一点而指责你;相反,如果写了,倒可能引出些麻烦。郭豫适先生坚持了公正客观的学术立场,用两万余字的篇幅评介李辰冬的《红楼梦研究》。有人以为,1991 年出版的冯其庸、李希凡主编的《红楼梦大辞典》、1995 年发表的论文《李辰冬和他的〈红楼梦研究〉》、2001 年《红楼梦研究稀见资料汇编》等书是较早介绍李辰冬红学研究的,殊不知,郭先生出版的著作足足早了十多年!

其次,是先生对方法论的关注。

红学研究是个庞杂的门派,从古到今,很多匪夷所思的想法和做法都出现过。作为红学史的研究者,郭先生读史明智,对红学研究的方法尤其关注。在四卷本的《郭豫适文集》中,可以清晰地看到先生对这些问题的卓见。比如,用西方文艺思想来研究《红楼梦》的"新谈""新评""新叙",或用古人的思想来研究《红楼梦》的"还原法",郭先生都提出了自己鲜明的观点。对胡适、王国维、闻一多等人的治学方法,先生也多有关注。或介绍、或评价,总是力图做出客观的展示和辩证的分析。读先生的文章,持论公允,言之有据,不故作惊人之语,但观点鲜明,材料翔实,思辨清晰。尤为奇特的是,竟能于学术文章中读出一片仁厚之心! 不论对脂评、对王国维,还是对胡适,那些文字,今天看来不免还带有那个时代的痕迹,然放在当时的环境下,却是何其难得! 从中亦可见先生自身所追求的科学方法。

再次,是先生对青年的关心。

文集中除了《和青年同志略谈红楼梦》以及《和青年同志谈治学体会》两篇标题上明确为写给年轻人的文章之外,郭先生其实一直很关心青年的治学问题。记得那次去先生家,他兴冲冲地给我看他写的《拟曹雪芹答客问》。对用这样一种活泼的形式来表达学术问题的看法很有趣。若不是身罹重病,假以时日,先生会用微博和青年人谈《红楼梦》也未可知。有时,看到"文化中国"之类的电视节目上有了关于文学问题的不当言论,他也会很着急地和我说,生怕误导青年。我负责为教育部做国家级培训项目的时候,有几次教室安排在没有电梯的 6 楼,其实,先生年事已高,又是学校的"重量级"人物,但他硬是爬楼上来给来自全国各地的骨干教师讲课,介绍做研究的方法。郭先生待学生,并不让你觉得热情似火,但温厚仁慈,其言蔼如,谆谆教导总能让人感到心里很熨帖。

又是一年的春天了,郭先生的小园里应该有了鲜艳明媚的颜色。有时,繁忙杂乱中,被浮躁搅得烦了,想想郭豫适先生,就会有一种宁静从心头弥散开来。对于我们应该怎么做学问,应该怎么对学生,似乎也有了更清楚的理解。

(作者王意如,原载《华东师范大学校报》,2012 年 4 月 10 日)

江铭：「双肩挑」的读书人

江铭，1932 年生，江苏丹阳人，华东师范大学教授。

1955 年毕业于华东师范大学教育系本科，1958 年毕业于华东师范大学教育系教育史研究生班。1956 年加入中国共产党。先后担任华东师大教育科学研究所副所长、代所长，教育系副主任，教育管理学院院长，教育部华东教育管理干部培训中心主任，教育部中学校长培训中心主任，华东师大副校长，全国教育史研究会第一届秘书长、第二届副会长兼秘书长。

对秦汉魏晋南北朝教育史有专门研究。发表有《王充论学习》、《董仲舒人性论初探》、《汉代文教政策的形成》、《汉代地方官学考论》等论文 20 余篇。参与《中国现代教育史》的编写和孟宪承主编的《中国古代教育史》，主编九卷本《中国教育史专题研究丛书》、《中国教育督导史》、《教育管理词典·中国教育管理史》等。

"孟宪承校长对我影响最大"

主持人：江教授，您好！首先请您回顾一下您的求学和工作经历。

江　　铭：我是 1953 年全国院系调整从安徽大学教育系到华东师范大学来的，1955 年毕业。听说当时华东师大建校时共有一千多个学生，教育系就有 300 多人，包括来自复旦大学等高校教育系的学生。当时各个大学都有教育系，不过解放前教育系的概念和今天不一样。我们今天的教育学是以教育科学为研究对象的，解放前的教育系学生除了要学习教育学科外，还要选学数学、物理、化学、政治、地理等一到两门副科，为以后当中学教师作准备，相当于师范学院的模式。

华东师大 1951 年建校，师资力量十分雄厚。我们教育系的教授比讲师都要多，还有苏联派来的专家。杰普莉茨卡娅是苏联专家的领头人，1954 年至 1956 年，先后举办教育学和外国教育史研究班。我 1955 年本科毕业后即考入外国教育史研究班。该班原定学制两年，后因中苏关系恶化、苏联专家提前回国而停办。这时，党委书记常溪萍和副校长孙陶林表示，即使苏联专家回国，我们还是可以搞中国教育史研究，我们也有专家，孟宪承校长就是著名专家。于是系里决定选留五位研究生继续跟孟宪承校长学习中国教育史。这五位同学，除了我和张惠芬，还有李国钧、郑登云和孙培青。听到这一消息，我们又惊又喜。喜的是，我们竟有机会向这位学贯中西、蜚声教坛的著名学者和名师学习；惊的是，我们知道，能有这样的学习机会，一方面是教育部为培养中国教育史学科新生力量所采取的一项重要措施；

青年时代的江铭

另一方面，能请孟校长担任研究生导师，也是校党委书记常溪萍、副校长孙陶林等领导同志多次登门邀请才促成的。

当时还没有实行学位制，1958 年我研究生毕业后就去农场劳动锻炼。回校后华师大成立教育科学研究所，我被任命为教育理论研究室副主任，1965 年担任教科所副所长兼西欧北美教育研究室主任。

主持人：在华东师大学习与工作的日子里，有哪些老师或同学让您至今念念不忘？

江　铭：对我影响最大的莫过于孟宪承校长。孟校长解放前是国民政府的特聘教授。他上课时神情严肃，英语非常流利，到他家里做客时又很和蔼。他学贯中西，对中外教育有很深入的研究，学术功底深厚。这里我讲个有趣的小插曲：有一次常溪萍书记在校园里遇到我，问我学习情况如何。我回答他："最近学习很紧张。"他问我："要几年才能赶得上孟校长？"我答："一辈子也赶不上。"他摸摸我的头，笑着说："没有出息。"

孟校长的教学方法和苏联专家不同。苏联专家是培养你成为一名教书匠，孟校长则是让你自己看书，自己研究，秉承中国书院传统，以自学研究为主。后来，我作为教育系的重点培养对象，有较多机会到他家里去向他请教。孟校长经常讲，一个人要学会自己能研究学问。这是我印象最深的。

可惜的是，1957 年孟校长因写了一篇《关于高师教学问题》的文章，在"反右"

江铭（前排左一）与孟宪承校长（前排中）的合影

运动中受到了很大的政治压力，我们的学习也被迫中断。研究班同学毕业留校后，正好迎来 1958 年的"大跃进"运动。在当时"强调实践、反对关门读书"的政策号召下，同学们被派往基层锻炼，参加劳动和实践。我被派到上海高校农场，那是一个知识分子集中劳动锻炼的地方。我在那儿待了一年，回学校后先后上了外国教育史、中国近现代教育史、批判资产阶级教育思想等方面的课。总的来讲，我在这段时间虽有多方面的磨练，却没有明确的方向。

　　1961 年全国文科教材工作会议召开之后，孟宪承校长接受教育部安排，承担《中国古代教育文选》、《中国古代教育史》两本教材的编写任务，需要相关人员的配合和协助。中国教育史研究班毕业生作为协助编写人员，参与了这两本教材的编写，师生们得以再一次集聚一堂。编写组办公室设在离孟校长家较近的华东师大一村西楼宿舍内。我参加了《中国古代教育史》的编写工作。

　　一次张惠芬与孟校长联系工作时，他语重心长地说："我之所以要我的研究生参加编写教材，目的不仅要出书，还要培养人。"当时张老师听后非常高兴，就说："孟校长，您上次的课还没有给我们上完，还欠着我们的课呢。您能不能在教材编写的过程中，再给我们讲讲课啊，我们想继续跟着您学。"没想到老先生很爽快地答应了，说："我继续给你们讲课，但必须结合教材的编写来讲。"于是，根据孟校长提出的"出书又出人才"的编书方向，我们五位研究生有机会继续聆听孟校长的教诲，延续了中国教育史研究班的学习。两本教材的编写工作从 1961 年持续到 1964

年,后因"四清"运动开始而中止,其间孟校长给我们讲授了约一年时间的中国古代教育史专题课程。他的治学态度和思考问题的方式等,对我影响很大。

把工作内容视为研究对象

主持人:您除了研究教育史,还担任副校长等行政管理事务,对此有什么体会?

江　铭:相比行政,我更喜欢搞业务。别人看书和教学都与业务有关,而我,无论是做所长还是做副校长,或找人谈话,或处理事情、下基层,时间都用在了行政事务的处理上,同时还要不可避免地跟各种人打交道,这与我的兴趣实在不合。记得"文革"后刘佛年校长曾对我说,要我"双肩挑",我说恐怕我挑不起来。

我内心只想做个读书人,我就喜欢写文章、看书。尽管多年担任各种行政职务,我始终没有放弃自己的业务研究。为了工作、研究两不误,我经常利用晚上时间搞业务,很少在十二点前睡觉。我白天开会,晚上看书,很多文章都是晚上写的。有一次为了赶一篇文章,我躲进学生宿舍,整整 36 小时不吃不睡。我爱人以为我在学校出了什么事情,到学生宿舍找到我的时候,发现我还在赶写文章。

除了利用自己的业余时间外,我还有一个方法,就是"把工作内容作为研究对象"。例如,"文革"时期我国职业技术教育全部被迫停办十年。1977 年至 1985 年我担任教育科学研究所所长。面对中等教育结构单一问题,便主动在所内成立了"中等教育结构改革调查研究组",组织人员在上海进行调查研究,并向上海市教育领导部门提交了一份研究报告——《上海市的中等教育结构改革研究》,引起有关方面重视。

当时我感到,教育科学研究应把职业技术教育作为自己新的研究对象。1982年初,我们在所内建立了全国第一个职业技术教育研究室,我自己兼任研究室主任。随后受国家教委职教司委托,我带着教科所部分老师,又邀请了 20 多位上海中专技校校长等组成研究队伍,开展"关于我国职业技术教育体系"的研究。我们先后在十个省市开展专题调查,写出了二十余万字的研究报告,提交教育部。报告不仅论证了职业技术教育在社会经济发展中的作用,指出了我国职业技术教育的弊端,而且提出了许多具体建议。如,从我国国情出发,尽快建立一个从初级到高级、行业配套、结构合理又能与普通教育和高等教育相互沟通的职业技术教育体系。再如,为给中专毕业生升学的机会,我们提出可办五年制职校,可办职业技术

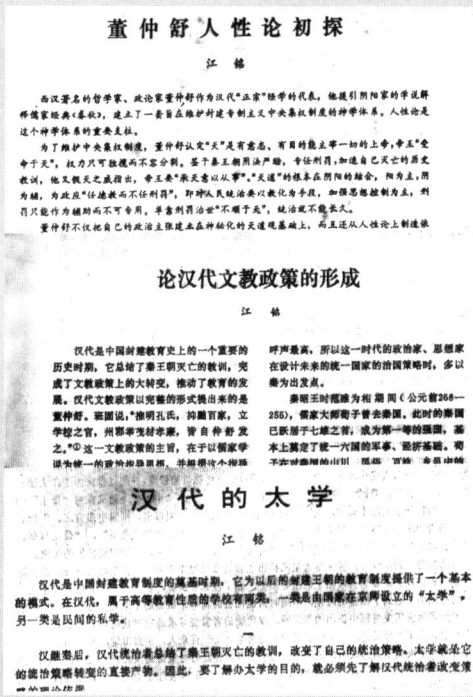

江铭教授发表的部分论文

学院,允许中专生报相同专业的普通高校(考试和普通高中分开)。这份报告为国家教委制定政策提供了重要的参考。

由此,华东师大职业技术教育研究居全国领先地位。有位叫做钱伯斯的学者多次采访我,英国驻华大使馆文化参赞也曾特地到华东师大找过我。1985年3月英国文化委员会向华东师大发出邀请函,邀请我们去英国访问。当时我还不是校领导,便把此情况汇报给了袁运开校长。后来由副校长郭豫适为团长,带领我们去了英国。我在英国文化委员会主持的学术讨论会上,作了题为"中国职业技术教育的历史、现状与趋势"的报告,引起与会者的浓厚兴趣,受到好评。

中学校长培训中心是华东师大的名片

主持人:请谈一下您担任副校长并兼任中学校长培训中心主任期间,您在校长中心建设方面的思路与举措。

江　铭:教育部中学校长培训中心是国家为提高中学校长专业化水平,促进基础教育改革和发展,根据国家教育干部培训事业发展的总体规划而设立的国家级培训基地。全国独此一家。中心于1989年10月27日成立,1990年4月1日正式开班。我当时任副校长,同时兼任中心主任。

干部培训和学生教育不同。我在中学校长培训中心的办学思路可总结为:

1992年，江铭教授在国家高级教育行政学院进修

1．"紧扣一个目标"，就是要培养一批我国中等教育改革的带头人。

2．"落实两项任务"，就是既要重视干部的政治思想教育，又要更充分地进行管理业务知识方面的教育，因为培养中心性质不完全等同于党校，必须把主要的时间和精力，集中在业务培训方面。

3．"培养三种能力"，就是在培训中要注意学员的宏观思维能力、科学决策能力和组织领导能力的培养。

4．"贯彻四个原则"，就是在教学内容上，要力求做到"高"、"宽"、"精"、"实"。因为参加培训的学员都有一定的实际工作经验，所以在教学内容上，起点要"高"；因为要培养宏观思维能力，所以教学内容的面要"宽"；因为培训时间较短，所以又必须"宽"中取"精"；因为他们都从事教育的实际工作，所以教学必须结合实际。

5．"抓好五个环节"，就是在培训过程中，要抓好"理论学习"、"自学研讨"、"经验交流"、"教育考察"、"论文撰写"，形成理论与实际结合、生动活泼的学习风气。

依照上述的培训模式，校长中心工作取得了很大的效果，受到学员一致好评，也引起了国家教委领导同志的高度重视。有次我和北京师范大学领导见面时，北师大的党委书记陈文博和副校长顾明远说："中学校长培训中心是你们华东师范大学的一张名片。"

1993年，江铭副校长（右）代表华东师大接待日本大阪教育学院代表团

教育问题解决需要多方面努力

主持人：现在很多大学生选择出国留学，中小学生的家长会送孩子去国际学校。国外的教育真的比中国的先进吗？您怎么看？

江　铭：对于此事，我和我爱人都感慨不已。从报纸上看，中国一年有 20 万人出国留学，从小学生到大学生都有，而且 80% 是到美国留学。我也曾去过几次美国，有跟随教育部领导去访问，也有是受到大学如威斯康星大学的邀请，去讲授中国教育哲学史。

我曾接受过美国大学校报的采访。我和记者讲，中国学生基础扎实，尤其数学能力特别好，但是动手能力差。还说到中国人口太多，只能实行高考制度等等。记者听完，笑着问我，能不能用一句话来概括中国教育的弱点？我说：中国的孩子书包太重。记得我读书的时候，流行使用的是书包带，把课本一扎，往肩头一甩；我儿子这一代，用解放军的挎包，也还好；我孙女这一代，要用到双肩包，到了高中，有时甚至要用拉杆箱了。我们从幼儿园就开始讲不要输在起跑线上。幼儿园入学都要分班考试，而国外则让孩子玩耍，在游戏中获得知识。

我们高中的目标就是上大学，把大学当作最终目的。其实，大学应该是个起点。我孙女在一所美国著名大学读书，她说，学校图书馆有三个，一个正常关闭，一

1994年，江铭教授（右）与原校长刘佛年（左）在西柏坡合影

个到凌晨两点，一个通宵。别人的大学是起点，我们的大学是终点。学生进了大学就高呼"万岁"，仿佛解脱了，还怎么培养人才呢？应该承认，我们的教育很多方面还是与发达国家有差距。

主持人：作为教育学的专家，您如何看待我国的教育问题？

江　铭：我不否定60年来教育上取得的成绩，但是我们的教育仍有很多需要改进的地方，其中原因很多。从外部看，不可否认媒体舆论是一大推手。如报纸上讨论白领中饭怎么解决，可是却不曾讨论烈日下工作的蓝领，他们的中饭怎么解决。有人常说高考是个指挥棒，我说否。我认为社会财富分配不公才是根本原因。退休后，我曾在江苏太仓健雄职业技术学院做了两年院长，当地有很多外资企业。有位来自德国的厂长说："我爸爸是教授，我大哥是工人，他们的工资差不多。"收入分配差距太大，人们自然都愿意做白领，谁愿意让唯一的子女去做蓝领呢？老师、家长、校长，大家的手里都拿着鞭子，追求升学率。"文革"前，我曾在《文汇报》上发表文章，批判片面追求升学率的现象，但是现在是愈演愈烈。

"文革"后，记得有一位德国的访问学者到中国了解职业技术学校，在全国花了半年时间调查。回国前，他先对我们的基础教育赞赏了一番，如学生都很机敏，可以很快回答老师提出的问题，随后话锋一转说："恕我直言，你们把教育和生产劳动相结合作为教育方针，强调理论联系实际，但是你们的教育是最脱离劳动，至少与我们德国相比，你们的方针仅仅是个口号而已。你们的工科大学生毕业后都在办公室里工作,而我们的工科大学生都在车间工作,所以德国工业好。"我认为,教育只是社会现象之一种,它受到其他社会现象的影响和制约。所以要改变教育,需要舆论导向、分配制度、高校招生改革等多方面努力。

链接：

干部教育的探索者

　　"文革"浩劫结束后，我国教育面临着教师队伍青黄不接、教育管理干部严重缺失的问题。为了加强教育管理干部的培养，国家教委于 1986 年批准将原"华东师大高校干部进修班"改建为"国家教委华东教育管理干部培训中心"，同时批准华东师大成立"教育管理学院"并任命江老师为中心主任和学院院长（1986—1996）。为了加强中学校长的培训工作，1989 年 10 月，国家教委又在华东师大建立了"国家教委中学校长培训中心"，由江老师兼任主任（1989—1996），对两个"培训中心"、一个学院实行一体化管理。

　　在国家教委人事司和华东师大党政领导下，江老师团结全院同志共同努力，扎扎实实地做好了教育管理干部培训工作。通过培训，提高了教育管理干部的思想水平、管理知识和能力，其中不少学员被提拔到教育领域中的重要领导岗位。

　　在高校管理干部培训方面，江老师的主要贡献有三点：一是建立了"全方位、多层次、按岗设班、长短结合"的教育干部培训体制。高校管理干部培训主要以华东地区的高校处、系级干部为对象。为了提高培训效益，培训中心按照"按岗设班"的原则，分别开设了教务管理班、政工管理班、人事管理班、后勤管理班、图书馆馆长班等班次；依据"长短结合"、"无常不稳，无短不活"的思路，培训中心和学院除举办上述各种短期培训班以外，还在全国率先招收了高等教育管理专业的本科生，同时培养研究生。江老师认为，只有有了长学制的学历教育，才能在师资、学科建设等方面取得稳定的进展；但是，如果没有短期的培训，就不能及时研究教育工作中产生的新问题，培训中心和学院的教学也就会缺乏活力。二是探索了高校管理干部培训的课程结构。中心和学院曾对华东地区高校管理干部的现状和培训要求进行了问卷和实地调查，并写出了一份详细的研究报告——《高校干部素质要求与高校干部培训的课程体系》。根据这一报告，培训中心设计了一套较为适合当时高教管理干部培训需要的课程结构，并编著出版了一套培训教材。如，王亚朴的《高等教育管理》、陈玉琨的《教育评估的理论与技术》、霍益萍的《近代中国的高等教育》、于美芳的《大学教学论》、江铭的《高校师资管理的理论与方法》等。三是形成了一支专兼结合的师资队伍。在办学实践过程中,中心和学院培养了一批高素质的中青年骨干教师,并由他们开出了一批新课程,如"教育评估"、"高等教育管理"、"大学教学方法"、"中国高等教育史"、"大学生心理诊断与咨询"等。在兼职教师中,既有教育管理部门的领导同志,又有高校中的资深教授和专家。在我国起步较早的高等教育管理干部培训受到国际上的重视。1990年,"联和国开发计划署"向我国提供了"中国大学管理人才培训及研究"的援助项目。华东师大培训中心成为主要的受援单位和组织实施单位。为了吸收国外大学的管理经验,江老师等曾随国家教委组织的考察团访问了美国、加拿大、瑞典、挪威等国的大学,进一步开阔了培训视野、明确了培训思路。在国家教委人事司的统一领导下,全国六所师范大学的培训中心同心协力地完成了该项目的预定任务。通过这一项目的实施,培训中心在师资、设备等方面又有了极大的改善和提高。1994年,联合国开发计划署亚太地区办事处在华东师大召开了"大学管理人员的培训与研究"的国际研讨会。江老师在会上做了主题发言。该受援项目被评为"亚太地区实施最好的项目"。

在普教方面,教育部中学校长培训中心除了培训全国省(区)、市重点中学的校长外,还培训普教方面的其他干部,如教育督导、教研室主任等。根据多年的培训实践,江老师等中心领导总结出了中学校长培训的基本经验,即:"紧扣一个目标,落实两项任务,培养三种能力,贯彻四个原则,抓好五个环节。"所谓"紧扣一个目标",就是要培养一批我国中等教育改革的带头人。所谓"落实两项任务",就是既要重视干部的政治思想教育、更要充分进行管理业务知识方面的教育。因为培训中心的性质不能完全等同于党校,因此必须把主要的时间和精力集中在业务培训方面。所谓"培养三种能力",就是在培训中要注意学员的宏观思维能力、科学决策能力、组织领导能力的培养。因为教育本身不是一个孤立的社会现象,它与社会方方面面都有着密切联系,而且这种联系经常处于动态之中。所以,教育管理干部必须思路开阔、判断果断、决策科学,并能有序地组织实施。为了实现培训目标,"培训中心"采取了多种措施。就开设的课程方面来说,主要有四大板块:党和国家的方针政策;中国国情与教育(包括政治与教育、经济与教育、农业与教育、人口与教育、科学发展与教育、环境与教育等专题);教育管理理论和方法;当前教育改革问题研究。所谓"贯彻四个原则",就是在教学内容上要力求做到"高"、"宽"、"精"、"实"。因为参加培训的学员都具有大学本科以上的学历、都有一定的实际工作经验,所以在教学内容上的起点要"高";因为要培养宏观思维能力,所以教学内容的面要"宽";因为培训的时间较短,所以又必须"宽"中取"精";因为他们都处在领导岗位、从事教育的实际工作,所以理论教学必须结合实际。所谓"抓好五个环节",就是在培训过程中要抓好"理论学习"、"自学研讨"、"经验交流"、"教育考察"、"论文撰写"等教学环节,努力形成理论与实际结合、生动活泼的学习风气。培训中心依照上述培训模式进行培训,取得了很好的效果,受到学员和学员单位的一致好评,也引起了国家教委领导同志的高度重视。国家教委人事司在华东师大召开了由省、区教育学院负责干部培训工作的领导同志参加的专门会议,江老师代表培训中心做了培训经验的介绍。与会者对培训中心的培训经验展开了热烈的讨论,并给予很高的评价。

江老师在高等学校工作近五十年,除了担任教学和科研工作外,还在相当长的时间内担任学校院、校两级行政领导工作。他治学严谨精深,在中国教育史研究方面发表了许多有真知灼见的论著;他对工作认真负责,在工作中富有远见和创造性;他具有敏锐的目光和前瞻性的思维。他始终把工作过程看作是一个学习和研究的过程,所以尽管他涉及的研究领域较广,但他在每个曾经涉足的领域都能有较深的造诣。他为人正直、胸襟开阔、严于律己、一身正气,对事业精益求精,对青年教师进行积极培养和提携,所以在他领导的单位总是充满着勃勃生机。

(作者陈玉琨、霍益萍,摘自《治学精深 事功有成——记教育学学人江铭教授》,原载《国家教育行政学院学报》,2008 年第 1 期)

徐天芬，女，1929年生，江苏南京人。华东师大自然辩证法暨自然科学史研究所教授。

1947年9月入中央大学。1951年7月毕业于南京大学地理系。1951年9月至1953年9月在华东师大地理系任助教。1953年2月11日加入中国共产党。1953年10月至1954年9月在北京外国语学院留苏预备部学习。1954年10月至1959年5月在列宁格勒大学地理系学习，获地理科学副博士学位。1959年至1994年在华东师大先后任讲师、副教授、教授，1994年退休。1990年获国家教委表彰，授予荣誉证书；1992年起享受国务院特殊津贴。

参加编写的主要著作有《自然辩证法讲义》、《自然发展史》、《近代自然科学史概论》、《现代自然科学哲学引论》、《科学认识史论》等等。主编《自然辩证法总论》和《自然辩证法教学疑难问题探讨》。主要论文有《论人地关系的辩证法》、《人地观的历史发展和马克思主义人地观初探》、《人与自然是有机统一体》、《几种人地观评述》、《从生物圈到智慧圈》等20余篇。

我校国家公派的第一批留苏学生

主持人:徐教授您好! 首先请回顾一下您来华东师大之前的求学经历。

徐天芬:我 1929 年 3 月 30 日出生于江苏省南京市,5 岁上幼稚园,6 岁上小学一年级。1937 年 7 月 7 日"卢沟桥事变"后,全面抗日战争爆发,从此随父母颠沛流离,沿长江一路逃难,最后到达重庆。1938 年秋,入重庆市市立二小,念三年级。1939 年 5 月 3、4 日,日寇对重庆狂轰滥炸,又随父亲的工作单位逃难至天生桥。1940 年跳级考入北陪小学五年级。

1941 年秋,小学毕业后考入重庆青木关中央大学附属中学的实验班。我念完三年级,实验班停办,直接并入普通班高中一年级。1945 年 8 月 15 日日本投降,抗战胜利。1946 年,中大附中随中央大学迁回南京市,在南京我念完高三。1947年中学毕业,当时我的三年总成绩在全年级 156 人中位列第二,直接保送至中央大学,经过对多个系科的比较,我最后选了地理系。那时中央大学的地理系在全国名列前茅,教学方式灵活开放,学生除了学习本系的必修课外,还可以选修相邻系的课程。我选了大量气象系的课,包括气象学界的著名学者、科学院院士叶笃正及陶诗言的课,也曾在南京北极阁气象台收集历年资料,撰写过《南京的雨量》一文。所以北极阁气象台和北京气象局的很多人都知道南大(解放后中央大学改名为南京大学)地理系有一名学生可以从事气候研究。1951 年,南大气象系的毕业生只有 2人,毕业前北京气象局已有公函发至南大地理系,要调我去北京气象局气候室工

1958年，徐天芬在列宁格勒大学门口留影

作。由于1951年开始实行大学毕业生由国家统一分配工作的制度，所以当年的9月我来到了华东师大地理系。

主持人：1954至1959年间，您在苏联列宁格勒大学地理系学习。当时为什么会选择去苏联求学？能否谈谈您在苏联学习及生活的经历？

徐天芬：我是我校国家公派的第一批留苏生。我在国内学的是气象气候学，由于工作需要系主任李春芬教授让我去苏联改学综合自然地理学。列宁格勒大学有很多著名的自然地理学家，其中索恰瓦教授研究地植物和自然地理，担任苏联地植物研究所所长，我就是他的学生。他非常和蔼可亲，对我爱护有加。他为我制订了学位考试计划和听课计划，使我在一年内以全优的成绩顺利通过了各项考试。后来导师又为我创造了两次野外实习考察的机会。第一次是在苏联景观学家伊萨钦科的指导下，和地理系高年级的学生一同去高加索山脉考察垂直景观带的分布。通过这次考察，我了解了垂直景观，也学会了爬山。第二次是参加列宁格勒大学地理研究所的俄罗斯平原自然地理考察队，这一次我学会了划区选点采集岩石、土壤、植物标本的方法。这两次考察给我后来为写学位论文赴野外收集资料工作打下了扎实的基础。

1956年，中苏黑龙江流域综合考察队成立。1957年3月，第一次学术讨论会在莫斯科召开，索恰瓦教授推荐我参加这个会议，并担任专业翻译。我做了大量的口译和笔译工作，锻炼了相关能力。此外，我也收集了大量的材料。通过这次学术

1958年，徐天芬（中）与列宁格勒大学研究生院的同学合影

会议，我认识了中苏黑龙江流域综合考察队的中方领导宋达泉教授。因此有机会参加了考察队在黑龙江黑河城对岸召开的第二次会议。这两次学术会议更让我认识到开发中苏界河黑龙江流域的重要性。在导师的建议和指导下，我选择黑龙江上游右岸的一段高地作为毕业论文的野外考察基地。那里人烟稀少，交通不便，长途跋涉，风餐露宿在所难免，考察工作的艰苦可以想见。我曾苦中作乐写过一首小诗："中苏河界待开发，导师嘱我来考察，小船代步顺流下，孤舟江上伴野鸭。"

在野外和室内两方面资料收集齐全后，我回到列宁格勒，在导师的指导下撰写了副博士学位论文《黑龙江上游右岸高地自然地理特征》，顺利通过答辩，获得答辩会委员们和导师的一致好评，最后获得了苏联高教部最高鉴定委员会授权列宁格勒大学颁发的地理科学副博士学位（相当于中国和英美的博士学位）证书。

我很幸运，在苏联求学期间遇到一位可亲可敬的好导师索恰瓦教授，在他身上我看到了学者的风范。在他的指导下，我开阔了学术视野，学到了培养研究生的方法，这些让我终身受益。此外，苏联的老师伊萨钦科、同学阿丽娅和好朋友娜塔莎等都对我关怀备至，使我在异国他乡感到十分温暖，她们的深情厚谊一直留在我美好的记忆中。

主持人：您是我国著名地理学家周淑贞先生的学生，请谈谈您和周先生的交往以及她对您的影响。

徐天芬：周淑贞先生是我在地理科学方面的启蒙老师。早在 1943 年春天，我

1995年，徐天芬教授（右二）在周淑贞教授（左三）家

们就结下了师生缘，那时我只有 14 岁，周老师也不过 28 岁。每每想起少年时代周老师给我的印象，我就感到十分亲切。周淑贞先生在中大附中任教时，是我们的地理老师。她板书认真，教学态度一丝不苟，教学内容科学，为人和蔼可亲。通过她的课让我们认识到地理是一门科学，不是地理知识的堆积。正是受了她的影响，我走上了地理科学的学习之路。

1953 年春天，周老师被调至华东师大地理系。在此之前我是她的丈夫王文翰教授的助教，后来我又是周淑贞教授的助教。我是她的助教，也是她的学生。她对我很严格，为了培养我尽早走上讲坛，她把一部分课程分给我上，为此她花了不少心血。从苏联回来后，我和周老师从事的专业不同了。但我们都住在师大二村，生活和业务上都有交流。特别是 1970 年，正值"文化大革命"，我们都在马陆公社劳动。后来学校把我们调回来写西方资产阶级学术流派批判，我和周老师被分配研究太阳系起源的问题，每天同进同出，跑上海图书馆看外文文献，那段时间我们有过密切的接触。

进入老年以后，我与周老师仍然保持密切联系。1995 年是周老师的 80 华诞，我约了在上海的 5 位初中同学一同到周老师家祝寿。她见到我们 5 位早已年过花甲的学生，兴奋之情溢于言表。临走之际，我们 5 个人排成一排，给周老师鞠了一个躬，表达我们对她的敬意。没想到两年后她就去世了。周先生生病住院时，我也去看望过她。一直到现在我还常常想念她，可以说与周老师交往的记忆伴随我的一生。

党叫干啥，就干好啥

主持人：华东师大地理系成立于 1951 年，您是地理系的奠基人之一。请您谈谈地理系初创时的情况与您在其中所做的工作。

徐天芬：1951 年，在大夏大学、光华大学文理科的基础上，同时并入复旦大学教育系、同济大学的动物系和植物系以及东亚体专，就是通常所说的五校合并，成立新中国第一所师范大学，校址为原大夏大学的校址，这是华东师大中北校区最初的规模。我们最初来的女教职工住在文史楼后面的新力斋，10 人一间房间，睡的是双层床，可见当时华东师大条件艰苦之一斑。

最初华东师大的系科不多，但文理科都比较齐全。其他系有并校前的基础，唯独地理系没有一点基础，白手起家。记得当初只有一间办公室，几张桌子，几把椅子，用家徒四壁来形容一点儿也不为过。全系教师五位，老教师只有三位：苗迪青——地质学教授、代系主任，王文瀚——气象学教授，褚绍唐——地图学讲师，另有助教两位：我和叶学齐（浙大地理系刚毕业，也是统一分配来的）。我是系主任的助理。苗迪青先生住在校外，不常来学校。而我当时还年轻，又住在校内，所以常常是从清洁工到系主任的各项工作我一个人都管了。

1951 年 10 月 16 日，华东师大刚开学，全校师生就赴皖北参加土改，回校时已是 1951 年底。1952 年初开始上课，这时地理系又多了吴泗璋和钱今昔两位教师。但是上课不久又开始了知识分子思想改造运动。运动结束以后，就开始了全国性的大规模院系调整，国家决定浙江大学整个地理系调整至华东师大，这对我们地理系来说是一大福音。学校很重视这项工作，当时校人事部门的负责人把我调至他们单位协助做这项工作，为期两个月。在这期间，我们了解了浙大地理系的规模和师资力量。为迎接浙大地理系，学校给地理系分配了足够的教学用房。当然，1956年地理系搬迁至新建的地理馆后才有了真正的家。

主持人：您何时从事自然辩证法的研究？是什么契机让您从地理学科转到自然辩证法领域？

徐天芬：1972 年 2 月，我开始正式从事自然辩证法研究。当时，学校从理科五个系（数学、物理、化学、生物、地理）抽调了一些教师，成立了自然辩证法组。其实我校自然辩证法研究是从 1956 年开始的，那年在冯契教授的倡议和指导下，办了

1951年，历史、地理两系师生于师大文史楼前合影，前排右一为徐天芬

自然辩证法研究班，学员是理科五个系的教师。由于"反右"运动的干扰，这个自然辩证法研究班没有继续办下去。1972年初组建自然辩证法组以后，冯契的学生就成了我们的启蒙老师。我从干校回来之后，学校决定让我从地理系转到自然辩证法组。这是契机，也是服从组织上的分配。那个年代有一个响亮的口号——"党叫干啥就干啥"，我加了一个"好"字，就是"党叫干啥就干好啥"！

1951年工作以后，我就听从党的安排，下定决心全心全意工作，用"干一行爱一行，干一行就干好一行"的精神完成党交给我的任务。自然辩证法组需要数理化天地生各个专业的人才。因为我在西方学术流派批判组接触过太阳系起源（这是天体演化学的一部分内容），于是我又成了自然辩证法中自然观的主要内容——天体演化学的研究者。我边学习，边研究，边教学，最后认真出色地完成了任务。

1977年11月，受教育部委托，全国十几个院校的自然辩证法教师代表在我校参加高校理科自然辩证法教材的编写会议。会上商定编写一本《自然辩证法讲义》并草拟了编写提纲，进行了分工。我们研究所负责编写"自然观"，我编写的是其中的天体的起源和演化。1979年8月，该书由高等教育出版社出版，《自然辩证法讲义》在各类院校的教学和研究中起到了一定的促进作用。1983年被中国自然辩证法研究会评为优秀著作。1987年获北京市哲学社会科学优秀科研成果一等奖。

1983年，上海市自然辩证法高校协作组成立，我被推举为组长。在交流教学经验的过程中，大家提出了许多值得探讨的问题。于是我们决定，按照《自然辩证

1985年，人文地理助教进修班结业留念，前排左六为徐天芬

法讲义》的体系编写一本《自然辩证法教学疑难问题探讨》，作为自然辩证法教师的教学参考书。书中收录50多个有争议的疑难问题，本着与读者共同探讨的精神提出自己的见解，是作者科研与教学相结合的成果，有一定的参考价值。

在1984年召开的全国高等师范院校自然辩证法教学讨论会上，决定由北京师大、华东师大、东北师大、华南师大负责组织有关院校教师编写一本适用于高等师范院校理科硕士研究生自然辩证法课的教材。我被推举为四个负责人之一。经过几年的努力，这本由我参加主编的教材《自然辩证法总论》于1990年由山东人民出版社出版，当年获华东地区政治理论图书一等奖。该书的特点是既有教材的规范性，又有专著的研究性。并设专篇讨论现代自然科学中的哲学问题，以期提高理科研究生对探讨本学科中哲学问题的兴趣。

1982年3月1日，校长刘佛年任命我担任我校自然辩证法和自然科学史研究室的副主任，后来研究室改为研究所之后我担任副所长。所长是袁运开，他是华东师大的校长。副所长之一是张瑞琨，当时他是上海市高教局副局长，所以主要由我负责所里的日常工作。我有自己的硕士研究生，1978年至1994年，退休前我共招了17名硕士生。所里有两年制的研究生班和一年制的教师进修班，所以工作还是相当繁重的。1983年12月，我参加中国自然辩证法研究会第一届第三次理事扩大会议，最后一个议程是授奖，作为华东师大自然辩证法研究室的负责人，我接受了大会授予的"上海市先进集体"奖，同年也接受了学校授予的"先进单位"奖。

"人地观"概念的提出和研究

主持人：您发表过很多讨论人地关系的文章，请简要谈谈您的人地观。

徐天芬：1982年，我在《自然信息》杂志上发表了《几种人地观的评述》一文，这是我第一次正式提出"人地观"的概念。我提出人地观是受到自然观的启发，自然观就是观自然，是对自然界的总看法。同理，人地观就是观人地关系，简单地说，就是对人类社会与地理环境关系的总看法。关于人地观的研究成果主要发表在《人地观的历史发展和马克思主义人地观初探》一文中。

下面简要谈谈我的人地观。第一，人地关系是一种动态的关系。人地关系是地表自然界发展到一定程度才产生的。对人类来说，这一部分自然界是其赖以生存的环境，即地理环境，所以人类与地理环境的关系是自然界发展出来的动态关系。第二，人地关系是对立统一的辩证关系。人类是自然界的产物，必然和地理环境是统一的。但是拥有智慧的人类不会满足于简单的统一，而是要利用自然改造自然，让自然为我所用，这就站到了地理环境的对立面。单纯地利用和改造会破坏自然环境，迫使人类思考自身与地理环境的关系。只是统一，人类不可能发展；只是对立，人地关系不可能和谐发展。所以必须树立对立统一的观念。第三，人地关系是因果关系。一方水土养一方人，这是对人地关系最通俗的描述。当然人地关系并非只是简单不变的因果关系。当地理环境制约人类社会的发展，此时地理环境是因，社会发展是果。但人是能动的，当人类的活动改变地理环境，此时人类的活动是因，地理环境的改变就是果。从生产力、生产关系、社会发展与地理环境的关系来讨论人地关系，那么这是一个复杂的因果链。

主持人：目前中国大力倡导生态文明。但是现在污染严重，生态系统面临退化。对此，您有何看法？您对中国未来人与自然和谐关系的营造有什么展望和建议？

徐天芬：我认为首先要重建一种"人与自然是有机统一体"的观念。中国古代有这种观念，但是工业革命后人是自然的主人的观念占据了上风。结果人类受到了自然的报复，一直延续到现在。例如，"人有多大胆，地有多高产"，这是典型的人定胜天的观念。我们必须认识到人和天不是谁胜谁负的关系。地球是人类的家园，人类是地球的成员，地球哺育人类，人类必须关爱地球。只有这样人类与地球

为后人创世，不为立丰碑，只为
理想早实现。
地球是人类的家园，人类是
地球的成员。地球哺育
人类，人类关爱地球，人类
与地球才能和谐相处，
共存共荣。

徐天芬
2015.11.16

徐天芬题词

才能和谐相处，共存共荣。

所谓"生态文明"就是人类必须文明地对待生物圈。生物圈是生物及其生存环境的总和。新材料（铁器、粘土）的发现促进了原始农牧业的产生，新能源（畜力、水力、电力）的发现又促使手工业的兴起，于是在生物圈的基础上形成了技术圈。生物圈并非处处对人类有利，为了生存，人类破坏一些自然生态系统，建立人工生态系统。技术圈是人类运用智慧，通过生产技术改造生物圈后出现的，融于生物圈之中。所谓人类圈、智慧圈和技术圈是渐进叠加的，有了生物圈之后才有人类圈。人类的智慧发展到一定程度就有了智慧圈，有了智慧圈之后就有了技术圈。人类的技术活动造成生物圈中生态系统的变化是不可避免的。生物圈遭到破坏的原因是技术圈不完善，技术圈不完善的原因是智慧圈不完善。所以归根结底，要改善智慧圈，这样才能靠人类的智慧改善技术进行新技术革命，开发能控制环境污染的新材料、新能源，使人地关系能持续和谐地发展。

主持人：在华东师大工作期间还有哪些人或事让您印象深刻？

徐天芬：常溪萍书记为人谦和，接近群众，大家常常怀念他。地理系老系主任李春芬教授处理问题平稳妥帖，很受人尊敬。此外，师大校园的绿化使生活在这里60多年的我受益匪浅，经常赞叹不已，所以，我常常向人提及已故的孙谷兰，可能很多人不认识她。她是学园艺的，以前华东师大的绿化主要由她设计。

地理系的变化也让我印象深刻。从1951年小小的地理系发展到如今的地理科学部,变化巨大！过去的地理系可谓是现在的沧海一粟。地理系最初的五位教师,除了我还健在外,其他四位都已作古了,我想念这四位最初的同事。他们的在天之灵若能看到这样巨大的变化一定会感到非常欣慰。我曾说:"为后人创业,不求立丰碑,只盼理想早实现!"现在理想实现了,我备感欣慰!

主持人:最后,您对华东师大未来的发展和当代大学生有什么建议和期望?

徐天芬:希望华东师大早日发展成为世界一流大学！希望当代华东师大的大学生们珍惜在学校学习的四年光阴,少当低头族,多去图书馆充实自己。尊敬师长,爱护同学,向老师学习,向同学学习。毕业后融入大众创业、万众创新的行列,有所作为,有所建树,不辜负母校的殷切期望。

链接：

锐意进取　自强不息(节选)

摘取博士桂冠

　　1951 年大学毕业生由国家统一分配,徐天芬被分配到上海华东师范大学地理系任教。华东师范大学是 1951 年以大夏、光华两所大学为基础,同时调进复旦、同济等四所院校的部分科系和教师组成的。其他系多少有点基础,唯独地理系是白手起家,一间房子,几张桌椅、五位教师。即使在这种情况下,地理系还是招了一个班。刚刚走上工作岗位的徐天芬不得不做了"万能"助教。后来随着院系调整,地理系的阵容有所扩大,系主任分配她做王文翰教授的助教,从此结束了"万能"助教的生涯。在王文翰教授的精心指导下,她很快就承担了气象课的部分讲授任务。由于她工作勤勤恳恳、任劳任怨,成绩突出,1953 年 2 月 11 日光荣地加入了中国共产党。她面对鲜艳的党旗庄严宣誓:"……决心做一个襟怀坦白的人,忠诚党的教育事业,为实现共产主义而奋斗终生!"

　　1953 年夏,学校选派她留苏深造。经过严格的专业课考试后,又在北京集中学习一年俄语,1954 年奔赴苏联,分配到列宁格勒大学地理系,投师于苏联著名的自然地理学家、科学院院士索恰瓦教授。经过一年的苦读,徐天芬以全优的成绩通过了学位考试。随后参加了系里组织的两次野外考察工作,徐天芬的科学天赋得到了充分的发挥。她到了黑海、高加索、俄罗斯平原,饱览了苏联的多种自然景观,特别是雄伟的高加索山脉,以自然景观明显的垂直分异为特色。她从黑海边具有湿润亚热带景观的索契城一直考察到高加索山脉雪线(约 3000 米)以上的冰川景观。在这次考察中,徐天芬既学到了野外调查的方法,又学到了爬山的本领。1956 年至 1957 年,她作为苏联列宁格勒大学地理系的研究生,参加了中苏黑龙江综合考察队工作,并独立地完成了黑龙江上游右岸高地的野外考察。在此基础上撰写了《黑龙江上游右岸高地的自然地理特征》,1959 年 5 月 7 日通过了论文答辩,获苏联地理科学副博士学位(相当于美国的 Ph.D 即哲学博士学位)。

路坎坷志不移

1965年夏,全国的社会主义教育运动蓬勃掀起,徐天芬被迫停止了教学、科研、教研室主任等一切工作,参加了"四清"工作队。"四清"尚未结束,"文革"又开始了,她被打成"反动学术权威"。在批斗会上,徐天芬在苏联获得的学位证书被撕毁,后又在苏北大丰干校劳动了一年。

1972年2月,徐天芬返回华东师范大学时,学校自然辩证法研究室成立。43岁的徐天芬从研究自然地理改行为研究天体演化。面对这一新的研究领域,她没有退缩,仍然具有"领异标新二月花"的精神。她牺牲了一切家庭事务,一心扑在钻研业务上,很快地熟悉了天体演化理论,并取得了良好的教学效果。1973年参加了《天体的来龙去脉》的编写。在那学术萧条的年代,此书却受到了多方重视和好评。

1976年10月粉碎"四人帮"后,全国自然辩证法研究蓬勃发展。1977年11月,教育部在华东师范大学召开了全国自然辩证法教材问题讨论会。会上拟定了《自然辩证法讲义》的大纲,并落实了编写任务。徐天芬参加了自然观篇的编写,1978年两次赴北京参加审稿和全书的统编工作。这部书长期作为高校理科研究生自然辩证法教材,共再版8次,获北京市哲学社会科学和政策研究优秀成果一等奖。1980年初,华东师范大学自然辩证法研究所集体编写了《自然发展史》一书,徐天芬也积极参加了该书的编写。该书获1983年上海市高校科研成果三等奖。

1980年,徐天芬晋升为副教授。在地理学界老前辈、著名人文地理学家李旭旦的倡导下,我国地理学界又开始了人地关系的研究。年过半百的徐天芬又热情地投入到关系的辩证法研究中去,撰写了《几种人地观评述》、《论人地关系的辩证法》、《人与自然是有机统一体》、《从生物圈到智慧圈》、《人地观的历史发展与马克思主义人地观初探》等多篇论文,均发表在学报级的刊物上,其中《论人地关系的辩证法》一文被收入了我国首届自然辩证法年会的论文集。《自然辩证法论文集》是在数百篇论文中筛选出30篇具有较高学术价值的论文汇编而成的,在地学辩证法的多篇论文只选入了徐天芬的《论人地关系的辩证法》一文。《自然辩证法报》对《自然辩证法论文集》做了全面评价,认为它是"中国自然辩证法学术研究发展新阶段的一个标志","它的出版反映了我国自然辩证法研究在新的历史时期蓬勃发展的丰硕成果,并将推动我国自然辩证法学研究进一步向前发展"。著名地理学家胡焕庸对徐天芬的论文给予高度评价。他说:"徐天芬同志《论人地关系的辩证法》一文,是她多年来对这一问题深入研究的结果,起到了总结过去、开创未来的作用,是一篇重要的学术性论著。作者根据辩证唯物主义的方法,判析了各地区各时期人地关系,通过具体实例说明辩证法的理论与规律。"

徐天芬教授认真投入自然辩证法研究所的科学研究工作,1981年参加了《近代自然科学史概论》的编写。全书分上、中、下三册,上册曾获全国首届科技史优秀成果二等奖。1983年,上海市自然辩证法研究会高校协作组成立,徐天芬被选为第一届中心组领导成员。她积极组织上海市高校自然辩证法教师探讨教学中出现的有争议的问题,于1987年主编了《自然辩证法教学疑难问题探讨》一书。这是一部带有探索性的教学参考书,对于自然辩证法的教学与研究起到了积极的推动作用。从1984年第一届全国师范院校自然辩证法研讨会开始,徐天芬作为领导成员之一,又积极参加了师范院校理科硕士研究生的自然辩证法教材建设工作,并承担了大纲的起草和教材的主编工作,这一工作的突出成果就是她和曾近义、解恩泽、柳树滋主编的《自然辩证法总论》一书。全书52万字,容量大、体系结构完整,兼有教材与专著性质。作为教材它做到了规范化,作为专著它体现了探索性,不仅在每篇中都力图联系自然科学的最新成果,提出有启发性的见解,而且设专篇探讨自然科学中的哲学问题。这部著作获得了1989年至1990年华东地区优秀政治理论图书一等奖。

老骥伏枥,志在千里

1986年5月,徐天芬晋升为教授。她除了完成大量的教学和科研工作外,还培养硕士研究生。她在学生面前既是导师,又是慈母,相处得十分融洽。在讨论学术问题时他们平等地交换看法,假日学生们经常到她家看电视、聊天,师生间无拘无束。然而,在学位论文的写作过程中,她对学生要求十分严格。从拟定写作大纲到论文定稿的整个过程中她都要严格把关。她经常对学生说:"我乐意做你们论文的第一个读者,一遍又一遍不会厌烦,希望你们也能精益求精。论文答辩不但是对你们的检验,也是对我作为指导教师的检验。"研究生们在经过辛勤劳动、换来答辩的圆满成功时都深深体会到,徐老师对他们的严格要求和认真负责的精神,是对他们的真正爱护。

1991年,徐天芬教授获得了国家教委颁发的荣誉证书,表彰她从事高校科技工作四十年成绩显著。在镶嵌着金属奔马的大理石纪念品上镂刻着:"老骥伏枥,志在千里,桃李不言,下自成蹊"的名句。在这么高的荣誉面前,徐天芬教授没有骄傲,她说:"我还有研究生要培养,还有科研任务要完成,即使到65岁退休后,我也不会停步,还会有'老骥伏枥,志在千里'的精神。"寥寥数语,表达了这位老教授的心声,也体现了她自强不息、锐意进取,为国家争作贡献的精神。

(本文摘自《中国当代女博士》,中国妇女出版社,1995年8月出版)

绘制遥感人生的地图

黄永砥：

黄永砥，1930年生，福建厦门人。华东师范大学地图学教授。

1947年就读于省立厦门中学。1952年入华东师大地理系学习。1954年毕业于华东师大地理系专修科并留校任教。1984年赴美国明尼苏达大学访问一年。享受国务院政府特殊津贴。曾任国际制图协会（ICA）城市制图委员会执委、中国地理学会地图与地理信息系统专业委员会委员、上海市测绘学会理事兼制图专业组组长、国家自然科学基金委第三届地理学科评审组成员。华东师大地图研究所所长。

主要成果有：《陆地卫星影像太原幅农业自然条件目视解译系列图集》、《上海农业区划图集》、《上海市老年人口地图集》、《中国教育地图集》，其中《中国教育地图集》获1996年上海市第三届哲学社会科学优秀成果一等奖、1997年国家教委科技进步一等奖。研制并批量生产"三通道卫星影像假彩色合成仪"。

坚持教学与实践相结合

主持人：黄教授您好，很高兴有机会与您面对面交流！首先请回顾一下您的求学经历。

黄永砥：1952 年，我来到华东师大。在这之前我在省立厦门中学念书。中学毕业之后，我姐姐正好要调动工作，她本来在小学里教书，我就临时代她的课，一代就是一年多。之后我被调至福州学习，做一个区的少先队辅导员。还没等我安定下来，福州大学的人事处又把我调至上海华东师大，我们那时连华东师大在哪里都不知道。我们一共来了 6 人，因考试成绩不理想被退回去 2 人，剩下 4 人。在选择专业时，因当时信息闭塞，我们对专业都不很了解。因我喜欢画图，而地图学科需要绘画基础，所以就选择了地理系。

当时的学生很老实，上夜自修都在教室里，固定时间熄灯，三点一线，宿舍、教室和食堂。我们是华东师大第　届专科生。我是班主席兼体育课代表。班上有 40 位同学，大部分是调干生，年纪最大的已有 49 岁。每逢复习考试，我会主动帮助高龄同学复习功课。地图课有测量，但没有测量实习课。当时条件很差，只有一台仪器，只能看，摸不得。1954 年毕业之后，我被留校，分配在地图教研组。第二年，到同济大学学习航空测量。

主持人：您为什么去同济大学学习航空测量？测量是理论重要还是实践重要？

黄永砥：我这一年的任务是边学习边编写讲义，回来马上上课。这段时间生活

黄永砥教授（左二）在上实验课

很辛苦却很精彩，接触的都是新事物，所以动力很足。返校后就担任测量学的教学工作。

"文革"期间，虽然我们没有正规上测量课，但我们是以实践代替上课。通过实践掌握知识。教测量光讲仪器的操作，往往印象不深。但是通过实际操作，可以很好地对所学知识加以掌握。我们曾经到崇明做渠道测量，到江西做水库测量，在上海做三角测量。整个过程中，我觉得学生们的收获是实实在在的。举个例子，我带地理系的学生去黄山测量缆车和盘山公路，同济大学当时也有一批路桥系的学生参与。测量之后发现最后的高程误差竟达一米之多。同济方面建议复测，结果发现是他们测量的那段有问题。可见我们的学生通过实践教学也不比学此专业的学生差。同样，实践在科研中也很重要。做科研时通过实践接触新的东西，发现新的问题，于是又产生新的课题，这样的反复，获得的科研成果更加丰实。

当时我们学校每个系都有公开课，系里的老师可以随时来听，不用事先通知。学校也有公开课，外系老师也可以来听。我曾经在地理馆前面的草坪上，上了一堂公开课，刘佛年等校领导也都来观课。课上讲的是"经纬仪的校正"，如果按老方法就是讲讲仪器的校正方法和作用，一个小时足矣。但我的课时足足有两个小时。当时地理馆上面有一颗五角星，我把学生分成 6 个小组，分别测量这颗五角星离地面的高度。测量，记录，报告，各组最后的测量结果报上来是：20 米、8 米、30 米……仪器是高级的，但小组之间的差值怎么这么大？我让学生自己分析找出原因。原来是仪器没有校正好,然后我再讲仪器的校正方法和注意事项,指导他们实地操作。校正后再测量,测量结果基本一致。按照以前的老方法光讲不练没有体会,现在通过实践,知道误差这么大是由于仪器未事先校正好,印象深刻。这堂当场解决问题的公开课,获得师生评教会的一致好评。

遥感制图的探索者

主持人:您刚开始工作的时候,华东师大地理系的实力在全国高校范围内如何?

黄永砥:据我所知,当时我们地理系在国内可以说是一流的。但在制图方面,都是白手起家。我想,要教好地图学这门课还是要走"教学与实践相结合"的道路。也就是说地图实验室的建立是必不可少的。当时我们提出要"依靠自力更生、不花学校一分钱,创建全国最好的实验室"。目标明确,全组干劲十足,在两年左右的时间里就装备了几件主要的设备,如:自己设计的大型地图复照仪,除了照相镜头和老虎皮外,所有机件都是从废旧商店淘来,自己加工改造的,这台仪器全长近6米,精度也达到了地图制版的要求。当时来参观的人很多。为此,国家教委还拨10万元予以奖励;还有配套的2×3米的磨板机……1978年我们开始接触遥感制图。当时有些学校利用不同波段的卫星底片,用染印法合成假彩色相片进行图像判读。起初我们也想搞,后来我想,不必去重复人家搞过的东西,我们应该自己找寻方法。通过试验,我们利用不同波段的卫星相片,进行分层曝光,成功地合成假彩色图片。用这种方法不需另置新的器材,只要有一台普通放大机就可以了,效果好并容易推广。福建师大就将"华东师大分层曝光法"首次写进讲义中。

我国遥感制图老前辈陈述彭院士曾带领我们到国外参观。在国外,假彩色卫片大都是由专门的彩色合成仪合成的,当时国内还没有引进这种设备,他对我说:"你们能否也搞个中国品牌的设备(他知道我们搞过复照仪)。"我和我们一个实验员利用暑假在我们的复照仪上进行了多次的分镜头合成图像的试验,结果证实用三张不同波段的卫片,用三种不同的色光,可以合成一张假彩色图像,但这还需有理论依据的支撑。我向物理系老师请教,他们说这在理论上似乎是不可能的。于是我又跑到东北,请教当时中国很有名的一位光学专家。他热情地接待了我,只用了几个公式就把原理推导了出来,说这是"轴外合成"。回沪后,我们冒着酷暑到处

黄永砥教授（右）陪同外宾参观遥感制图实验室

找工厂加工零件，经过不懈的努力，"三通道卫片假彩色合成仪"样机终于装配成功，我们带着它到沈阳参加了地图年会。陈院士在大会上激动地说："华东师大成功研制了'卫片假彩色合成仪'并批量生产。它填补了目前遥感应用设备的一项空白，对我国遥感影像的解译、遥感教学和普及工作作出了贡献，祝贺他们！"

有了"实验室"的支持，我们获得课题的机会也多了，编图的经验也丰富了，反过来也充实了课程的内容。记得在一次专业会上，拟对某个课题分组共同完成，小组由各校自由组合，结果几个北方的学校都希望参加我们这一组，这不就是看在我们有较多的编图经验和较完整的设备条件嘛。这使我想起了项立嵩副校长曾经说过的一句话："要把实实在在的东西拿出来，让人家服帖，你就有发言权了。"

主持人：遥感具体有哪些经济效益呢？

黄永砥：遥感省时间，省人力。举个例子，如上海市要调查绿化覆盖率，无论采取何种调查方式，都是费力、费时又不全面。但是如果采用遥感的方法，再经假彩色合成，可以把绿色的植物在图上用一个特定的颜色表示出来，这样更易于识别，从而提高了统计的精度和速度。在我们编辑《山西太原幅卫星解译图集》的森林覆盖图时，曾向山西农业局索取有关资料，但没要到。图集出版后，他们核对了资料，发现有些地方和他们原来调查的资料出入较大，就重新组队复查，结果证明我们的判读是正确的。为此，他们特意来信祝贺并致歉意，说明当时之所以不给资料，就是想看看我们在这样短的时间里能搞出什么名堂来（信是在全系会上宣读的）。

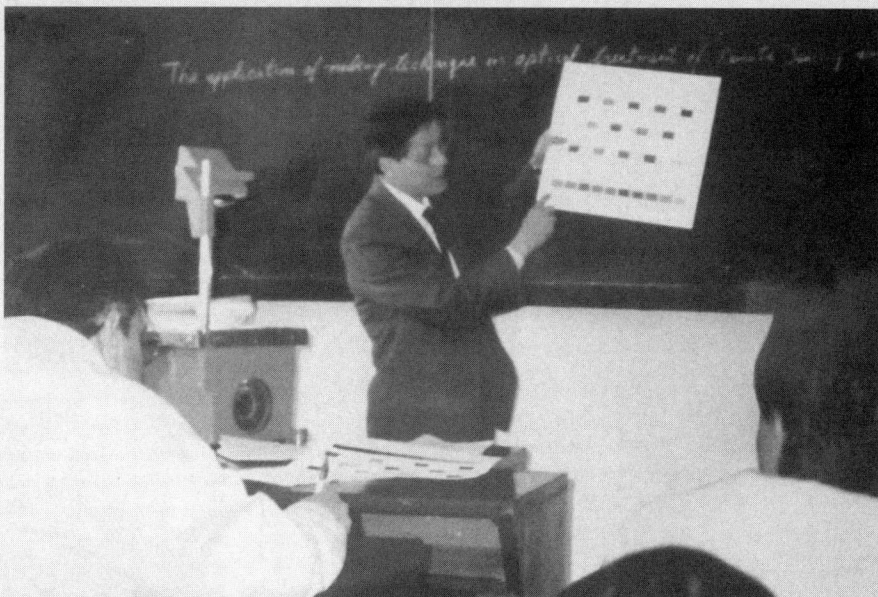

1988年，黄永砥教授在加拿大国际制图年会上作报告

主持人：1984 年，您到美国明尼苏达大学访学，请谈谈让您印象深刻的人或事？

黄永砥：出国访问交流的一个好处是增长见识。当时明尼苏达大学的制图实力在美国排名第 11 位，没有遥感专业。我在那边除了详细了解地图学及相关课程的教学情况外，还关注了实习课。课程内容及安排和我们差不多，但在讲课过程中经常穿插师生的相互提问，这样不仅可以随时调整讲课内容，也活跃了课堂气氛。我也听了一些其他课程，师生之间的互动都很普遍，学生表现也很积极。这一点非常值得我们学习。而他们对实习课倒好像不够重视，只是由助教来上，时常会因一些疑难问题而耽误时间。曾到我校参观过的明尼苏达地理系徐教授对我说："你们编过好几本地图集了，但我们至今还没有一本由我系自己编辑的地图集，我们想和华东师大合编一本图集……"我们系主任也很赞同，但最终因存在资料密级问题而没能成功。总之，在外面见得多了，胆子也大了，知彼知己，对自己更有信心了，回来可以放手大胆地干。

江泽民总书记为图集题词

主持人：1995 年，您编了《中国教育地图集》，请谈谈具体情况。

黄永砥：1992 年，国务委员李铁映访问华东师大，来我们实验室参观，袁运开

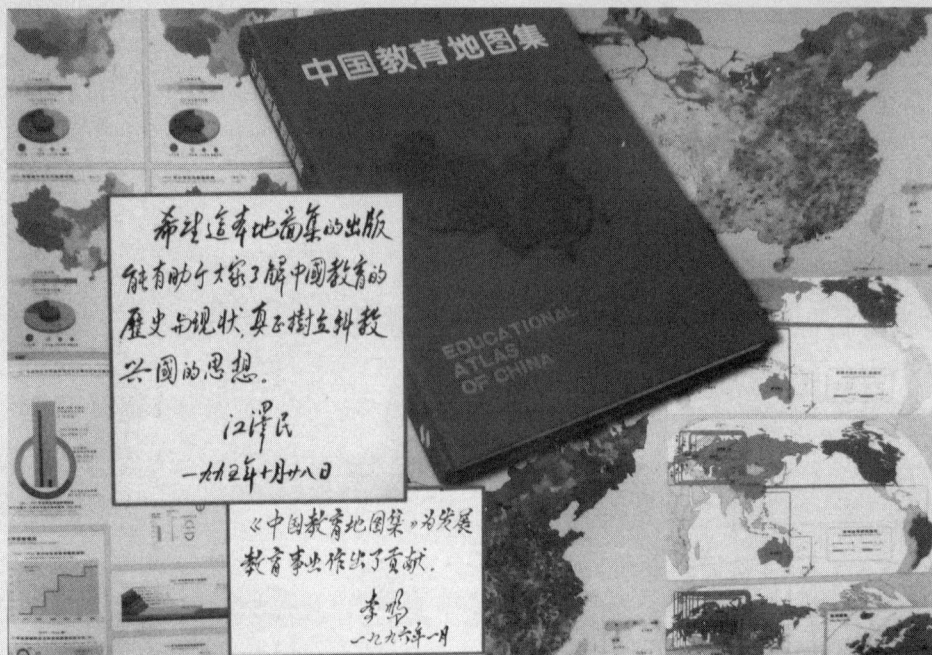

希望这本地图集的出版
能有助于大家了解中国教育的
历史与现状，真正树立科教
兴国的思想。
江泽民
一九九五年十月廿八日

《中国教育地图集》为发展
教育事业作出了贡献。
李鹏
一九九六年一月

江泽民总书记、李鹏总理为《中国教育地图集》题词

校长陪同。参观的时候，李铁映谈及想编一本《中国教育图集》，问我们是否可行。我当即坚定地对他说：我们可以编成《中国教育地图集》。他问地图能否反映教育。我回答说完全可以，而且很有必要。打仗需要地图，搞教育改革也需要地图，编辑《图集》是研究我国教育发展现状、经济、人口和社会发展相互关系的一项基础性的工作。对全面了解我国教育状况和制定教育发展战略具有重大的参考价值。同时，在帮助台、港、澳同胞、海外侨胞对祖国教育事业的了解，向世界各国介绍中国教育成就等方面，也很有价值。他听了觉得很好，当即决定把编图任务交给我们。

　　不到一个星期，我们就写好了《图集》的编图大纲，由学校上报国家教委。然而出人意料的是，不久我就接到了袁校长的电话："国家教委的国家教育发展中心年前已将编图任务交给了某大学了。"还说："不管你们是否愿意参加他们的工作，你还是要亲自向教委作个汇报。"

　　就这样，我仅仅是带着汇报了事的心情来到教委，发展中心主任郝克明同志亲自耐心、认真地听我介绍了《图集》的构思，当我提出如果我们接受这个任务将是"自带干粮、不吃皇粮"时，她特感兴趣，反复询问。我说："按常规接受一个课题，必须先申请立项，待国家下达经费后才开始工作，这势必延误时间。而'自带干粮、不吃皇粮'则可先上马，通过自己的工作成果来取得社会与领导的认可，进而取得社会效益及经济效益。也就是说我们只有靠自己的努力，高质量地完成任务，才能确保我们所编的《图集》得到社会和广大读者的喜爱，我们的《图集》才能卖得出去，否

黄永砥教授（左三）在《中国教育地图集》出版座谈会上发言

则就会'血本无归'。这既符合市场经济规律，也给自己带来了无形的压力和动力。"终于郝主任信任地将编图任务交给了我们。

在《图集》评审会上，评审组长陈述彭院士特意指出："新中国成立以来，我们编的大型地图集不少，一般都要经过七八年的时间，而这本图集仅用两年左右的时间就编出来了，经大家评审研究，一致认为，应该为这本图集写上'具有国际领先水平'的评语，这是迄今为止我们为中国已出版的各种地图集首次写上这样高的评语。这也确实反映了《图集》的质量和水平。"

江泽民主席看了《图集》以后，欣然在图集上题词："希望这本地图集的出版能有助于大家了解中国教育的历史与现状，真正树立科教兴国的思想。"李鹏总理的题词："《中国教育地图集》为发展教育事业作出了贡献。"

给毛主席塑像

主持人：除了教学和科研，您在学校还做了很多其他的事情。您能否讲讲你们建造华东师大毛主席塑像的故事？

黄永砥：那是在"文革"后期，校领导参观了同济大学的主席塑像后，知道同济的毛主席塑像是测量系的老师搞的。我是测量教师，当时学校里大部分的主席油画像又都是我画的，所以要我负责塑造主席像的任务。其实我从来也没搞过塑像，

2004年8月，黄永砥教授（中）
与夫人、女儿在俄罗斯留影

对这门技术也一无所知，一时不敢答应，后来学校带我去同济参观，听了他们详细介绍以后，我想小型的雕塑是要有很深的艺术功底的，绝对干不了，但大型的雕塑是依照小的原型放大的，塑像越大越好做，利用测量地形的方法套上去就行了。心中有了底，任务就接下来了。我们花了一个多月的时间，经过上百人的参与，终于完成了任务。这期间很少回家，校领导也好几次陪我们一起通宵熬夜。

主持人：里面有什么秘密吗？

黄永砥：这也不算是什么秘密。只是有些细节没有引起大家的注意，再不说就没人知道了：1.我们参观了几个主席的塑像，看上去总感到形象变得矮胖了，这是在地面上仰视所产生的错觉。为此，我们大胆地把主席塑像垂直比例拉长了六分之一，形象就逼真多了。当时，我们还特地为此写了报告，征得了上面的批准；2.主席像的尺寸也很有讲究，基座高是 5.16 米，象征"文化大革命"开始之日。主席塑像身高 7.1 米，是建党的日子。两个数加起来是 12.26，正好是主席的生日 12 月 26 日；3.最后在浇注水泥时，为减轻单位面积的重量，在水泥中心填放一些空肥皂箱，以减轻塑像的重量，防止塑像的沉降位移；4.主席像右手上有一根避雷针，不仔细看是注意不到的，沿着这根针的垂直线在地面埋了一个铜桩，用来测定塑像的垂直变化。我观测了两年，没有问题；5.塑像造成后，表面是光滑的，在光照下不好看，我们就组织地理系的同学，用野外地质实习用的榔头轻轻敲毛表面，然后喷上飞机专用漆。

鹰击长空　志存高远

2015年，黄永砥教授刻纸作品

主持人：您对华东师大和当代大学生有什么寄语？

黄永砥：这是我 2015 年的刻纸作品，借此祝：莘莘学子必将展翅高飞，崭新校园再谱华丽篇章。

链接：

教育与地图科学上的一个创举(节选)

——《中国教育地图集》出版回顾

紧张而艰巨的工程

1993 年 6 月，编制《中国教育地图集》(下简称《图集》)这一特殊的攻坚战正式拉开了帷幕。作为一本全面反映我国教育内容的大型国家地图集，编制工作是十分紧张和艰巨的，整本《图集》总数量达到 176 页，由 200 多幅地图及 300 多幅统计图表所组成，信息量十分庞大。从年鉴、报表、各种介质的统计数据中，要精选出从幼儿教育到研究生培养，从普通学历教育到职业教育、成人教育，包括教师、学生、学校、设备等一整套的数据，数据收集时间的跨度最早选自 1903 年，最新选用到 1994 年，前后将达一个世纪。此外，还包括了各级教育到 2000 年发展趋势的一些预测数据，以及中国与世界各国(地区)教育发展水平的比较，其中约有三分之一的资料是首次公布的。所有这些数据，其信度、效度均需要经国家教委、国家统计局有关部门的论证、核实。据统计，起码有上千万个数据必须进行综合分析处理，直至把一个个清晰的数字填写在地图上。为了更好地将我国的教育成就与国际上进行交流，对《图集》的标题及部分文字都做了中英文对照。可想而知，那将会是怎样一种工作情景。为此，参与工作的同志放弃了节假日、牺牲了休息、忘记了酬劳……完全把自己融入了图集的编制过程中。

当时的工作条件十分艰苦，没有空调，没有制图软件，200 多张地图和 300 多张统计图表都是用手工刻图的方法描刻出来的，工作量之大难以形容。为了使《图集》更为直观、更为现代、更为丰富多彩，我们动足了脑筋，创造了许多图像分析的表达方法。有的同志甚至连续几天吃住都在实验室，没有了寒暑假，《图集》的编制几乎成了大家生活的全部。

分享成果的喜悦

　　经过全所同志的奋力拼搏，《图集》终于在 1995 年 6 月正式出版了。它以内容丰富翔实、新颖的编排方式和国际先进水平的计算机制图技术引起了人们的广泛注意。《图集》的内容涉及中国的政治、经济、人口资源一直到教育本身。从初等教育、中等教育到高等教育，以及横向的基础教育、普通教育、职业教育、成人教育等。有历史的、也有规划的，还有国外的横向联系。《图集》的编排设计主要是以地图和图表这样一个雅俗共赏的形式来反映新中国五十年来教育事业发展的全貌。在编排上，既有时间序列的轨迹，又有空间分布的地域差异，既可用来比较各省、市、自治区的教育业绩，也能够发现规划布局中的问题。在编制《图集》的过程中，又大量运用了 90 年代国际先进水平的计算机制图技术（当时国内尚没有专门的地图制图软件）和制版印刷工艺，使《图集》能够充分体现科学性和艺术性的统一，同时又大大缩短了编制周期，在不到两年的时间内完成了以往需要 5—8 年时间才能完成的工作。至于《图集》所产生的社会效应如何，还有待舆论的评价与实践的检验。以下仅仅是从几次相关的会议和媒体的报道中摘出的评论：

　　中国科学院院士、《图集》评审组组长陈述彭教授在《图集》评审会特意提出："参加《图集》专家评审组的许多同志都是国内教育界、地图界的著名学者，大都主持过许多大型图集或科研成果的评审。我们对《图集》的鉴定意见和评语是十分严肃慎重和经过反复推敲的。经过大家评审研究，一致认为，应该为这本《中国教育地图集》写上'具有国际领先水平'的评语，这是迄今为止我们为中国已出版的各种地图集首次写上这样高的评语，这也确实反映了《图集》的质量和水平。"

　　《中国教育报》（1995.12.23）："江泽民总书记和李鹏总理最近分别为上海科学技术出版社新出版的《中国教育地图集》题词。江泽民的题词是：'希望这本地图集的出版能有助于大家了解中国教育的历史与现状，真正树立科教兴国的思想。'李鹏的题词是：'《中国教育地图集》为发展教育事业作出了贡献。'"

　　国家教育委员会朱开轩主任，在《图集》的序言中写道："这本《图集》对于我国各级领导机关、业务部门、科研机构、学校和有关专家学者了解国情、省情、县情，从实际出发制定政策、计划和进行科学研究，建设有中国特色的社会主义教育，将起到重要的参考作用。"

全国人大常委会教科文委杨海波副主任在《图集》出版座谈会上说:"我建议送一部分给省委书记,让他们经常翻一翻,考虑(教育)这个问题,从思想上真正树立科教兴国的观念。"

国家教委、国家教育发展研究中心郝克明主任在出版座谈会上说:"我要向所有为《图集》作出奉献的编辑和绘图专家表示衷心的感谢! 两年来,他们不仅没有假期,牺牲了无数个晚上和星期天的时间,冒着酷暑严寒,在极其艰苦的条件下工作。这使我想起千百万工作在教育战线上的人们,不正是他们用青春和生命支撑着我们祖国的为本之业吗?"

中科院地图院士陈述彭教授专门撰写了述评:"《图集》编制速度之快也是国内从未有过的。新中国成立以来,我们编的大型地图集不少,一般都要经过七八年的时间,而这本《图集》仅用了两年的时间就编出来了。据我了解,他们有些人还都兼任着繁重的教学和科研工作,因此,用'呕心沥血'表述他们这两年的工作,可以说是一点也不过分。这种对工作对事业的奉献精神不是用市场经济的价值规律可以简单计算出来的,我看这也可以说是中国特色。"

在《图集》出版座谈会上,联合国科教文组织的官员看了样图后,立即表示要与国家教委进行这方面合作研究的意向。

1996年12月,该《图集》获得上海哲学社会科学优秀成果一等奖。

1997年3月,该《图集》又获1996年度国家教委科技进步一等奖。

回首往事,这本《图集》之所以能顺利地出版,并受到广大读者特别是教育界的重视和欢迎,这完全是大家共同努力的结果。如果没有那么多单位、部门的协调和支持,如果没有每个参与者精心而一丝不苟的工作,绝不会有这么完美的结晶。

(作者黄永砥,作于2015年6月)

盛和林：探索动物世界的农家子弟

盛和林，1930年生，江苏无锡人，华东师范大学动物学教授。

1954年毕业于华东师大生物学系，同年加入中国共产党。曾任生物学系动物生态学研究室主任、中国兽类学会副理事长、国际自然与自然资源保护联盟（IUCN）鹿科动物专家组成员。

有22个科研项目获国家自然科学基金、部委及国外专业组织的资助。其中，科研成果"野生动物（毛皮兽）种群生态学研究"获上海市重大科技成果奖和全国科技大会奖。出版《中国鹿类动物》及《中国麝科动物》专著，以及主编《哺乳动物学概论》、《中国野生哺乳动物》等10部著作，另有9部参编著作。主编的《脊椎动物野外实习指导》获上海市优秀图书一等奖、国家教委优秀教材二等奖，享受国务院特殊津贴。1964年被评为上海市教卫系统先进工作者。1979年获上海市劳动模范称号。

农家孩子要去"摘苹果"

主持人:盛教授,首先请您回顾一下您的求学和工作经历?

盛和林:我出生在阳山山村,小时候家里比较穷,小学和中学时都要帮家里干农活。我后来取得学术成果的因素之一,是出于在农村的锻炼,让我具备了吃苦耐劳的精神。初中毕业时,毕业班的每个同学都备一本请老师和同学题词的纪念册相互鼓励。作为毕业纪念,教语文的张晓刚老师是我们的班主任,他在我纪念册首页的题词是:

> 你想吃到树上的苹果,
> 它不会自己掉下来,
> 你得设法去摘取,
> 成功在于争取。

在数十页充满赞颂、鼓励和祝愿的赠言中,张老师的题词没有赞词。但在我心目中,他是个有学问的老师,专为我写的留言,定有其含义。我的性格比较内向,上课规规矩矩,很少发言。放学就回家,不会与老师有联系。学习成绩比上不足,比下有余。老师会不会看到我学习不自觉,不主动,缺乏进取心,借"吃苹果"来启示和引导我?为了读懂这句耐人寻味的赠言,我一直在回味,至今仍铭记在心。数十年来的反复琢磨，真的不断悟出点新意，激励我的学习和工作热情，引导我不断成长，使我终生受益。

我对"吃苹果"有自己的解读。苹果树上有苹果，苹果有大有小，质量有好有差，颜色有红有青，有标准形，也有畸形的，还有虫蛀的，甚至开始腐烂的。我将苹果看作目标、愿望。所以你有多大能力（含健康和知识技能），就能摘到多好的苹果。文化水平和科学技术越高、科学知识越丰富，越能争取到高位的优质苹果——更大的目标，更大的成功。总之，我的理念是踏踏实实认真工作。

回忆过去，我从"吃苹果"的启示中受益匪浅。

1950年高中毕业那年，农村正处于土改，土改工作队介绍我到本乡私立晓峰小学教书，这是我的第一份工作。那时学校的条件很差，从一到六年级总共只有三、四十名学生，包括校长郑德明在内只有4位教师，只能采取复式上课，每学期的工资约200斤大米。初次出征，我只想摘个好"苹果"——当个好老师。我担任中级班（三、四年级）语文课和高级班的算术课。我总是从农村学生如何才能听懂、才能明白的角度来备课，将课本上的内容结合农业生产进行教学。记得1952年春季全区高小算术竞赛，晓峰小学名列前茅。1952年6月，接到县文教局的通知，推荐我报考华东师范大学（全县2名）。

1952年8月，我第一次到上海，进入华东师范大学的校门，被分配到生物专修科学习。全班33名新生，绝大都数是华东各省推荐来的，计划培养成未来的中学生物学教师。我特别珍惜这一机会，学习格外勤奋。毕业前夕，学校要求大家填写工作地区志愿，我填的第一志愿是老家无锡，第二是服从分配。有一天，讲授动物学课的周本湘教授找我谈话，出人意料的是他希望我做他的助教。

主持人：留校工作后，您主要从事什么教学和研究？

盛和林：我这个专科生自然比不上本科生，留校后，当然倍加努力，两年后的1956年，组织上派我到东北师范大学参加由前苏联专家主讲的动物生态学研究生班学习，这是一门新专业。研究生班由前苏联动物学家米赫耶夫和著名动物生态学家库加金教授主讲动物学和动物生态学，国内傅桐生、施伯南、路顺奎等著名教授参与指导。库加金的教学特点一是现场教学，一学年安排15次野外实习，每次2、3天，每次一个专题；二是理论联系实际，如讲自然疫源地鼠类等动物与病源体及其他动物的关系，与地方病防治相结合。经过两年的勤奋学习，我接受了全新的教学内容和科研方法的培养，扩展了学术视野和创新思维，掌握了新的研究方法和

1984年4月，盛和林教授（右）和他的学生张恩迪在黄山

技能，对后来的动物生态学教学和科研影响深远。

我学成回校满怀激情，决心为我国动物生态学科发展贡献力量。但令我没想到的是 1958 年回校后，政治运动一个接一个，前后跨越二十余年。但是我没有放弃，为实现理想，尽量将宝贵的时间追回来，我采取白天开会晚上补，工作日损失的时间周日、节假日补。一心一意投身于动物生态科学的研究。

我偏重哺乳动物生态研究。生态学是一门研究生物与环境的相互关系、且同人类生存环境和生活质量密切相关的学科，但当时它在我国还处于起步阶段，在华东师大建立动物生态学科是我们的共同愿望。上世纪 60 年代初，学校为了提升科研水平，给予各系少量科研编制，侧重于科学研究。动物学教研室的钱国桢①、王培潮和我进入科研编制。1978 年，华东师大动物生态学研究室正式成立，钱国桢任主任、我任副主任，成员有王培潮、陆厚基、祝龙彪、顾海勇和赵实。这样，钱国桢和其助手王培潮进行鸟类群落生态和实验生态研究，而我和陆厚基则潜心于哺乳动物生态的研究。

为黄鼠狼翻案

主持人：能不能请您谈谈，您"为黄鼠狼翻案"的故事？

---

① 当时，钱国桢先生刚从前苏联莫斯科大学学习动物生态学回校，师从著名动物生态学家纳乌莫夫教授。

盛和林："为黄鼠狼翻案"是上世纪 50 年代《新民晚报》记者采访我的研究成果时用的标题。1958 年我从东北师大学成回校后的头几年,既无课题,又无经费,更没有时间,但我硬是单枪匹马,利用周日和假日,自费到郊区研究鼠害及其防治。因为当时农作物单一,耕作粗放,鼠害严重,年年要开展大规模灭鼠运动。经过研究,我于 1959 年在《动物学杂志》上发表了研究论文《上海市郊黑线姬鼠越冬地点及其消灭方法》。在调查鼠害期间,我又意外地发现,每到秋后,村镇到处贴有彩色宣传画,画面是一只黄鼠狼(黄鼬)咬住一只大公鸡,上书:"立冬到立春,捕捉黄狼期;既除农害,又增收益",这是每年秋末各地发动群众捕黄鼬的宣传画。我走访上海畜产进出口公司,接待我的王经理告诉我黄鼬是我国传统出口商品,已有百余年历史,不过数量虽大(每年 100 到 200 万张),但质量较差,换汇损失大,希望大学的老师能研究研究。

受此启发,我确认黄鼬经济的总体价值在哺乳动物中名列前茅,黄鼬和美洲水貂、欧洲水貂的商品英文名都称 mink,黄鼬在国外就称中国水貂;从体形分析,黄鼬不可能专门吃鸡,进化中一定与食鼠有关。它既有合理利用价值,又有鼬、鼠间的生态关系,正符合我科研的理念,是很理想的研究对象。于是,从 1960 年起,我便在研究鼠害的同时开展了黄鼬生态学的研究。

黄鼬研究的关键一是如何提高毛皮质量,增加外贸收入,这在经济困难时期是国家鼓励的;二是鼬、鼠关系,黄鼬主要吃鸡还是吃鼠? 我开始从这两方面入手,整整花了几年时间,考察了我国各地黄鼬的换毛周期,确定各地黄鼬的毛盛期和衰退期,提出全国最佳狩猎期,发现主产区长江中下游的毛盛期应在小雪到大寒。同时在全国各地解剖、分析了 5000 余只黄鼬胃的内容物,结果发现,鼠类是其主要食物,有的胃内还有整窝的幼鼠,而吃鸡的几率还不到二千分之一。

黄鼬几乎是唯一能适应于农田生态系统的食肉动物,它在控制和调节农田鼠害中起主要作用,绝非害兽,而是农田生态系统的重要成员,更不应是消灭对象,而应合理保护利用。长江中下游主产区的农民,事实上每年从 10 月下旬就开始捕鼬,离黄鼬 11 月下旬才进入毛盛期相差一个月之久,一月下旬开始进入衰退期,猎期过长也是造成大量次皮的主要原因。我根据在全国各地研究黄鼬换毛序的结果,提出毛盛期为捕猎期的建议,措施是猎期收购,鲜皮加工。猎期缩短,既提高了鼬皮质量,又延长了黄鼬在田间灭鼠的时间。先开始在上海试验,收到的优质毛皮数量明显增加。初步成果引起上海畜产进出口公司领导的极大兴趣。因为公司收购的黄鼬皮分为等内皮和等外皮,等内皮可以出口(一等、二等皮,每张 3—5 元,可换汇 3—5 美元),而等外皮或次皮不能出口(每张仅几角,最低仅几分)。于是,公司从 1962 年便在上海地区,继而在全国推广新的猎期和收购措施,既大大提高了毛皮质量,又使等内皮从以前的 50% 左右,增加到 65% 至 75%,根据畜产公司的测算,每年可增加外汇收入 20 余万美元。这在上世纪 60 年代初是很可观的了,那时我们教师的月工资也不过相当于 6—8 美元啊,还多消灭了农田害鼠。

在上世纪 60 年代初经济困时期,为开拓农村副业生产渠道寻找机会,我开始水貂研究。国外的水貂经数十年饲养选育,貂皮的张幅和质量大有提高,市价也成倍高于黄鼬皮。我在研究黄鼬皮质量的过程中发现,鼬皮质量并非仅与气温冷暖相关,也与湿度相关,如长江中下游产的鼬皮质量,就比内蒙古等干旱环境产的高。为此启发了我试养美洲水貂的想法。

1964 年,我大胆提出向加拿大进口种貂试养,开始遭到质疑:一是上海气温高,不适宜;二要动用外汇。经争取,也可能是我在毛皮兽方面研究的初步成果,最后总算同意试试,但数量从欲申请的 30 头减少到 10 头。几年研究,结果无论毛皮质量还是繁殖力方面都取得成功,并迅速在市郊和苏、浙等地扩散,仅上海曾多达二十多个养殖场,苏、浙、闽农村都在数十家之多,成为畜产公司仅次于黄狼皮的出口品种,也为拓宽农村副业作了贡献。在此期间,我还对其他多种毛皮动物进行研究。

泌香动物价值高

主持人:作为动物生态学的专家,您是怎么想到选择麝等泌香动物作为您的主要研究对象的?

盛和林:有一类重要经济动物,即泌香类动物,也一直是我关注的研究对象。众所周知,麝香、海狸(河狸)香、灵猫香和龙涎香是世界四大动物名香,除产龙涎香的抹香鲸无法问津外,前三种国内都有分布,有条件争取研究。特别是麝香,就是雄麝腹部麝香腺的分泌物,在我国作为名贵中药材已有上千年的历史,曾拯救过无数人的生命。

灵猫香是大灵猫和小灵猫位于肛门二侧的香腺的分泌物。早在 1973 年,我就与钱国桢、陆厚基及王培潮一起研究小灵猫(既是毛皮动物,又是泌香动物)驯

1988年10月，盛和林教授（中）在新疆北部调查河狸

化取香，目的也是为开拓农村副业。我于 1972 年 10 月先去江西贵溪作准备，从 12 月 1 日到次年 1 月 20 日整整 50 天，一人在那里收购和活捕野生小灵猫，直至春节前才回家，共获得 20 余头种猫，成活 17 头。利用曾饲养水貂的场地及设备，进行驯化和人工取香，包括泌香规律和提高泌香量的研究，发表过多篇论文，其间还曾从云南引进几头大灵猫。项目持续直到 1988 年，终因其繁殖问题始终未能解决，无法推广，最后种群转让到安徽霍山，直至最近在那里仍有为取香养殖的。

海狸香实际上是河狸的分泌物，河狸在我国仅分布于新疆北部的布尔根河。1988 年 3 月，新疆林业厅招标对新疆河狸进行研究，我、徐宏发及校科研处处长李天任，前往投标，幸运中标。是年 10 月，我和张恩迪去北疆捕捉河狸，这是能否完成项目的关键，因为没有香源就无法分析。但活捕河狸的难度超出想象，体重十多公斤、四肢粗壮的河狸，就算被捕捉水獭用的鱼钩钩住，哪怕三只钩子同时钩住时，也能将钩子拉直逃脱。被大型铁夹夹住，河狸也能用其锋利门牙将脚咬断逃离。

一个多星期过去了却一无所获，河面即将封冻，剩下的时间已经不多了，好不着急。真是急中生智，创造性地采用连环夹办法，当河狸四肢中的前肢被夹后，因挣扎而另一肢也会被夹，当二肢被夹就再也无法脱身了，这样才在最后十多天内捕获 9 头供研究分析。研究结果获新疆自治区科技奖。

丽娃记忆：华东师大口述实录

麝是我从 1984 年开始重点研究的对象,1983 年通过林业部向国家经委申请到一个科技攻关项目,从资源调查,引种驯化,西麝东移(从四川高海拔山区到浙江舟山群岛,对高温环境的适应性驯化)再到崇明岛林地围有 6000 多平方米的研究基地,并收到预期效果:不仅成活,并能正常繁殖、泌香和人工取香。数量上曾发展到近百头的种群。合同到期后,小部分运回华东师大研究,其余仍由当地管理。研究成果在国际野生动物保护学会(WCS),保护国际(CI)中国项目,国际爱护动物基金会(IFAW)中国办事处和上海市野生动物保护协会赞助下,于 2006 年出版了《中国麝科动物》专著。

《野生动物保护法》首倡者

主持人:您对动物资源的保护有很大的贡献,请您具体谈谈您所做的工作。

盛和林:我在野生动物资源保护方面,也是走在全国前列,如 1963 年《解放日报》呼吁"上海市郊保护青蛙和蟾蜍有特殊重要意义",1980 年在《文汇报》首次呼吁"救救老虎"等。

1980 年,我参加了由中国科协组织林科院、植物所、动物所、地理所、中央气象局、水利局、水产学院、农学院及华东师大等单位成立的"热带、亚热带地区丘陵建设和生态平衡"综合考察队,由于我多年在丘陵山区的研究工作,积累了大量野生动物的研究资料,参加这次有组织的科考,启发了我向更深层次的综合思考。

年末,国科协在湖南株州召开数百人参加的学术讨论会,我在会上作了《禁止食虫鸟类出口,维护森林生态系统平衡》的报告,引起强烈反响,大会秘书处专为我的报告发了第四期简报。简报按语全文如下:"华东师范大学盛和林副教授的建议是一篇有道理、有数据、有措施,很有说服力的文章。对我们有所启示。食虫鸟类的出口仅仅反映出在亚热带地区生物资源遭受严重破坏的一个侧面,类似的情况还很多,应该提出来。因此希望参加会议的代表以高度的事业心和强烈的责任感,从不同的科学领域,积极地向党和国家提出宝贵建议。"

此后,在大会的鼓舞下,我经多次修改,撰写《应重视野生动物资源的保护利用》,作为一个动物生态学工作者向国家的建议。1981 年 2 月,此文以红头文件,刊登在中国科协的《科技工作者建议》第 71 期上,上报中共中央、全国人大常委会、国务院、中央军委,抄送国务院有关部委,各省市自治区党委、科委、科协。各地报

1993年，盛和林教授（左三）在安徽大别山调查林麝资源

纸也纷纷予以转载，《文汇报》在第一版刊登《保护野生动物，维持生态平衡》。《人民日报》在头版的标题是："盛和林提出保护野生动物资源建议。"经过多年酝酿，人大讨论，《中华人民共和国野生动物保护法》终于在 1988 年正式公布实施，这绝对是动物界的一件大事，影响深远。我认为这是我为动物生态学事业所作的一个贡献。

万水千山走遍

主持人：您研究兽类资源，一定有很多野外实地考察的经历？能否讲一下这些经历中发生的故事呢？

盛和林：我一开始就着眼全国，以国家层面为研究平台，为了掌握全国各地调查对象的分布、资源及生态等第一手资料，我走遍了全国各省 320 多个县市和 33 个岛屿的森林、草原、平原和大山，从东北的黑龙江和内蒙古，西到青海、新疆，南至海南岛。如为研究马麝，曾到甘肃的兴隆山和寿鹿山，宁夏贺兰山等地达 12 次之多，为林麝往返舟山不下数十次。为研究其他动物曾去内蒙、新疆、海南、四川等地都在 5 次以上。江西省 81 个县市我考察了 53 个。1996 年 5 月，67 岁时还登上甘肃省寿鹿山海拔 3000 米高处调查马麝资源。

为获取野生动物更多季节性资料，1962 年冬，调查皖南山区毛皮动物，与邰仰贤一起在山区农村度过了第一个春节，那时正是处于困难时期，农村除凭票外无副

1997年，盛和林教授（中）在甘肃寿鹿山调查马麝资源

食品供应，村民同情我们艰苦，特送上萝卜叶子让我们过春节。因工作需要，1980年为研究黑麂，我独自在浙西开化县的华埠度过了第二个春节。

1963年为调查血吸虫病的野生动物宿主，我单独一人到安徽工作，其间在一个小站乘汽车去芜湖市，因车站无食品供应，秩序十分混乱，竟为等车排队二天二夜未进食，待第三天到达芜湖时，人已经饿得发晕，精疲力竭，就在一家饭店想好好吃一顿米饭，哪知道刚咽下几口，肚子就痛得无法忍受。后来知道过度饥饿后进食，只能从流质开始，令我终身难忘。

1965年11月在调查黄鼬期间，国家仍处于经济困难时期，我落脚的河南虞城农村土地贫瘠，上世纪60年代，那里仅能种植红薯，农民劳动一天10个工分才一角钱。我吃住在农家，农民煮上一锅红薯，放上一碟咸菜，没有开饭时间，不分早中晚，饿了就吃一个，天天如此，对一个吃惯了大米饭的南方人来说，开始还觉得好吃，但到第二、三天，一见红薯，一闻其味，就倒胃口，胃就发胀，根本吃不下，为了工作我还是坚持了5天。

类似例子是我在四川青川山区农家和甘肃寿鹿山，当地只以马铃薯为食，天天如此。但看到当地居民长期如此，也就有了克服困难的勇气。在与猎民上山调查麂、獐，或在田野调查黄鼬密度时，每天起早摸黑，翻山越岭要走12小时左右，所以往往每次调查回家，比较单薄的身体还得减轻好几斤。但是能吃苦，能坚持就是取得成功的重要条件，特别是搞野外工作的。

1996年5月，盛和林教授在青海湖

在实践中启发学生

主持人：除野外研究考察外，在学校里，您是怎么引导学生进行学术研究的？

盛和林：生态学是国家一级学科。1980年成为首批硕士研究生点。1985和1986年，在招收研究生的同时，还举办了两期动物生态学研究生班。1983年批准为首批博士研究生点，钱国桢先生开始招收博士研究生。动物生态学科的建立，带动了生态学其他专业发展。

动物生态研究室成立后，每年要培养一批研究生，最困难的是没有适合的教材。譬如当时全国还没有一部有关哺乳动物的教材，编写适于研究生的专业教材，成了学课建设的当务之急。

于是，我便带领研究室几位老师编写《哺乳动物学概论》，这是中国第一部关于哺乳动物学的教材。自1985年出版以来，成为全国高校和研究所研究生广泛采用的教材，曾获得优秀图书奖。其间，我还牵头组织全国高校的研究生班同学集体编写《脊椎动物野外实习指导》、《生态学与人类生活》，与徐宏发一起编写《哺乳动物野外研究方法》等教材和教学参考书，还以我为主出版了《中国野生哺乳动物》（中、日、英文版），主编《中国哺乳动物图鉴》、《毛皮动物手册》等工具书十多部，这些教材类书籍在提高大学生及研究生教学质量方面起到很好作用。

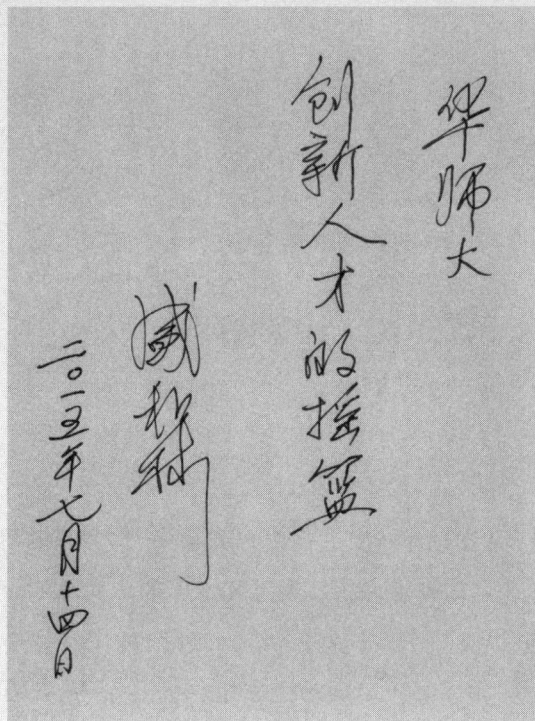

华师大
创新人才的摇篮
盛和林
二〇一三年七月十四日

盛和林题词

我讲课和指导学生时，首先强调多动脑，多思考，常采取启发式，促使动脑、思考。诸如结构与功能的一致性原则，动物生态最简要的理解是动物与其周围环境的复杂关系，所以要善于联想和分析。动物的各种行为都与其身体结构及环境相关，在讲哺乳动物头骨时会问：猫、猪、羊的嗅觉哪种最灵敏？往往有人脱口而出，"猫"，错了。其实猪和羊的嗅觉要比猫灵敏得多，只要看看猪和羊长长的鼻骨就明白了，鼻骨长、鼻胛骨内面积大，分布的嗅觉细胞更多。嗅觉自然更灵敏。所以猪能嗅到埋在泥土中的食物，羊能靠它的嗅觉辨认可食的植物。再如嗅觉特别灵敏的军犬都有长长的鼻面部，而宠物京巴的嗅觉就退化了。

其次强调理论联系实际。有些课程到自然博物馆去讲，那里实物标本多样；有些课就在野外进行，我常带研究生翻山越岭，进入深山老林现场指导，传授研究方法。

到1997年，动物生态研究室已培养了数以百计的生态学专业人才。我本人1995年退休（实际工作至1997年），共培养12届20名动物生态专业硕士生和4名博士生，6名进修教师，集体培养二期研究生班，共14名。他们中许多人已成为相关领域的领军人物、学术带头人，教学、科研及其他领域的骨干力量。

链接：

风流人物　还看今朝
——记华东师范大学生物系盛和林教授

很多人都知道，在60年代的上海，出了一位为黄鼠狼（学名黄鼬）正名翻案的年轻人。这位当年苏联库加金的高足，而今，经过几十年的风霜雨雪，已成为野生动物学界的一位风流人物。

各界报道瞩目于他为黄鼬翻案正名后为国家增创的几十万、几百万的外汇。那么是什么促使他把目光从鸟类转而投注到历来名声颇臭的黄鼬身上呢？是偶然的事件还是……怀揣这一疑问，我敲开了他——中国兽类学会副理事长、国际自然与自然资源保护联盟鹿科动物专家组成员、华东师范大学生物系盛和林教授的门。

捧上香茗一杯，任凭淡雅的清香把话头牵到几十年前的无锡农村——

兴趣与热望

40多年以前，盛和林还是个读高中的毛头小伙子。作为农家的男丁，他必须利用课余时间为家里的6亩地献智挥汗。高中生物学课本上的知识驱使他更多地对栽培新品种和科学种田发生兴趣。他是当地第一个引种棉花和西红柿的人。

1952年，一个偶然的机会，他被县府文教科推荐到华东师范大学生物系学习。大学教材中的达尔文进化论、孟德尔定律和米丘林、李森科学说，触发了在农村长大并富有实践的盛和林，对生物学产生了浓厚的兴趣。如对李森科的"种内互助、种间斗争"理论，促使他提出来种种疑问：

为什么大黑鱼（即乌鳢）会吃掉自己的小鱼？

为什么母猫有时候会吃掉自己的小猫？

由于追根究底的学习劲头，他成了那个班最优秀也是最令某些老师头痛的学生——因为他这个人好像就是由问题构成的。他如饥似渴地学习，他最感兴趣的就是周本湘教授讲授的动物学。然而他心头始终萦绕着一个问题：学了这些派什么用场呢？

1956年，作为优秀生留校执教的盛和林教授被派往东北师大，参加苏联动物和动物生态学家米赫耶夫和库加金的动物生态学研究班。库加金采取的是课堂教学与大自然实践相结合的教学方法，一年的动物生态学课程，竟安排了15次野外实习。库加金曾把学生带到已收割的高粱地里，让学生们翻动平放和竖放的高粱垛，统计出每垛下藏匿的老鼠，并加以比较，根据统计数据和田鼠不善攀爬的习性，得出了成捆竖放的高粱垛可减少田鼠的危害的结论。简单的方法却启发了盛和林如何运用理论来解决实际问题，为他以后理论联系实际的科学研究写下伏笔。至此，盛和林原来对鸟类的兴趣也逐步转移到了鼠类身上。

1958年，盛和林回到了华东师大，时值轰轰烈烈的大跃进，在热血沸腾地大炼钢铁的同时，他仍利用一切假日和休息时间把满腔热情投注到了消灭鼠害的研究上。的确，老鼠每年损耗了大批粮食，灭鼠保粮无疑是一个极有意义的课题，他带着一股不搞出名堂誓不罢休的劲头，一到星期天，便怀揣干粮带着一把铁锹踏上去郊区的汽车，去农田里放鼠夹、挖鼠洞，调查老鼠的数量、繁殖和生活习性。在没有同伴配合、没有任何支持、自筹经费的情况下，他于1959年发表一篇颇有价值的论文《上海市郊黑线姬鼠的越冬地点及消灭方法》。

翻案与正名

由于盛和林一直游历于广大的农村，在乡村各处的收购黄鼬皮的招贴画，引起了他的兴趣：画上有一直正在吃鸡的黄鼬，旁边还写着："抓紧时机，捕捉黄狼，既除民害，有增收入"，"立冬到立春，捕捉黄狼期……"盛和林发现，立冬期和大寒后收购的毛皮中，多数还未换好冬毛，次皮的比例占了60%以上，严重影响出口创汇。在盛和林的脑海里出现了两个问题：黄鼬是否是害兽？立冬到立春是否最佳捕捉期？要解决这两个问题，除了赴各地调查还能有什么其他办法呢？

盛和林在调查中发现，黄鼬要到每年的小雪以后，才会长好厚实的冬毛，在这之前捕获的黄鼬，皮的质量就显得差了。由于黄鼬向来名声不好，人们往往不分季节一看见它们，就挥锹拍打，又因鼬皮价值很高，每到立冬前后，人们又开始竞相捕猎，大量的次皮就这样涌向了各收购站。显然，如果把捕猎期推迟一个月左右，那么头路皮（上乘皮毛）的比例就会大大增加。但要人们按期捕猎，其前提要搞清楚黄鼠狼到底是不是害兽，若是害兽的话，那是尽早消灭而不是推迟捕捉的问题。为了解决这个问题,盛和林在领导的支持和同志们的帮助下解剖了几千只各地的黄鼬,终于证实了黄鼬并不是鸡的克星,而是老鼠的天敌。这一发现帮助了他进一步推广按期捕猎的计划,让人们明白推迟一天捕猎,黄鼬便可多吃一天老鼠,也就多节约一些粮食。他的保护和合理利用黄鼬资源的建议,得到了上海畜产进出口公司(那时全国黄狼皮都由该公司出口)的重视,他们改掉了招贴广告上的猎期和画面,从此也为黄鼠狼正了名。这一建议实施后,试验区崇明县的头路毛皮就从60%—65%上升到85%—90%,其他各省也都提高了10%—15%。每年为国家增加了数十万美元的外汇收入。盛和林勤奋工作取得了多项成果,党和人民也给了他相应的荣誉,1980年盛和林被评为上海市劳动模范。

80年代初,因黄淮平原发生鼠灾,造成出血热病大流行,盛和林在国家自认科学基金会资助下,又和同志们一起,开展黄淮平原和鼠害防治对策的研究,和鼬、鼠关系的研究,并提出了许多有价值的建议,专项研究已于1988年通过专家鉴定。

名香的探索

盛和林始终有着他自己的研究宗旨:同样花精力、花同样的代价,就应该研究经济价值高的对象。在70年代,他曾搞过毛丝鼠和小灵猫的研究,从80年代起,经济价值极高的香料动物成了盛和林的研究对象。

麝香,在国内外历来声誉极高,在海外,它的价值还高于黄金。我国是个麝香资源非常丰富的国家,特别是四川、青海、西藏等西部山区。为了更好地保护和开发这一宝贵的资源,盛和林开始了西麝东移的研究课题:即在舟山岛屿、浙江西天目林区和上海郊区搞了一系列的试验。

本着脚踏实地的研究态度,经严格的驯养,在上海郊区已有了靠人工喂养的麝。实践证明,它们不仅能够在此地很好地生存,且能繁殖和产香。

世界有四大名香:麝香、灵猫香、龙涎香、河狸(即海狸)香。迄今,盛和林教授正在从事除龙涎香之外的三种名香的研究。

早在1973年,盛和林曾着手灵猫香的研究,然而在当时此举是大逆不道的行为,因为香料乃是"资产阶级的东西"。今日,盛和林仍然没有放弃他的研究设想,重新开始了对中断了10多年的小灵猫的人工饲养的探索和研究。1988年,新疆林业厅为河狸的研究进行招标,盛和林代表华东师大投标,在全国六所高校的竞争中中标。1988 年冬季,盛和林在新疆林业厅的帮助下和年轻教师一起深入新疆阿勒泰地区清河县的河狸分布区,收集了河狸香样品和大量数据,并在其他单位的协助下配制了河狸香高级香水。在技术鉴定会上,专家们一致认为此项研究已达到国际先进水平。

盛和林在野生动物的园地里奔波着,沐雨栉风。在他的行程上从没有星期天,没有节假日,照他的说法是天塌下来也是不管的。一旦回到静静的书房,他就奋笔疾书。今年已届六旬的盛和林已发表了近百篇有价值的各类论文,出版编纂了 10 多本共百余万字的各类著作,如:《中国哺乳动物学概论》《毛皮兽手册》《脊柱动物野外实习指导》等,其中《脊柱动物野外实习指导》还获得国家教委二等奖。

时序跨入 90 年代,盛和林教授更是雄心勃勃,他准备在 90 年代伊始出版《中国鹿科动物》和《哺乳动物生态论文集》。

在盛和林教授看来,研究的路很长很长。目前,盛教授在编纂书籍的同时,还与上海自然博物馆陈彬、夏强辉等同志合作从事獐的驯化养殖研究。在苏南民间一直流传着獐对某些疾病的神奇功效,现在科学工作者们正在对此进行研究。

已得到两项国家自然科学基金资助的盛和林教授注目着研究结果!

盛和林教授,我们祝福你!

(作者许志玮,原载《自然与人》,1990 年第 2 期)

我的托尔斯泰情结

倪蕊琴：

倪蕊琴，女，1931 年生，浙江宁波人。华东师范大学中文系教授。

1952 年毕业于苏南文教学院俄文专修科，1958 年毕业于莫斯科大学语文系研究生部。享受国务院专家津贴。中俄文学研究会副会长，中国外国文学学会、中国比较文学学会、上海比较文学研究会理事。

编译《俄国作家、批评家论列夫·托尔斯泰》、《列夫·托尔斯泰文集》第 15 卷（政论、宗教论著）。主编《列夫·托尔斯泰比较研究》，该书获首届全国比较文学图书奖；《中苏文学发展进程(1917—1986)》。合译《比较文学研究译文集》、《白轮船》、《适得其所的人》等。合编《外国文学作品选》、《外国文学名著赏析词典》、《当代世界文学名著鉴赏辞典》、《当代苏俄文学史纲》。发表文学评论、回忆、散文、游记多篇。

第一批留苏的中国留学生

主持人:倪教授,您好! 我们想请您与我们一起分享一下您的求学和工作经历。

倪蕊琴:我是新中国成立后进的大学,1950年进入无锡苏南文教学院俄语专修科(今苏州大学前身),1952年毕业后分配到华东师大外语系工作。华东师大是四年制的,而我只读了两年,当时的系主任周煦良先生①说:"你两年专修科毕业,我们这儿是四年制的,你能胜任吗?"我硬着头皮回答说:"我确实只学了两年,但我一定会努力。"我终生牢记并感谢周先生的坦率直言和激励。

后来周煦良先生看我确实很努力,就让我兼任系主任干事。当时,我们系里有几位俄国侨民教授,他们作为主要的讲课教师,我们助教就帮他们改作业和做辅导。由于他们只能讲俄文,一年级的学生不一定听得懂,我们在辅导的时候,就协助解决学生提出的问题。后来,这批侨民陆陆续续都走了,我们中国自己的教师必须要顶上去。顶上去的一是原来教英语的一些讲师、副教授、教授,还有就是我们

① 周煦良(1905—1984),著名英国文学翻译家、诗人、作家,华东师范大学外语学系首任系主任、教授。1924年毕业于上海大同大学,1928年毕业于光华大学化学系,1932年毕业于英国爱丁堡大学文学系,获硕士学位。历任暨南大学、光华大学、武汉大学及华东师大等校教授,上海《外国哲学社会科学文摘》副总编辑。中国作家协会上海分会书记处书记,上海文联副秘书长,全国第五届政协委员。出版《周煦良文集》。

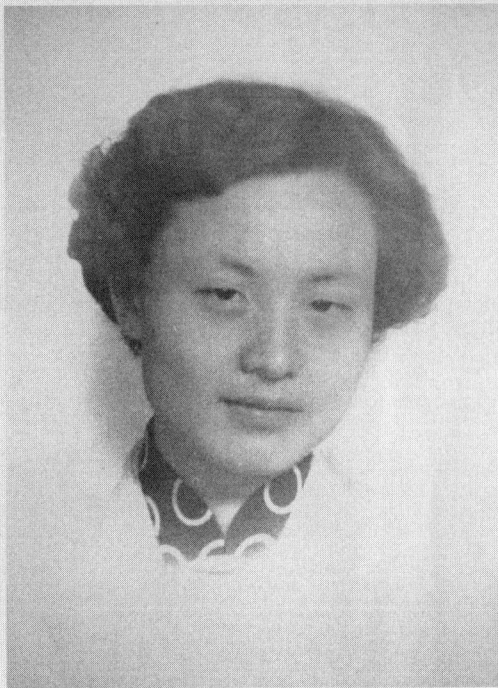

青年时代的倪蕊琴

这些俄语专业毕业的助教。那些原先教英语的老师，经过短期自学，在语法、词汇讲解方面虽能胜任，但俄语发音却勉为其难了。这样，必须尽快培养新生力量，于是，我幸运地通过考试，获得了留苏机会。1954年到1958年就在苏联留学。尽管我只学了两年俄语，但毕竟是大学毕业的，而且做过一年半的老师，所以到苏联就直接读研究生。

实际上，我的水平与研究生有一定差距，因为我两年专修科加一年半的教师工作，加在一起还没满四年，所以到了苏联，心里是很紧张。不过，学校对我们还是非常友好。研究生住在列宁山上的莫斯科大学新校舍，学校给我们配一位帮助我们学习俄文的本地研究生，与我们一起住宿、生活和学习，同时还给我们配了导师。

"我为什么选择列夫·托尔斯泰"

主持人：您在莫斯科大学读研究生的时候，是研究俄罗斯文学，并且以托尔斯泰为研究对象，为什么会选择托尔斯泰？

倪蕊琴：我们去的时候根本不懂。学校就说，如果要给你配导师的话，你必须要确定你将来的论文题目和专业方向。但去以前，没有人告诉我们这些情况。我为什么选择列夫·托尔斯泰呢？在中学的时候，我就喜欢看外国的文学作品。俄国为什么更能接受呢？因为我们这一代人经历过抗日战争，所以思想感情和当时

1955年1月25日，倪蕊琴（前排右二）出席莫斯科大学建校200周年纪念时，与各国留学生代表合影

的苏联的思想比较接近，于是就喜欢看。高中时期我已经看了托尔斯泰的《战争与和平》《安娜·卡列尼娜》等等。同时法国巴尔扎克等作家的作品也看了很多。我们看的这些书都是同学之间传阅的。跟我们传阅俄国文学作品比较多的一位同学于沪生，解放以后我才知道，她爸爸是地下党员。国民党把跟共产党有关系的书都当禁书。我这位同学的爸爸怕因为这些书影响孩子，不许她看，这位同学常常是晚上偷偷地拿手电筒躲在被窝里看。我家里就比较好了，因为我父母文化水平不高，父亲当时是开银楼的，他自己不太懂，也不大管我们看什么书。我跟姐姐一个房间，两个人就一起看。到了苏联的时候，学校要我们决定研究哪个作家，我就想到研究托尔斯泰。《战争与和平》我不敢选，因为太大了。那么大的一部书，你要把原文看完，然后再从里面选出题目很困难，所以我就选了《安娜·卡列尼娜》。

我们过去根本没有选题的概念，像我们学俄语那两年，全是各种各样的政治运动，譬如"三反五反"、"抗美援朝"。除了在课堂上以外，很少有时间读书。另外，因为我抗日战争的时候一直在西安。那时候浙江同乡会办的一些学校比较好，很多都是上海来的老师。这些老师思想、文化水平都很高，读的书也比较多。解放以后，我当上了学生会主席，社会工作很多，这样读书读出来，可想而知，业务水平也不高的。我知道自己基本功薄弱，到了莫斯科大学以后，就全心全意扑到读书上面去。

主持人：请详细谈一谈在苏联四年的主要学习经历？

倪蕊琴:我在国内的大学里面没有什么系统的俄国文学课。到了苏联就靠我中学看过的中文版的俄国文学作品的基础学习。到了莫斯科大学之后,我选了古德济教授的一门专题课,他是科学院院士,年纪比较大了,我们就到他家里上课。古德济教授的家在老莫斯科大学旁边,很小的一间房子,里面堆满了期刊和书。我们去都没有座位的,大家就拿一摞书或者一摞报纸,垫一垫坐着上课。课外我们就靠自己读书。

主持人:古德济老师给您讲的是什么课程呢?

倪蕊琴:就是托尔斯泰专修课。他讲的这个专题,我在国内曾看过他的专著《列夫·托尔斯泰译传》中译本(大概20世纪50年代的时候,就已经有相关的翻译资料)。所以听他课的时候,连猜带听,还是可以继续学下去的。

学校给我们每个人配了导师,我的导师是萨布罗夫先生。导师会给我们开书单。书的中文版我都看过的,涉及论文的那部分作品,我再重新阅读原版。开了书单之后,导师就跟我约定一段时间见一次面,我有什么问题,他会给我解答,这个就叫咨询。苏联当时评教授,必须要有专著,而且专著必须得到社会公认。我这位萨布罗夫导师,他当了很长时间老师,但一直是副教授。他当时在写一部叫《史诗性长篇小说〈战争与和平〉的诗学》(这本书在他去世后由英大出版社出版)。他做学问的坚持让我很受感动。萨布罗夫先生身体很不好,又忙于专著,差不多一两个月才能见到他一次。他也觉得不好意思,没有尽到自己的责任,就把我介绍到托尔斯泰博物馆去。他是兼任的托尔斯泰博物馆的学术顾问,给我介绍了一位专门研究托尔斯泰和东方的学者,这是一位叫谢夫曼的犹太籍学者。

谢夫曼先生的空余时间相对比较多一些,常常找我谈。我向他学习,他也想让我帮他做一些工作。我不知道,其实他当时正在写一本书,叫《托尔斯泰和东方》。其中的第一章,也是主要的部分就是"托尔斯泰和中国"。然后,他叫我帮他翻译一些东西,找一些材料。这样,我就经常去列宁图书馆①。图书管理员帮我把所有的"五四"以来的报刊从库里面调出来。在这个过程中,不得不提到曾经帮助过我的、中国大使馆文化参赞戈宝权先生。他是一个学者,懂好几种外语。他就把我们引荐给苏联的一些汉学家,让我跟他们一起交流。有次,戈宝权先生对我说:"你作为

---

① 列宁图书馆是当时最大的,而且从当时的水平来讲,也是全世界藏书最丰富的图书馆之一。

1989年4月，倪蕊琴教授在莫斯科托尔斯泰纪念馆

一个中国人，研究外国的文学，不管是英国的、俄国的还是法国的，主要要着眼于中外之间的交流。比方你研究托尔斯泰，你能超过俄国的学者吗?"他认为搞外国文学，一方面就是能翻译，另一方面就是要寻找和中国的文学、文化之间的联系。这句话给我印象很深。因此，我在查阅了中文报刊后，写出了两篇俄文论文：一是《托尔斯泰在中国》，后发表在《俄罗斯文学》1958 年第 4 期；二是《从托尔斯泰的长篇小说〈复活〉到田汉、夏衍改编的同名剧本》(结构、人物和主题的比较)，此文先作为纪念托尔斯泰诞生 130 周年学术会上的发言稿，后发表于《雅斯纳亚·波良纳》1958 年年刊上。没想到这两篇文章居然成为我以后涉足比较文学领域的最初一步。

"我是动荡年代的幸运儿"

主持人：从莫斯科大学完成学业之后，您就回母校了吗?

倪蕊琴：是的，1958 年 9 月我就回母校了。回来就"大跃进"，什么业务也不搞，除了上课。一开始在外语系上课，一上课就到郊区去搞"大跃进"，我感到很困惑，而且在外语系我觉得不能很好地教文学。外语系教文学要求全俄语授课，我主要是讲俄国文学史，讲到一个作家，比如普希金，选两首诗，然后用俄语去解释那首诗；讲到戏剧的时候，再用俄语解释那部戏剧；讲长篇小说，只能选段，某一个场面、

1986年5月，倪蕊琴教授在中西方文学比较研究学术讨论会上发言

某一个人物。我觉得这样讲的话，整个文学都割裂了。

此外，还有一个个人原因。我先生冯增义 1959 年回国，如果我继续留在外语系的话，我们两个人就是一个教研室，这样长期工作下去也很别扭。正好这个时候，中文系没有独立的外国文学教研室，只是有几个教师附属在文艺理论教研室。1960 年，当时的中文系系主任赵善诒先生知道我的情况以后，把我从外语系调到中文系。到了中文系以后，系主任有一个想法，就是单独成立一个外国文学教研组，我就当了组长。当时，中文系本系毕业的，有教英美文学的，也有教世界文学史的，但没有教俄国文学的。我就去补上了这一空缺。

主持人：1960 年您调到中文系之后，最先是做讲师吗？

倪蕊琴：没有，什么职称都没有定，都只是叫青年教师。我们幸运的是当时什么职称都没有，这样我们才逃过了"文革"这一劫。因为当时"牛鬼蛇神"指的主要是一些"反动学术权威"。我们回国之后，没有写过什么文章，自然也就称不上"学术权威"，"文革"时期就被当作一般教师对待。但当时中国跟苏联关系不太好，我又刚刚从苏联回来，因此被当作"修正主义"的苗子，是批"修"的对象。那时候系里批"封"、"资"、"修"——"封"就是古典文学组的老师，"资"就是资产阶级学术权威，我是"修"，一直被批到上海作协的大会上。

外国文学在当时就是这样，中国跟哪个国家关系好了，那个国家的文学就可以多讲；中国跟哪个国家关系不好了，那个国家的文学就不能多讲。中苏关系好的时候,英美文学都不允许开专修课。到苏联"修正主义"了,再到后来的苏联解体,学俄文的人越来越少。因此我们的命运是跟政治紧密结合的。我们在批斗过程中承受的心理压力是非常大的。当时我曾经被调过去做"翻译机器"。市里一些"四人帮"下面的人写文章,他们不愿意用自己的名字署名,就用我的名字。其实我只是帮他们做一些翻译而已。这样,就留下了一个历史的污点。不过,做这些翻译工作对我个人在业务上反而是有益的。

改革开放以后,社科院的陈燊先生约我选编一本《俄国作家、批评家论列夫·托尔斯泰》(1982年出版)。我为什么能较快出这本资料呢?因为"文革"前由上海作协组班反"修",题目就叫《批托尔斯泰主义和赫鲁晓夫主义》。当时要我找所有的有关托尔斯泰的资料,翻译一些俄国对托尔斯泰的评论以供他们写文章用。这样,我就接触了很多材料,甚至是上海图书馆不对外的资料、过去的俄国侨民留下的一些古老的资料我都可以看。那时候接触的资料,为我后来出这本评论集打下了基础。

"文革"期间批判用的一些内部资料我也都能看到。当时我们的系主任赵善诒先生,因他的级别可以自购这些内部批判用的俄苏资料,他用当时官方的语言批判一下,然后就交给我看。我就把所有最新的苏联资料全都看下来了。后来,人概是根据上级指示,领导让我讲一门课,不批判、不戴"帽子",要求我如实地把赫鲁晓夫上台以后"解冻文学"时期的反斯大林的那些作品都介绍给高年级的同学,我就能合理地去看资料,像当时图书馆订的一些俄文报刊我都有权力看。这样,苏联当代这一段的文学我也就补上了。而且,加上这一时期我在苏联的亲身经历,后来写出《"解冻文学"和"伤痕文学"》等几篇比较中苏文学思潮的文字,有意识地进行了比较研究。

后来我讲文学史就可以一直讲到底。我和陈建华老师一起把上课的讲稿整理出来,等再恢复上课的时候,我的业务基本上没有中断。"文革"期间,劳动必须要去,干校也去。我和我先生两个人,一个人去干校,另一个人就在家里。在家里的时候,我就看一些与专业相关的书。所以,我有时候想想,我真的是动荡年代的幸运儿。"文革"的时候,我是35岁到45岁,正值最好的年华。

复课以后,我坚持教学和科研并重。上课的过程中遇到一些问题,我就注意这类问题,最后写成文章。我参加学术讨论会时,决不空手去,一定带一篇文章,到大会上宣读。这些文章被选入论文集。我教学一直没有停过,我先后招收过五、六届

倪蕊琴教授（左）在家中辅导第三届部分研究生

研究生，前三届学生还是我主编著作的合作者。现在，我的所有研究生都是我交往的朋友。我觉得在大学工作一定要教学和科研并重，在对待学生时最好是亦师亦友，多一些感情和思想交流。

"要读懂托尔斯泰"

主持人：您个人还有哪些想要跟大家分享一下的想法或者印象深刻的经历呢？

倪蕊琴：退休后侨居澳大利亚，回顾我一生所做的事实在太少，上海作协给我出版《俄国文学的魅力》的机会又激发了我继续探讨有关托尔斯泰的问题。当我读了波兰籍美国学者埃娃·汤普逊的著作《帝国意识：俄国文学与殖民主义》后，深感此书立论的奇特，就写了一篇读后感，发表在《东吴学术》2012年第3期，该书作者为了批俄国的殖民主义，就把几乎全部俄国作家作品归结到宣扬帝国意识中去。而且用整整一章写托尔斯泰，把《战争与和平》定性为"一部殖民主义的小说，表达了作为一个殖民帝国的自信心，同时又压制被打败的民族叙事话语权"，"是一部确认俄国帝国身份的作品"，"满足了俄国对帝国史诗的要求"。我确实难以接受如此政治化的荒唐言论。而回顾我国在上世纪也曾把托尔斯泰硬卷入本国历次文艺思想斗争中去，严重歪曲作家，特别是在批判资产阶级人道主义、人性论等运动中酿成半个多世纪的思想混乱。

倪蕊琴教授主要著作

　　另外，我为人民文学出版社编选的《列夫·托尔斯泰文集》（已有三次印刷）第15卷被定为"政论、宗教论著"，而我越来越觉得题为"托尔斯泰主义论文集"更为确切。到底如何评价托尔斯泰主义呢？难道作家提倡的"不以暴力抗恶"、"道德的自我完善"、"人类爱"等这种他终身追求的人类终极目标至今仍是反动的（即逆历史潮流）？于是，我尝试全面理解托尔斯泰主义，写出《托尔斯泰主义纵横谈》（发表于《COWRIE 文贝》2014 年 9—10 合刊）。文章从托尔斯泰主义产生的渊源和组成部分，写到它的传播和历史命运、国际影响以及它的现实意义和普世价值观。发表后仍觉得很多问题没有说清楚，特别是托尔斯泰主义与中国的儒道佛的关系。我的国学根底太差，我真希望有年轻人来深化这一课题。

　　主持人：最后，请谈一谈对我们当代大学生的一些期望。

　　倪蕊琴：老伴去世以后，我就和我的三个孩子商量好，把我的一套 90 卷的《托尔斯泰全集》（百年纪念版）捐出去。这套书全国只有两套，另一套是戈宝权先生的，他捐给了南京图书馆。戈宝权先生是我们大夏大学（华东师范大学的前身）的学生，在纪念戈宝权先生 100 周年诞辰的时候，我就把我的这一套《托尔斯泰全集》捐给了中文系。同时，我把所有的俄文书，以及我先生冯增义研究的陀思妥耶夫斯基的资料也一并捐出。

　　我认为，托尔斯泰和陀思妥耶夫斯基这两个作家仍然值得研究。而且，所有属于全人类的文化宝藏都值得重视。我捐这些书就是为了能让更多的人阅读完，我多么希望我们的大学生、年轻学子们能坐下来,仔细地读些好书。在今天经济大潮的时代里能静下心思考一些问题,珍惜今天来之不易的和平、民主的环境,珍惜你们可贵的青春,不要像我们这一代人那样留下太多的遗憾。如果有人真的坐下来读几卷《托尔斯泰全集》,那我都会高兴,我会对他说:"谢谢!"

链接：

做有良知的学问（节选）

——写在倪蕊琴教授新著《俄罗斯文学的魅力 ——研究、回忆与随笔》前

一个多月前，我给远在澳洲的倪蕊琴教授打了个电话，约她为即将举行的"纪念列夫·托尔斯泰逝世 100 周年学术研讨会"写份发言稿。倪老师答应了，并说她最近也想为托尔斯泰的这个纪念日写点东西。稿子很快就发到了我的邮箱，名为《重读〈给一个中国人的信〉》打开一看，还是倪老师的风格，感情充沛，思维活跃，文章从托尔斯泰的东方情结谈到了托尔斯泰思想在当下的意义，发人深思。

倪老师长期致力于俄罗斯文学的研究，而列夫·托尔斯泰则是她最为倾心的作家。此文乃厚积薄发之作。上个世纪 50 年代初期，倪老师作为中国首批赴俄的留学生来到莫斯科大学攻读研究生学位时，主攻的就是托尔斯泰研究。她在莫斯科大学得到过古德济、谢夫曼和萨布罗夫等前苏联著名的托尔斯泰研究专家的亲授。这不仅是学问的熏陶，更是心灵的滋养。倪老师在回忆她当年在莫大的求学生涯时，不止一次地强调导师萨布罗夫对她的影响。她这样写道："我回国不久便得知导师去世的噩耗，所幸的是他的遗著终于以《列·尼·托尔斯泰的〈战争与和平〉（问题和诗学）》为题名，由莫斯科大学出版社于 1959 年出版了。我虽然因为两国关系变化而没有得到那本书，但导师的那种为学术而鞠躬尽瘁的精神，却深深记在心头了。"倪老师从莫斯科开始了她的托尔斯泰研究，经过悉心的钻研，她最初的俄文论文《托尔斯泰和中国》和《托尔斯泰的长篇小说〈复活〉在中国的改编和上演》在苏联重要刊物上刊出。为了持有第一手的材料，倪老师就学期间节衣缩食，多方搜寻，购齐了 90 卷的《托尔斯泰全集》。在很长一段时间里，此套《全集》与戈宝权先生持有的一套是中国国内仅有的两套，这给倪老师的研究带来了便利，也在学界被传为佳话。倪老师后来在托尔斯泰研究方面取得了学界公认的卓著成就，这与她承继俄国导师的学术传统，远离浮躁、潜心学术，立志做"真"的学问有关。手边的这部书稿中的大部分文字都是谈托尔斯泰的，阅读这些文字，可以真切地感受到作者对这位艺术大师思想与艺术精髓的正确把握。倪老师还主持编译过不少与托

尔斯泰相关的书籍,其中影响最大的是《俄国作家、批评家论列夫·托尔斯泰》和《托尔斯泰文集》(政论、宗教卷),这些著作以独到的视角和丰富的史料为学界所称道。

作为一名享誉学界的良师,倪老师在华东师大中文系的学生中有很好的口碑。得体的衣着、学者的气质、透彻的讲述、庄重而又亲切的形象,这是倪老师留给大部分同学的印象。她开设的课程非常受学生欢迎。深奥的学问,经倪老师娓娓道来,用生命、用良知诠释俄罗斯文学,缘情入理,如春风化雨,沁人心脾。有同学曾经这样描述:"倪蕊琴老师温柔清晰的讲述——她的大家闺秀气质是我们领略俄罗斯文学之美之高贵的前提。"

作为她的入门弟子,倪老师在我的心目中不仅是循循善诱的学术上的引路人,更是亲切的和善解人意的长者。倪老师在治学、在工作、在生活上对我的关心不胜枚举。如果说"文革"后的高考改变了我的人生轨迹,那么与倪老师的相识则使我的人生目标得以明晰。记得当年我离开度过十年青春时光的赣东北山区,跨进华东师范大学校门时,心情是激动而又略感迷茫的。当时的校园弥漫着浓浓的学习氛围,似乎每一天都有新鲜的东西激动着我们求知若渴的心灵。我从大二开始认识了后来成为我研究生导师的倪老师,在她的引导下,我才逐渐深入了俄罗斯文学研究的堂奥,将爱好变成了专业。倪老师是我在大学期间受益最多的老师。记得大三时,我刚写出一篇有点像样的论文《从娜塔沙·罗斯托娃形象看托尔斯泰的审美理想》,她就予以鼓励,并推荐我参加 1980 年第一次全国性的托尔斯泰学术会议,从而使我在学术研究的道路上蹒跚起步。读研期间,她又把我领进了比较文学的大门,参加了被学界戏称为"比较文学的黄埔军校"的南开会议。在这次会上,我见到了许多德高望重的老专家,也与一些年轻的学人建立了友谊。我的那篇后来被收进会议论文集的文章是我在中俄文学比较研究方面的初次尝试。留校工作后,她又一再把我推向研究工作的前沿。至今我仍记得她当年对我说过的一句话:"治学一要有信心,二要谦虚。"后来,我有机会多次来到俄罗斯,遍访俄罗斯文学大师的故居。从繁华的都市到偏远的乡村,从浩荡千里的伏尔加河到风光旖旎的黑海之滨,从斯拉夫民族的发祥地到充满传奇色彩的哥萨克旧都……我盘桓在众多的文学和文化胜迹前,流连忘返。我向倪老师报告了我的行踪,寄去了我拍摄的照片。当我在俄罗斯的大地上驰骋时,我觉得是在沿着师长的足迹进一步走近俄罗斯文学,理解俄罗斯文化的精髓,并继续着师长们关于俄罗斯文学以及中俄文化关系的思考。

　　我在学术上走过的每一步都能感受到倪老师关注的目光。倪老师的爱人、著名的陀思妥耶夫斯基研究专家冯增义教授在学业上也给了我很多帮助。对于恩师伉俪,我一直心存感激。两年前的一个秋日我赴澳洲,来到离开墨尔本不远的小城吉朗探望他们,受到了他们热情的接待。两位老师都年近80了,可我始终觉得很难将这个数字与他们联系在一起。他们仍然那么充满活力,仍然那样挚爱自己毕生从事的专业。我为他们的健康高兴,也为他们的执著感动。临别时,我特意拍下了冯老师在一片木叶上精心雕刻的陀思妥耶夫斯基的头像,那么逼真,那么惟妙惟肖。这里无疑融入了倪老师伉俪对事业的追求与理想。做有良知的学问,这是倪老师终身追求的学术目标,也是她给予学生最重要的教诲。如今,倪老师的新著《俄罗斯文学的魅力——研究、回忆与随笔》即将出版,老师嘱我为此书写上几句话。不容推辞,谨以此短文表达对倪老师的由衷祝贺,并祝贺倪老师生日快乐!恩师伉俪金婚幸福!

　　　　　　　　　　　(作者陈建华,原载《中国比较文学》,2011年第2期)

颜逸明：
天道酬勤乐悠悠
家贫才钝好追求

颜逸明，1932 年生，浙江平阳人。华东师范大学中文系教授。

1956 年毕业于华东师大中国语言文学系。毕业后留校从事语言文字学教学和研究工作。曾任华东师大汉语教研室主任兼文字改革研究室主任，校学术委员会委员、校系职称评审委员，上海市语文学会副会长，中国语文现代化学会常务理事，中国语言学会理事，全国高等院校文字改革学会副会长，全国高等师范院校现代汉语教学研究会副会长。获国务院颁发的"对高等教育有突出贡献的专家"称号，享受国务院政府特殊津贴。

曾受聘《中国大百科全书·语言文字卷》方言学科副主编、《语文现代化论丛》副主编、《语海》顾问。参加编写的辞书除《中国大百科全书》外，还有《汉语方言大辞典》、《世界汉语教学百科辞典》、《新华写字字典》、《语言文字规范应用指南》等。编写的方言志书有《桐乡县志》、《龙游县志》、《平阳县志》、《文成县志》、《温州市志》、《瑞安市志》等。教材有《现代汉语》(1989 年，高等教育出版社)、《现代汉语自学问答》、《上海人学习普通话手册》等。反映吴语研究新成果的著作有《吴语概说》、《浙南瓯语》、《江苏省和上海市方言概况》、《吴文化史丛·吴语》等。

从田间地头到丽娃河畔

主持人：颜教授，您好！很高兴能对您进行访谈。首先请您回顾一下您来华东师大之前的求学和工作经历。

颜逸明：我是一个十分幸运的人，从一个贫穷的农民家庭走进大学课堂，又在中国语言学界享有一定的学术地位。我没有家庭的文化底蕴，也没有亲友的社会背景，只有一个"勤"字，天道酬勤。我出生在平阳县萧江镇的上街，曾就读于萧江小学、南雁中学和温州师范学校。父亲种田兼做麦芽糖小生意，小学毕业时，塘坊生意很好，父亲说这好运都是我带来的，要我跟他一起做生意，我不愿意。我姑婆知道我的心思，帮助我在她的家乡（南雁中学所在地）完成了初中的学业。初中毕业后，我考进了温州师范学校，在温师半工半读。温师在平阳郑楼乡下，解放前地下党工作很是活跃，有两件事至今未忘：一是进山"买柴"。1948—1949 年，我是温师膳委会主席，课余常常帮助厨工做事，厨工是地下党分子，经常借买柴买菜的名义约我一起划船进山与领导联系，让我看船放哨。我问他是不是共产党，他不说，还不让我问。二是学唱"灯塔"歌。我们班级有一位同学经常独自在宿舍里唱共产党的歌"你是灯塔，照耀着黎明前的方向"，我要他教我唱，他却说这首歌不能随便唱，因为它是地下党联络的信号。年轻时记性好，没多久，我就学会了这首歌，并与他一起传递标语、革命书籍，成了他的"近卫兵"。

青年时期的颜逸明（1952年）

解放后，为了培养"土改"干部，我们温师三年级学生提前毕业，到瑞安塘下办"冬学"。不久，我被调入温州专署文教科，负责联系各县的"冬学"工作。"冬学"工作结束时，专署举行"冬学模范表彰会"，文教科把联络组的一个名额让给我，但我只拿到纪念章，没有参加会议。因为平阳县中心小学急需教师，要我报到。

平阳县小学是苏步青、苏渊雷的母校，是平阳县最大的小学。县小急着要我报到，原因有二：一是校长调到乡下搞"土改"，副校长要接替校长的工作，副校长原来任课的班级要人接替；二是原任音乐教师生肺病，不能继续任课。我到县小的工作，主要也就是这两项。副校长原任的三年级是全校最难管理的差班，我虽然没有教学经验，但在副校长帮助下，通过调整座位、家访等办法，很快改变了课堂秩序。我当音乐教师不但注意课堂教学，还在课外组织歌咏队、腰鼓队上街宣传。平阳县第一届人代会要我指挥唱国歌，我还组织了乡镇拉拉队把会场搞得热热闹闹的，深受县委领导的好感。所以浙江省委为培养文化建设干部，华东人民革命大学设立文化馆干部培训班时，我便从县小调去"革大"29班学习，并任学委会副主席，"革大"学习结业后分配到温州市人民文化馆工作。在温州文化馆我负责科普工作，白天上班，晚上上街放幻灯，结合当时的政治任务自制幻灯片，开展街头宣传。1952年，温州市委抽调一批干部升学，我应时进了浙江省干部升学补习班，经过苏步青、曹锡华等名教授的补习考进了华东师大，来到茅盾在《子夜》里写到的丽娃河边。

"方言调查让我进入学术殿堂"

主持人:您何时对语言学产生兴趣?是如何走上研究方言之路的?

颜逸明:人生的道路有时很微妙,我毕业留校工作那一年,正好是全国大力推广普通话的时候。1955年,周恩来总理在全国人大会上作《当前文字改革的任务》报告,提出推广普通话、推行汉语拼音方案和汉字简化是三项政治任务。为了推广普通话,郭沫若主持的现代汉语规范化学术会议和吴玉章主持的全国文字改革会议决议开展全国方言普查,并把任务分配到各高等院校,我们华东师大负责上海市郊川沙、南汇、奉贤、金山、松江、上海、青浦、嘉定、宝山等9个县的调查。接到这个任务后,学校就派我去北京参加由教育部和中国科学院语言所联合举办的语音研究班学习音韵和方言调查。我的家乡温州平阳是一个多方言分布地区,我对方言的语感特别强,又从小爱好音乐,对不同音质的辨析能力也很有自信心,在北京学习时就已经受到老师的关注。所以学校要我承担这项任务我非常乐意。

我和教研室老教师商量,决定办一个方言调查培训班,在校内物色10多位市郊的学生参加,让他们学会调查方法,然后各自整理自己的方言。这个设想很好,但做起来很困难,主要问题是过不了记音的关。培训班失败之后,就只好自己单干,天天背着3500张卡片的箱子往郊县跑,风雨无阻。幸亏那时的县教育局同志肯帮忙,找发音人,安排招待所等。终于在1958年前如期完成了上级布置的调查任务,包括同音字表、语音对应规律和词语对照表等,每份3万多字,共计30多万字,上报中科院语言研究所和江苏省教育厅。调查任务完成之后,上海市教育局又要我们根据调查材料编写本地人学习普通话手册。我们又编了《松江人学习普通话手册》、《嘉定人学习普通话手册》和《川沙人学习普通话手册》(范可育、徐美贞参与编写),均由上海教育出版社于1959年出版。

没想到这一年多的郊县之行,竟让我走进了语言学的学术殿堂。1959年,中科院、教育部为体现全国方言调查的成果,派人到南京联系编写《江苏省和上海市方言概况》,教育厅即派人到上海借调我到南京,作为江苏省和上海市方言调查指导组上海方面代表主持编写工作。此书1961年由江苏人民出版社出版,曾参加莫斯科书展。

主持人:1961年,您被选派到北京大学进修方言学,其间得到袁家骅、王力、高

1981年4月，中国文字改革委员会秘书长倪海曙（右三）视察我校文字改革研究小组时的合影，右二为颜逸明

名凯、朱德熙等名师的指导，能具体谈谈您和他们交往的故事吗？

颜逸明：1961 年到 1962 年，学校为了开设选修课，派我到北京大学进修汉语方言学。我的导师是袁家骅先生，教研室主任是高名凯先生，教研室秘书是青年教师石安石，助教王福堂是我的主要联系人。为了利用机会，我还听了王力、林焘、朱德熙等名师的课。他们都知道我是《江苏省和上海市方言概况》的主要编写者，对我都很热情。魏建功、林焘先生还托我买过书。

但是这半年多的进修却让我吃尽了苦头。那时的粮食是凭户口供应的，我去北京时，上海的户口没有转到北京，所以在北大我是用粮票换饭票吃饭的，粮票只供应米饭，没有菜，光吃饭一天就几两米，一个月下来我就不行了，只好到附近商店里买一角钱一碗的油茶儿，就是炒面粉加一点儿糖伴着吃，就这样持续了半年多。本来要进修一年的，我后来写信给系主任汇报要求提前回来，一边拼命跑图书馆，看资料，写教学大纲，还走访了王力、高名凯、朱德熙、林焘等几位北大名师。我回到上海后，在中文系开出了第一门选修课《汉语方言和方言调查》。

吴语研究走南闯北

主持人：您长期从事语言学研究，擅长吴语研究，还积极投身汉语规范化工作，请跟我们分享一下您在语言文字教学和学术研究方面的心得体会。

颜逸明：我出身于浙南平阳，长期在上海工作，对江苏、浙江各地的情况都比较了解，所以我选择吴语作为我的主要研究对象很自然，也是很讨巧的。但这只是内因，外因有二：一是"文革"期间，美国总统尼克松访华时，带了一个美国语言学代表团到我校访问，座谈会上有一位华盛顿大学的教授提问庆元方言属于哪一个方言区，它的区别性特征是什么？当时我们一无所知，无以为答。"文革"结束后，我们立即组织了调查组，前往浙南泰顺、庆元一带调查。我们在泰顺了解到庆元方言不是一个独立的方言，而泰顺的"蛮讲"是泰顺的主体方言，于是我们就在泰顺做了以公社为单位的系属调查，确立"蛮讲"为闽语系统，发表《吴语、闽语在泰顺的分界》、《平阳和泰顺县的方言情况》，纠正了北大老师关于"蛮讲"性质的误判。二是高淳方言的调查引发北部吴语边界调查的兴趣。1980年，山东大学殷焕先教授带领研究生到高淳调查，要我配合工作，我们发现高淳县城淳溪镇水乡方言与东部永宁、定埠等山乡方言有别，因而想到边区北部方言如以乡镇为单位开展多点调查，也是可以分出界线的！于是便利用当时的选修课、研究生和研究生班的实习机会，对吴语北部各县做了细致的调查，发表了《吴语的共同特征和内部分区》、《长江下游沿岸吴语和江淮方言的分界》、《江苏省北部吴语的分布情况》、《高淳方言调查报告》等文章都被称为"开先河之作"。

　　吴语边界方言的归属问题，从前没有人研究，今后也不一定会有人研究，因为边界方言都比较复杂，不熟悉古音，找不到规律，没有调查经验的人难以分辨。其次，边界地区交通不便，丢开大城镇到穷乡僻壤调查正是"自讨苦吃"。我在50年代调查上海方言是任务在身，可以说是"逼上梁山"；80年代的边界调查是自己选定的，可以说是"自讨苦吃"，不但无利可图，而且付出不小的代价。比如为了调查赣东北吴语的分布情况，我放弃了贵州之行，一次军区司令邀请旅游的好机会。在上饶师专调查，师专中文系主任对我很好，派了青年教师协助工作，安排生活，物色调查对象等，还要亲自陪我去三清山看看，但我没有时间，只想工作，别的都放弃了。

　　主持人：20世纪70年代，您编写了我国首部越剧音韵著作《越剧韵谱》，当时为什么要编写此书？在编写的过程中有哪些难忘或有趣的故事？

　　颜逸明：年轻时我很喜欢越剧，早就听说过袁雪芬、傅全香、吴小楼、周宝奎等著名越剧演员的名字。"文革"期间，他们讨论越剧音韵问题，请我参加指导，跟他们共同讨论越剧音韵，傅全香、吴小楼还给我端菜送饭。为了编写《越剧韵谱》，我到越剧发源地调查嵊县（今嵊州）方言，我系巢宗祺老师向浙江、上海、南京等地越

1989年，颜逸明（前排右四）参加越剧音韵和语言艺术研讨会的合影

剧团了解越剧语言在各地的不同变异，后来在苏州召开了"越剧音韵和语言艺术研讨会"，越剧院原院长袁雪芬十分重视这次研讨会，亲自带领了数十名著名越剧演员和戏曲专家参加。上海市作家协会也组织了一批作协的会员赴会。上海文艺报头版专题报道"首部《越剧韵谱》诞生"。上海电视台曾报道称："很长时间以来，越剧剧坛存在着发音紊乱、倒字倒腔等现象，越剧语言亟须规范化，确定发音标准……《越剧韵谱》一书以需求为出发点，以实用为目的，开辟了越剧语言与音韵研究相结合的新课题……建立了以嵊县方言为基础、有一定权威性的越剧用韵规范。"

主持人：您曾经在文章中指出，上海话其实不需要"保卫"，现如今您还这么认为吗？

颜逸明：2005年年初，《青年报》记者曾发表《人大代表建议"保卫"上海话》的报道。主要内容是上海方言正在消亡，上海话面临一个被遗忘的窘境，越来越多的年轻上海人不会上海话了，因此要求电视、广播开放使用方言的空间，积极在青少年中推广上海话。《青年报》报道之后，《上海壹周》、《新民晚报》等媒体都相继报道了"两会"关于上海话的提案。

可能是因为用了"保卫"这个词，所以影响非常大。这个词可能是记者故意写的，但无论如何用"保卫"这个词是不合适的，"保卫"象征着有人要侵犯，这个侵犯实际上是指普通话侵占了方言的使用场合，实际上就把方言和普通话对立起来了。

2008年10月，以"相识五十年"为主题的1958级校友聚会，颜逸明教授（前排中）与学生合影

所以，我和几位同行朋友范可育、高家莺、徐莉莉、费锦昌等交换了意见，并联名给上海市人大办公室写了一封《对上海市人大代表建议"保卫"上海话的异议》的信，人大办公室没有回应。于是我又把这封信复印件寄给了北京中国语文现代化学会会长、北京大学教授苏培成先生，苏会长安排会刊发表了此文，同时与《中国教育报》联系，《中国教育报》立即组织了一整版讨论"保卫"方言的文章，重刊了《对"建议'保卫'上海话"的异议》。

后来，《人民日报·环球时报》记者龙彩霞就"保卫"上海话问题采访了复旦大学许宝华先生和我，写了《上海话其实不需要保卫》和《说上海话，也插普通话》，报道我们对上海方言的发展变化和"正宗"上海话的一些看法。同时，《语言文字周报》开辟了"普通话与方言"专栏讨论这个问题。

主持人：现在很多人担心上海本地的小孩儿不会讲上海话，上海话会不会消亡？

颜逸明：上海话会不会消亡要看上海话的历史和现状。上海话是强势方言，不是在消亡，而是在扩大，在郊区和苏南地区的人聚会的时候，主要是说上海话，大家都听得懂。现在很多上海人到外地旅游，也喜欢说上海话，希望别人知道自己是上海人。上海话的地位和作用决定了上海话不可能很快消亡。但要注意不要把方言的消亡跟方言的发展变化混淆起来。上海话的发展变化在不断进行，越是普通话推广得好，新的词语越多，上海话的变化越大。有些变化一般人不觉得。比如，过

2015年11月，颜逸明教授（左）在家中接受档案馆馆长汤涛（右）采访

去上海话是分尖团音的，现在不分了。又如，上海话的声调，松江话是八个调，川沙话是六个调，嘉定话是七个调，但上海话是五个调，现在市区八个调的没有了，郊区的也在简化，基本朝着简化的趋势。变是必然的，普通话也在不断地变，有很多旧的词语不用了，新的词语增加了。所以要重视发展，不要把发展和消亡混淆。方言的发展变化要看社会经济文化，经济文化发达的地区方言是不会很快消亡的。

情趣犹存笔墨间

主持人：听说您退休仍不忘旧业旧情，生活丰富多彩，能否谈谈这方面的情况？

颜逸明：退休对我来说，只是不到文史楼上课，研究生论文评审、答辩，除本校外，还增加了复旦大学、上海大学、上海师大以及南京大学、武汉大学等。"黉门梦断未休闲"，近年我与费锦昌、范可育、高家莺、徐莉莉等人合作编写的著作已经出版的有《新华写字字典》、《语言文字规范应用指南》，2016年下半年上海辞书出版社还将出版《语言文字规范应用手册》。合作发表的文章已有《全球华语四人谈》等10多篇。

别离文史楼是很痛心的。我爱文史楼，因为我的大半生是在文史楼度过的。上大学四年，白天晚上都在文史楼，那时的中文系学生每人都有自己固定的座位，以教室为家。留校任教数十年，岁岁月月也都没有离开文史楼。所以退休以后我

颜逸明教授书画作品

还到文史楼三楼看看底下的草坪,到二楼、三楼的大教室看看桌椅,回味当年上大课240多人听课的滋味。

主持人:您是著名学者,在工作之余还潜心研究书法和中国画技艺,您曾和中文系另外两位教授成立了"雕虫三老书画沙龙",还有关工委的工作也很出色,能谈谈成立该书画会的背景和关工委方面的情况吗?

颜逸明:我是退休以后开始学画的,我爱人身体不好,参加老年大学国画班学画,我陪她一起学。后来我爱人过世了,我和中文系的另外两位退休教授成立了"雕虫三老书画沙龙"。为什么叫"雕虫三老",人家不理解,"雕虫"是取自《文心雕龙》的"雕龙"。我们自知"雕龙"不成,就改为"雕虫"。我们经常一起组织交流活动,还参加华东师大华夏书画研究会,一起搞展览。但是我们不想当画家,这把年纪了,也当不了画家。感谢上海文艺界对退休老人的关怀,我们的习作有机会展出。上海电视台、嘉定电视台都做了报道。我家保姆看见我们写字作画,也想学习,我送她到老年大学图画班学了一年,现在她已经出了两册年历画集。我学画只是出于兴趣和爱好,老有所乐。古诗词格律常为今人学习写诗的障碍,而我可以大胆应对。我的诗词虽欠典雅,但很实惠,多"心语"而少文字障碍。内容多半是悼亡、题贺或旅游纪事之类杂感。如悼亡类作品有《悼许杰师》、《悼苏渊雷教授》、《悼罗竹风同志》、《悼史存直先生》、《悼丁祯彦》、《悼亡妻》等。《悼许杰师》发表在校报上,后为台湾校友引用,认为短短的四句诗,写出了他的一生。

一个人的生命，应该包括自然生命、政治生命和学术生命。老人保健也应注意这三方面。退休之后，中文系总支委派我担任退休教工党支部书记，2015年获中文系党委颁发的"优秀共产党员"证书。我担任中文系关工委副主任，多次被评为个人先进，2012年获"关心下一代工作荣誉金奖"。华东师大关工委成立20周年开纪念大会时，我曾写了一首《忆江南·关工》，表述我们对关心下一代工作的情意："壬辰冬，众老忆关工。二十春秋风和雨，老马识途立新功，有爱乐无穷。壬辰冬，众老忆关工，梧桐落叶情犹在，装点江山似劲松，浦江夕阳红。"

链接：

语言世界的探索者

　　我曾经写过一篇关于颜逸明教授的文章,寄给向我约稿的一家家乡报纸,非常遗憾的是,稿子不幸遗失。而在此之前,我选过他开的方言学选修课,不巧又因颜老师身体欠佳停开这门课而告终。或许可以追溯到更早,在平阳县编的那本《成才之路》上读到他的《幸运老人》一文而识得他。但第一次聆听他的教诲,却是在1995年寒假从上海到温州的轮船上。我听说他也在船上,便想去拜访他——他倒先到我的舱里来了。一席谈话间,作为学者的睿智、作为长者的敦厚、作为家乡人的慈爱,让人如沐春风之外,更觉一种温情持续于心里。等我反过来去看他,他的身边早已有一帮从沪京返温的学子了。

　　颜逸明教授1932年出生于平阳萧江,以后在平阳中心小学、温州文化局工作过,1952年进入华东师大中文系,1956年毕业后即留校工作。早在80年代初,他就是一位闻名遐迩的语言学家,研究生导师。现任上海市语文学会副会长、中国语言学会理事。如今退休后,又被国家教委调去主持《语文现代化论丛》的编辑出版工作。可谓虽年事已高,仍为祖国语言文字工作尽心尽力地奉献着。

　　颜逸明教授是一个在语言学界孜孜不倦的追寻者和探索者,早在50年代,他就参加全国方言普查工作,两年里完成了上海市市郊9个县的调查任务。1960年,江苏省教育厅调他到南京编写《江苏省和上海市方言概况》,他和南大研究生四处奔波,绘制地图,确定音系。"文革"时期,他到哪儿接受再教育,就在哪儿搞调查,把调查方言作为接触社会,联系实际的最好方法;多年的努力,使他在吴语边界方言调查方面取得了很大成果,美国语言学代表团对他的调查成果给予了很高的评价。《吴语概说》一书(华东师范大学出版社)就是这方面成果的结晶。

　　颜逸明教授不但自己全身心地投入语言学的世界,而且也为培养学生和年轻学人不遗余力。他多次带领学生、同事,深入到各个地区,进行广泛的调查研究工作。这里面还有一段佳话。80年代初的时候,颜逸明教授曾带领一帮学生到青海湖搞方言调查,这群学生中就有一个以后成为著名小说家的格非。格非的处女作及成名作《追忆乌攸先生》就是在那次途中写的。在格非的回忆文章及小说《青黄》、《夜郎之行》中多次提到颜逸明教授及此次青海湖之行对他创作和一生的重大影响,感激之情亦可见一斑。

退休之后,颜逸明教授一方面主持《语文现代化论丛》工作,一方面又不知疲倦地辅助语言学年轻学人的调查和研究工作。我们所知道的对"繁体字回潮"的驳斥以及由此引发对"汉语正宗说"的界定,和普通话的普及工作等等,都凝聚着颜教授的一份心血。

颜教授有个幸福美满的家,他的大女儿现在在美国西雅图的华盛顿大学读博士,二女儿在华东师大印刷厂工作。现在在家乡萧江的有他的弟弟及侄孙辈。他对家乡普通话的普及工作甚感欣慰,他说现在的父母要求和鼓励子女讲普通话是个良好的现象,这有利于普通话的普及。另一方面,他为家乡语言的调查研究作出了很大的贡献。近年来他时有回乡,一是为国家"八五"计划项目中的瓯语(区别与温州市区话)进行调查,二是为《温州市志》中语言章节部分撰稿。

在一篇介绍自己成才之路的文章中,颜教授说自己是个幸运老人。在文章结束之际我谨以一个学生的身份,代表家乡人民祝他生命之树常青!

(作者缪克构,原载《温州日报》,1996 年 6 月 18 日)

陈崇武：一生难逢的两次重要机遇

陈崇武，原名鹤周，1932 年 8 月生，浙江温州人，华东师范大学历史学教授。

1955 年毕业于华东师大历史学专业，后留校任教。曾赴法国巴黎高师进修，并几度被聘为客座教授。曾任华东师大世界近现代史教研室主任、历史学系主任兼上海社会科学院历史所副所长，上海市世界史学会会长、全国法国史研究会副会长兼秘书长。1992 年担任博士生导师。享受国务院政府特殊津贴。

主要研究领域是世界近代史和法国史，著有《罗伯斯庇尔评传》，是《世界近代史》、《拿破仑书信文件集》、《罗伯斯庇尔文选》等主编之一，曾在《巴黎高师导报》上发表《自由、平等、博爱口号究竟何时提出？》，在英国培戈曼出版社论文集上发表《孙中山和毛泽东的自由、平等、博爱观》，在《历史研究》上发表《评罗伯斯庇尔》等论文多篇。

师大读书的黄金时代

主持人：陈教授您好！自考入华东师大开始，您的人生就与丽娃河，与这里的一草一木紧密相连。请您先谈谈您和师大缘分的开始吧。

陈崇武：我是浙江温州人，高中快毕业的时候，爆发了震惊中外的抗美援朝。全国各民主党派发表联合声明，中国政府出兵朝鲜抗击美帝国主义侵略，这是件令我热血沸腾的事，青年学生都纷纷积极报名参军。由于正碰上国家实施土地改革，我被分到温州最边远的山区泰顺参与土改工作。一年半之后，我被调入温州地委干校学习。由于温州新办了一所永嘉中学，缺乏师资，我又被分配去当历史教师。在当历史老师期间，正巧遇到华东师大到温州招生。校长说要培养我，鼓励我先去读书，我便于1953年成功考入华东师大。在师大读了两年专修科后，1955年我留校工作，先在历史系总支做了两年半秘书，1957年下半年正式被转为教学人员。进入师大是我人生第一次重大转折点。

主持人：那个时代能留校任教的学生一定是出类拔萃的佼佼者。您能具体谈谈当时在师大学习的经历吗？

陈崇武：我们那时候读书都是按苏联模式，上午四节课排得满满的，中间只有15分钟休息时间，包括课间操，一个馒头点心。上世纪50年代师大历史系师资阵容很强，名师云集，众星璀璨。60年代初，北大副校长、著名历史学家翦伯赞访问我校历史系说："你们师大历史系的教师队伍比我们北大还强。"确实如此，那时中

陈崇武教授（右）与王养冲教授（左）合影

国史有吕思勉、李平心、吴泽、陈旭麓等等；世界史有王养冲、王国秀、林举岱、郭圣铭等等。

吕思勉是全国历史学一级教授，国学大师，与钱穆、陈垣、陈寅恪并称为"现代中国四大史学家"。他上课的时候喜欢板书，一节课下来能够工工整整写满一黑板粉笔字。他的历史功底深厚，二十四史倒背如流，大家都很佩服他。当时他给我们开设的是《中国古代历史要笈》，后来改成《中国历史文选》。

李平心是历史学二级教授，又名李圣悦。李圣悦教授知识面很广，古代史、中国史、外国史样样都通，甚至还懂甲骨文、金文。他的记忆力很强，学习东西入门很快。他在上海劳动大学读书的时候，常常被人称作"活字典"。记得做他助教的时候，有一次遇到福州路一个旧书店开业，吃完中饭一点钟还不到我们青年教师就赶了过去，但排在第一个的是平心先生，一进店内就跟圈地一样地大量圈书。他的《中国近代史》和《中国现代史初编》等开创了我国运用唯物史观研治中国近现代史的先河。后来系里让我跟他学社会主义思想史。

世界史的王养冲教授，曾留法10年，获巴黎大学文学博士学位。他除精通法语外，还懂多国语言，古文也好，真是博古通今。他功底深厚，驾驭能力又强。因此，教学、论文质量都很高，从学生起他就给我们上了一年世界近现代史，后系里决定他是我的指导老师，特别是跟他学世界近代思想史，准备为高年级开设专业课。

在1958年以前，除了历史系名教授的课，我还去听文科各系知名教授的课，如政教系教授陈彪如给我们上了半年的政治经济学。教授徐怀启的西方哲学史我是主动去听的,他原来是神学博士,研究基督教史,他的哲学史很有特色。冯契教授的中国哲学史,历史唯物主义和辩证唯物主义也听了很长时间,他非常有学问,深入浅出,厚积薄发,使我受益匪浅。

在师大读专修科期间,国家正好提出"向科学进军"的口号,我们每天除了吃饭睡觉都在读书,图书馆、文史楼的教室里全是孜孜不倦、刻苦攻读的身影,那个时候可以说是读书的黄金时代。因为我曾做过中学历史教师,我是带着满脑子疑惑和问题进入师大的,因此,格外用功,每天如饥似渴像海绵一样在师大尽量吸收新知识和新理论。

主持人:您1955年留校后,刚开始并没有在历史系而是在政教系授课,是什么情况呢?

陈崇武:1959年起,我先在政教系讲授了三年的《世界近代史》,在政教系开课之前,即1958年之前我曾在本系试讲过《法国大革命》一周。在本系试讲也好,在政教系开课也好,那时候学校规定助教不能随随便便去讲课,要先写好讲稿在教研室给教师讲课,教师们提好意见再修改,修改以后获得大家认可才能去试讲。试讲以后还不能直接在本系开课,要去别的系,所以我先去了政教系开课。没有想到在政教系第一次讲《世界近代史》一炮就打响了,学生反映很好,1960年我被评为学校先进教育工作者。

1958年以后全国开始大范围搞运动,潜心读书的机会便少了。直至"四人帮"垮台,才重新迎来读书的黄金时代。记得"文革"一结束,正在大家收心治学的时候,我就在《历史研究》和《世界历史》杂志上发表了几篇比较有影响的文章,引起了同仁们的重视。

走进巴黎高师

主持人:陈教授,您在巴黎高师进修访问近两年,您能否给我们介绍您所知道的这所学校的简单情况及其办学特色?

陈崇武:凡是搞过外国教育、高等教育的人会知道高师的一般情况,但不是所有的人都会知道这所学校究竟是怎样一所学校,它的办学特色究竟是什么。

巴黎高师(École Normale Supérieure)历史悠久,如果从1794年国民公会颁布

1982年，陈崇武在巴黎高等师范学校内大门前的留影

法令筹建算起，到现在已有 200 多年的历史，它实际上是法国大革命的产物，是新兴的资产阶级为了培养自己师资及各类高级人才而创办的学校。它坐落在巴黎第五区（即有名的拉丁文化区）一条短而窄的单行车道上，叫乌尔姆路，45 号（45，Rue D'ulm），它的校门很不显眼，校址的占地面积很小，学生人数不多，我读书的时候，学生总数是 473 人。巴黎高师的学生是全国最优秀的高中毕业生，经过严格考试选拔，先进高师预科两年，再经过淘汰筛选才能成为高师的正式学生。一旦正式成为高师学生之后在生活上可以享受官员的待遇，一人一个房间，住宿做学问。在学术上可以充分享受自由，进来时只用与导师谈话，签订一个合同。比如两年内取得硕士学位，四年取得骨干教师资格。至于两年、四年能否取得硕士学位和骨干教师资格，学校概不强求，因为市场的杠杆在起作用，有没有资格，工资差别很大。因此，学生会自己去用功、去钻研、去拼搏。可见，高师的特色是：一、少而精，是精英教育、尖子教育；二、自由的办学风格，学生享受充分的学术探讨自由。有次巴黎高师的副校长巴斯蒂夫人对我说："法国人不知道，我是搞中国教育史的，知道高师的办学风格，自由探讨精神有点像中国的书院制。"

主持人：您当时如何走进巴黎高师的？

陈崇武：我能进高师深造，是刘佛年校长的功劳。刘校长为什么会推荐我去？有以下几个原因：一是我当时已是副教授，是学校要培养的重点骨干教师之一；二是我们的法国史研究室在全国法国史研究方面已稍有名气，曾被称为是法国史研

1982年，陈崇武（右）与在法国的指导教师索布尔教授（左）的合影

究的重镇，力量很强，因而也是学校要抓的重点；三是法国史研究室的学术带头人原是王养冲教授，但他年事已高急需接班人。因此，学校认为我是最合适的接班人；四是因高师派来交流的是学历史的，因此派历史系教师去交换是合情合理的，名正言顺的。鉴于以上情况，刘校长从学校建设战略高度考虑，决定派我去高师进修培养。

主持人：您到高师进修近两年，您究竟做了些什么？

陈崇武：进了高师之后不久，校长接见了我们。当时在座的有周克希①，联系亚洲留学生的巴迪先生，校长秘书等。校长非常客气，非常热情地接待我们。校长问我："您对学校有什么要求？"我提了三点建议："一是希望高师给我指定一位专业指导教师；二是实地考察与法国历史、法国大革命有关系的十大重要名城，如里昂、马赛、阿拉斯（罗伯斯庇尔诞生故乡），阿雅克肖（拿破仑出生地）等；三是希望高师图书馆给我优惠开放查阅图书资料，复印资料。"校长当场答应，同时补充说了一句："去考察时除飞机票外，其他交通费用都可以回来报销。"这可以说是我在高师的良好开端。

接着我再扼要谈谈我去高师近两年究竟做些什么。

一、由高师出面，为我找到一位称心如意、专业水平一流、在国内就已很敬仰

---

① 周克希是我校数学系教师，高师访问学者。

的指导老师索布尔。他就是巴黎第一大学法国大革命讲座主讲教授、法国大革命研究所所长。我除每周听他的讲座之外，还参加了他主持的博士讨论班，每周一次，共一年半时间。他对我的论文提供补充意见，还请对罗伯斯庇尔有专门研究的专家与我讨论；他赠送给我一批非常宝贵的著作、论文和杂志。

二、在高师期间，我还结识了许多法国历史学家、大革命史学家，如巴斯蒂夫人、伏弗尔、乔治·路德、埃曼尔、戈蒂埃等。这些历史学家对我的专业研究帮助很大。

三、充分利用高师和法国大革命研究所的图书资料，并在巴黎旧书店、书摊购买不少有关法国大革命著名代表作。在离开高师之前，刘校长还给我们特批了1万法郎专购图书资料之用。34卷的《拿破仑的书信全集》（其中包括两卷索引）就是从那时购回的，非常珍贵，是我国唯一的一套。王养冲教授看到我带回的这些书之后非常高兴。

四、实地考察了法国农村土地所有制和风俗习惯，实地考察了罗伯斯庇尔的故乡阿拉斯、罗伯斯庇尔的博物馆、市图书馆及其档案馆。这些考察都是在巴斯蒂夫人陪同下进行的。在档案馆有的档案是用古法语书写，而且纸张破损很厉害，又不能拍照，是巴斯蒂夫人自告奋勇帮助我抄写，真使我非常感动！

五、1982年底回国之后，巴黎高师还曾几度聘任我做客座教授，兼巴黎人文科学学院客座研究员。在此期间，我曾在巴黎高等社会科学院巴斯蒂夫人博士研究班讲过三次课：《中国教育改革三十年》、《中国中小学历史教材改革四十年》，还在巴黎高师社会科学研究中心做过《法国大革命与中国》的报告。另外，在《高师导报》发表了论文《自由、平等、博爱口号究竟何时提出？》，编者还加了按语称："我们的上海师范大学同行，历史学家陈崇武，现在在高师从事于法国大革命研究。我们例外地发表这篇超出我们通常工作范围的文章，是为了表达对我们中国朋友的敬意，也是作为他们研究法国史成果的见证。"此外，我还在《欧洲时报》上发表多篇文章，如《"自由、平等、博爱"在中国近代的传播》、《评九三年》、《怎样纪念法国大革命200周年》等。

六、真正学到了法国人的语言。到高师以后，我用很多时间学法语，以便早点适应开展科研，首先我在巴黎法国法语联盟学院学了四个月法语，后又在巴黎第七大学外语系学了半年法语并通过了两次法语考试；与高师的学生结对互学（法语和汉语）等。

陈崇武教授（前排左二）、尤天然教授（后排右一）、洪波教授（后排右二）与巴斯蒂夫人（前排右二）、我校研究生在华东师大办公楼前合影

主持人：陈教授，您在高师除了个人埋头业务之外，还为学校与高师的交流做了些什么？

陈崇武：在高师期间，国内有许多单位都想与高师建立校际交流。如北师大、南京大学、武汉大学等。武汉大学校长刘道玉曾带了一个代表团访问高师，想与高师挂钩，互派留学人员。我把这个信息告诉了袁运开副校长，袁副校长马上指示，千方百计要我设法与高师继续建立校际交流。当我快要回国前的一天，突然接到高师校长办公室主任拉罗的一封信，约我会谈。巴斯蒂夫人知道此事后自告奋勇陪我一道去会谈。我们一直从 5 点谈到 6 点，我们提出的要求高师全部答应了，我们两校的交流仍旧继续。但是那天使我印象最深的事是：当谈判结束，巴斯蒂夫人急急忙忙冲到校门口马路上拦了一部出租车。我问为什么？她说她丈夫在医院抢救，急需过去！当时我既感动又内疚。

不久，巴斯蒂夫人被政府任命为巴黎高师的副校长，负责文科。从此以后，我校与高师的交流就更巩固，更常态化了。

做一个好的史学工作者应该注意些什么？

主持人：据我们所知，1989 年在我国出版的专业性很强的《法国大革命辞典》里列了不少外国研究法国大革命的研究名家。国内选了 9 位，您也被列入其中；我

1998年，陈崇武教授（左）与夫人参观罗伯斯庇尔博物馆，由巴斯蒂夫人（右）陪同

们也知道法国的一本权威季刊《法国大革命年鉴》从 1990 年代起您就担任通讯编委，在每期季刊封面扉页上都出现您的名字。我们想请您谈谈，您认为怎样才能成为一个好的史学工作者？

陈崇武：根据我的实际情况和切身体会，我认为：

一、笨鸟先飞、勤能补拙。众所周知，历史学科是文科的一门重要基础学科。它与文科中的其他学科有着密切关联。有人经常说，文史不分家，史地不分家，政史不分家等等。历史学可以说包罗万象，上至天文下至地理。因此，就要求一个史学工作者必须具备有广博的知识、深厚的理论基础。这样就要求我们要多思、多读、多写，要勤奋、努力。人的天赋，我认为是有的，但我更相信勤能补拙，勤能生巧、勤能获酬。我自己非常清楚，我是个属于比较笨拙的人，对任何事物的理解比较迟钝，尤其是学外语能力更差。因此，我经常给自己提醒要笨鸟先飞，别人花 1 个小时能做到的，我就要花 2 个小时，甚至更多的时间和精力去做才能达到。做学问，尤其要做好一位历史学家，我认为首先就要做到一个"勤"字，要甘愿坐冷板凳，埋头苦学、苦钻，这就是韩愈所说的"天道酬勤"，多一份付出，多一份努力，一定会有一份好的收获，《易经》也讲："劳谦君子，有终吉。"也就是这个意思。

二、必须坚持用马克思主义作为史学研究的指导。我认为马克思主义的史学很高明、很科学，因为非马克思的史学仅能说明历史事件的发生、经过、结果、时间、地点和主人公等等，但不能说明事件为什么是这样而不是那样发生的根本原因，只师大培养了我，教育了我。师大是我的养母和乳母。我爱师大，也爱母校。

师大是一座很好的学校，名师辈出，学师如云，我们要发扬这些好的传统。

校档案馆工作也很好，我深有体会。向他们致敬！

陈崇武
2015.5.25

陈崇武题词

有马克思主义的历史唯物主义才能真正揭示事物发生的根本原因，即他倡导的要从经济基础和物质利益的冲突中，要从生产力与生产关系的矛盾冲突运动中去寻找事件发生的终极原因。经过反复比较研究，我认为马克思主义史学还有以下优越性：即它把事物分层次，上层建筑与经济基础，基础决定上层建筑，上层建筑也能反作用于基础；历史发展不是杂乱无章的而是有规律的，由简单到复杂，由低级而高级；事件发生的原因，有内因和外因，内因是变化的根据，外因是变化的条件，外因通过内因才起作用，但外因在一定的条件下会转化为内因；历史事件有必然性和偶然性，其中必然性起决定作用，偶然性通过必然性才能起作用，但在一定条件下，偶然性也为必然性开辟道路等等，这些观点对于我们今天历史研究仍具有重要现实意义，可惜有人将它束之高阁了。

三、海纳百川，有容乃大。历史学的内容丰富多彩，绚丽多姿，诸子百家，学派林立，观点纷呈。这就要求我们认真研究，哪些是正确的、哪些是错误的、哪些是合理的、哪些是不合理的、哪些是可用的、哪些是不可用的，要去伪存真，扬弃其糟粕，吸收其精华。例如法国上世纪最有影响的史学流派年鉴学派，他们提的口号是：1. 总体（全面）上去研究历史；2. 长时段研究历史。有它的合理的成分，但也有它的不足之处，年鉴学派有人就拿长时段研究历史去否定短时段革命和暴力在历史上的作用，用全面研究历史去排斥政治史的重要性，有人还说如果法国没有法国大革命，18 世纪照常可以过渡到资本主义社会，以此来否定大革命的必要性、合理性，那这就不对了。因此,我们去研究年鉴学派时一定要扬弃其糟粕而取其精华。这样我们的史学才能路子越走越宽。

四、做人为先。最后,我想再谈一点做人和做学问的关系。我认为做人和做学问应以做人为先。如果一个人私心很重,没有为人民服务的愿望和决心,我认为这样的人是很难做好学问的,即使有点学问,它对社会、对人类不会有多大用处,这样的史学家最多只能算是一个跛脚的史学家,林则徐说:"壁立千仞,无欲则刚。"讲的就是做人的道理。

链接：

坚持、吸收、拓宽
——世纪之交对中国史学的几点浅议

世纪之交的中国史学应如何加强它的研究和发展？想提几点粗浅的建议。

一、中国史学要想登上世界史学的高峰，真正创造出有中国特色的史学，我认为最重要的还是要坚持马克思主义，坚持历史唯物主义作为史学的指导原则。

中国史学如果没有马克思主义指导，就等于一个人只有躯体而没有灵魂，也就等于一艘没有罗盘的大船在航海时会迷失方向。

有比较才会有鉴别。通过对比，我认为马克思主义史学最能说明问题，是最高明的史学。

我国从孔子写《春秋》到司马迁的《史记》、班固的《汉书》、司马光的《资治通鉴》一直到《廿四史》等都给我们留下很好的史学传统；国外从希罗多德写《希·波战争》到伏尔泰的《路易十四时代》，再从修昔底德写《伯罗奔尼撒战争》到兰克的《教皇史》等也都给我们留下丰富的遗产。但是他们写历史的一个共同的特点无非只是说清事情是在什么地方发生的、事情的经过怎样、由谁发动的等等。至于事情的真正原因究竟是什么？他们往往做了唯心主义的解释或者讲得不清楚。正如列宁所指出："以往的历史理论，至多是考察了人们历史活动的思想动机，而没有考察产生这些动机的原因。"兰克说历史就是事实，只要有事实就能写历史，事实清楚了历史也就清楚了，他标榜不偏不倚的"客观主义"。把历史如实地写出来，这当然是对的，但是否就那么简单？历史学家写历史就没有受阶级的，传统的偏见束缚？受时代条件的限制？谁能相信这种所谓的不偏不倚的客观主义？

马克思主义史学诞生于19世纪40年代，它的诞生对兰克以前的史学是一种革命。它与以往的一切史学不一样，它明显的特点和优点是：坚持认为历史的终极原因要到经济生活中去找，要从全部的生产力与生产关系矛盾冲突的整个运动中去找，这是历史唯物主义最基本的立足点；把历史现象分为几个层次；经济基础和上层建筑。认为基础是决定上层建筑的，同时它又反过来反作用于基础；认为阶级斗争是推动历史发展的直接动力；认为历史发展是有规律的，一种社会制度被另一种社会制度所代替是必然的，是不以人们的意志为转移的，必然性支配偶然性，但偶然性也为必然性开辟道路；认为历史的发展变化主要是决定于内因而不是外因。内因是变化的根据，外因是变化的条件；他们公开声明要为无产阶级利益辩护，竭力反对客观主义和超阶级观点；主张彻底的国际主义，反对资产阶级狭隘的爱国主义；认为历史不是个别帝王将相而是人民群众起了决定作用等等。正是这些特点和优点使马克思主义史学超出以往一切史学，而这些特点和优点也正是我们应该维护和坚持的历史唯物主义的一些最基本的观点。这些观点我认为迄今仍然是颠扑不破的真理，仍然在闪闪发光。中国的史学能否对世界史学作出更大的贡献，在我看来就是能否首先坚持上述的基本观点，然后再进一步发展它们，在坚持中发展，在发展中坚持。

二、善于吸收外国史学新鲜的研究成果、理论和方法，不断丰富、改善和发展我国的史学。

在对待外国史学的态度上，我们要反对两种倾向。一种是"食洋不化"。认为外国的史学什么都好，全盘照抄，囫囵吞枣，结果是新名词一大堆，弄得丈二和尚摸不到头。另一种是"见洋不食"，故步自封，结果是孤陋寡闻、陈旧不堪。

虽然，我国的传统史学在马克思主义的指导下已形成了具有我国特色的史学，有很多的优越性。但外国的史学经历了漫长的岁月也形成了具有他们自己的特色。再说自上世纪末到本世纪初西方有些史学家也接受了马克思主义历史唯物主义的影响，本世纪中叶以来，某些史学家还直接用历史唯物主义的史观来解释分析史学问题。如英国的罗杰斯、德国的格罗塞和希尔德布、意大利的安东尼奥、美国的塞利格曼等都对马克思的历史唯物主义做了不同程度的介绍，尤其是法国的年鉴学派，新史学派受马克思主义影响最深。他们吸取了马克思主义研究成果，提出了"全面研究历史"、"长时段研究历史"的著名口号，他们还重视特定社会环境中从事活动的普通人民的研究。年鉴学派的著名代表费弗尔曾说："马克思表达得那样完美的许多思想早已成为我们这一代精神宝库的共同储备的一部分了。"另一位著名代表布罗代尔也说："马克思的天才，马克思的影响经久不衰的秘密，正是他首先从历史长时段出发，创造了真正的社会模式。"英国史学家巴勒克拉夫曾公正地认为马克思曾从5个方面对西方史学产生影响：(1)它既反映又促进了历史学研究方向的转变；(2)使历史学认识到需要研究人们生活的物质条件；(3)促进了对人民群众历史作用的研究；(4)马克思的社会阶级结构和他对阶级斗争的研究对历史研究产生了广泛的影响;(5)重新唤起了对历史研究的理论前提的兴趣以及整个历史学理论的兴趣。巴勒克拉夫的意见是非常中肯的。像西方有远见卓识的资产阶级史学家尚且能做到学习马克思主义、吸收马克思历史唯物主义的研究成果而我们为什么不可以有取舍地学习和吸收他们所研究的新鲜的成果? 我认为这是完全应该的,而且对发展我国的史学只会有好处而不会有坏处。

三、跳出老框框、破除旧观念,拓宽和丰富史学研究的领域和内容。

我国的史学要改革首先要破除国内外尤其是原苏联史学留给我们的只重视政治史、事件史编写的旧观念老框框。苏联在三四十年代的史学以及我国过去一段时期的史学,由于受国际、国内环境的影响强调政治史、事件史、革命史在当时当地曾是正确的。但又绝对化了,因而这绝不是马克思主义的。马克思主义认为人类社会的矛盾运动是由两个方面构成——生产力和生产关系。在某种意义上生产力发展的历史更为重要。因此,我们不能只强调写社会关系发展的历史而忽视写生产力发展的历史,也不能只讲上层建筑而不讲经济基础,而讲上层建筑也只是片面地强调政治制度、法制典章而忽视文化艺术等等。试问离开了生产力能讲清楚生产关系? 离开了经济基础能讲清楚上层建筑? 马克思、恩格斯等经典作家总是全面地讲生产力和生产关系两个方面,经济基础和上层建筑两个方面。他们非常重视工业革命、科学技术在人类历史发展中的重要作用,马克思的这些指导性的观点却长期来被我们忽视了,相反却引起了西方史学界的重视,并被吸收了,无怪乎法国史学家勒高夫在这方面曾称马克思为"新史学的大师之一"。另一位法国著名史学家伏维尔曾对我们说:"30 年代前的法国历史学界是强调政治史、事件史,30 年代后转向社会经济史,五六十年代一些学者开始研究心态史(l'histoire de mentalité)。"我认为各国有各国的实际情况,有它的不同传统和特色,但有一点我认为是共通的、是合理的,历史学的面要拓宽,不能像过去那样面很窄,仅仅停留在政治史,事件史上。历史研究应该包括多方面的,如政治、经济、社会、文化、艺术、思想道德、科学技术、民情风俗等等,使历史具有真正历史本来的面貌:绚丽多姿、丰富多彩、生动活泼、有血有肉。

我国的史学要想登上世界史学的高峰,我认为在上述几个方面应多作一些努力,目标是一定能达到的。

意见当否,仅供参考。

(作者陈崇武,原载《史学理论研究》,1992 年第 4 期)

宋永昌：

环境学科的探路人

生态学科的守护者，

宋永昌，1933 年生，安徽嘉山(明光)人。华东师范大学植物生态学、城市生态学教授。

1953 年毕业于华东师大生物学系并留校，主要从事植物学、生态学教学及研究工作。1980 年在西德哥廷根大学系统与地植物学研究所进修两年。曾任中国生态学会副理事长、中国植物学会第二届植物生态地植物学专业委员会副主任、中国生态学会第一届城市生态专业委员会副主任、上海市生态学会第二、三届理事长、国际植被学会咨询委员会委员、上海市建设委员会科学技术委员会委员、园林绿化委员会副主任。获"上海市劳动模范"称号。

论著有《浙江天童国家森林公园的植被和区系》、《中国东部常绿阔叶林生态系统退化机制与生态恢复》、《中国常绿阔叶林——分类、生态、保育》、《植被生态学》、《城市生态学》、《淀山湖富营养化及其防治研究》、《长兴岛复合生态系统研究》等专著 8 部；以及《浙江省常绿阔叶林的基本特征》、《中国植被的空间排布》(德文)、《日本中部和中国东部常绿阔叶林的比较》(英文)、《中国东部常绿阔叶林历史变迁》、《台湾常绿阔叶林主要类型及其与大陆常绿阔叶林比较》、《台湾植被分类方案》(英文)、《中国城市生态研究》(英文)等论文 120 余篇。曾获上海市科技进步三等奖 2 项，上海高校优秀教材二等奖，以及上海市教学成果二等奖等奖项。

师长引导，时势促成

主持人：宋教授您好，很高兴有机会能与您面对面交谈，首先请谈谈您的求学经历。

宋永昌：我的大学是在同济大学开始的。1950年，我考入同济大学理学院，学院里有动物学系和植物学系，我是在植物学系，两个系加在一起共有20多人，并班上课。我们这些人进同济大学大都是想学医的，当时医生是许多人羡慕的职业，我也是考医学系的，可能是分数不达标，被调剂到植物学系。原本想，一年之后，再转医学专业。但上了一年的课以后，大多数人不想转学医了。当时植物学系的系主任是郑勉教授，动物学系的系主任是张作人教授，他们亲自为我们一年级学生讲授普通植物学和普通动物学。这些课程对我们专业思想影响很大，可以说影响了我们一生。通过他们的课程认识到学医是为了治病，但是要根治疾病，还得从生物学方面去找原因。比如为什么会发疟疾？病因是疟原虫。把疟原虫生活史弄清楚，切断它的生活史，治疟疾不是更有效吗？这是动物学告诉我们的。植物学课让我们知道治疟疾的喹啉是从植物中提取的，青霉素也来自植物，植物也有感觉，还能吃动物。生物学上许多发现、发明的故事，引起了我们极大兴趣。一年下来，我们对这个专业都很有感情，最后转学医的只有一人。

1951年院系调整，同济大学植物学系、动物学系并入华东师大，我们就成了师大生物学系第一批学生。10月间来到华东师大，当时学校还是一个没有校牌的筹

1954年，宋永昌（前排右一）在黄山野外实习

备处，10月16日开成立大会，开学第一堂课是土改，生物系和体育系师生被安排到安徽涡阳参加土改运动。通过三个月的土改这堂课，我们一些专业思想不稳固的、不想做教师的人有了改变。回校后很快就是二年级的下学期了，听说社会上急需用人，要我们提前毕业，把两年半的课程压缩到一年半内完成，所以我们学制虽是4年，却是1953年毕业的。这一年半的课程安排很紧，日子过得非常紧张，早上6点起床，集体上早操，吃早饭，8点开始4节课连着上，下午不是有课，就有实验。晚上是自修课，到9点半熄灯，每天都排得满满的，毫不夸张地说，连上厕所的时间都得安排得当，周末也不休息，时间还不够用，就只能在路灯下看书了。我们那一届留校的人挺多，我也被留校担任助教。刚一报到立即派我作为生物系教师，随同物理系蔡宾牟教授、化学系张挺芳老师去福建莆田招生，当时我20岁生日还没过呢。

主持人：您当时担任哪位先生的助教？

宋永昌：我同时担任郑勉先生植物分类学助教和陆时万先生普通植物学助教。当助教的第一年非常紧张，因为要到教室里辅导答疑，同学们问题多种多样，促使你非得加紧不断学习，这一年的收获是很多的。由于和老师们接触多了，对老师们做学问的态度和方法有了更深的认识，对每位老师的特长也有了进一步了解，老师之间也会互相介绍各自专长，不仅是校内的，还有校外的，这种互相尊重的气氛很好，也为我们树立了学习榜样。那时师生关系也很融洽，我们经常会去老师家里聊天,不仅学习了业务,也学习了老师的待人接物。在郑勉先生教导下我埋头于植物分类学,同时管理植物标本,一直是郑勉先生本科生和研究生植物分类课的助教,后来植物地理进修班的植物分类学实验也是我带的。

坚守生态学科,恪尽传承责任

主持人:您后来是如何走上生态学研究之路的?

宋永昌:1954 年冬,学校派我去中国科学院植物研究所举办的"植物生态学与地植物学学习班"学习,主办人是著名植物生态学家侯学煜。进修期间,我参加了由他亲自指导的北京西山植被调查和制图,以及后来由王献溥同志领队的广西南宁地区植被调查。1956 年,广西野外调查结束后回到北京,不久学校就去信叫我回校参加由苏联专家莎芭琳娜主持的"植物地理进修班",并担任教学秘书,陈彦卓教授是进修班的班主任。这期间,我随同进修班进行了庐山、广东中山县、鼎湖山和滑水山等地的植物群落学野外实习,参加了陈彦卓教授主持的洞庭东西山植被调查。进修班结业后,生物系植物教室内成立了植物生态学与植物地理学课小组,我也就成为这个组的一员。

主持人:能否谈谈我校生态学科的发展情况?

宋永昌:华东师大是全国最早开展生态学研究的高校之一,奠基者是钱国桢和陈彦卓两位教授。钱先生主持动物生态学,陈先生主持植物生态学。钱先生曾在前苏联进修生态学,专攻鸟类生态,1981 年由他主编的国内第一部《动物生态学》问世,同时,还主持翻译了 Odum 的《生态学基础》,这两部书成为当时国内生态学主要教科书,对推动我国生态学教学和科研作出了贡献。

陈彦卓教授原先在圣约翰大学生物学系任教,是国内最早开展孢粉研究的学者之一。他专长于植物形态学和分类学,1956 年苏联专家莎芭琳娜来了以后,他的研究重点转到植物生态学方向。"植物地理学进修班"结业后,陈先生组建了"植物生态学与植物地理学学科小组",成员有张绅、冯志坚、史家樑和我。在他的带领下,1957 年到 1964 年间,先后进行了安徽九华山、武夷山脉崇安、邵武和建阳山区、江西庐山、浙西龙塘山、浙南昴山、云南思茅等地的植被和资源植物调查,这些调查和研究为我校植物生态学科的发展奠定了坚实基础。

可惜的是,钱国桢和陈彦卓两位先生都去世得太早。特别是陈彦卓先生,上世

1983年，宋永昌教授在遂昌野外调查

纪 60 年代后期我们还在嘉定马陆公社教改时，传来他在市内完成翻译任务后，在回家的公共汽车上突发脑溢血去世。两位先生为华东师大生态学的建设呕心沥血，打下了坚实基础。他们的早逝，发展生态学科的重担落在了我们年轻人身上。

"文革"以后，学校在生态学科中选派多人分别到美国、德国、法国、瑞典学习，我以访问学者身份去了德国。生态学在发展过程中，形成很多学派，各有特长。我们这批人到了这些国家，直接向他们学习，使得华东师大在生态学方面可以和国际上各主要学派直接交流，这在国内大学并不多见。这也促成了当时华东师大的生态学学科在全国处于前列，是第一个被批准开设博士点的大学。华东师大生态学的发展固然是时势的需要，但也要有学校领导的远大眼光和魄力。在领导支持下大家努力，1996 年华东师大生态学首先被确定为上海市教委重点学科；相继又被确定为上海市重点学科；在我退休前夕又被批准为国家重点学科。

主持人：您在德国哥廷根大学访学的这段经历，对您后来的学术研究有什么影响和促进？

宋永昌：我刚到哥廷根大学的第二天，就通知我去参加"第 24 届国际植被学会学术讨论会"。那时大会已经开始，研究所特意留下一位讲师等着我，开车一起去。会议期间国际植被学会秘书长 Dierschke 教授陪我拜访了德国、也是国际权威、法瑞学派的领袖 Tüxen 教授，他虽卧病在床，当得知有中国人参加会议时很高兴，坚持抱病接见了我。上世纪 50 年代，我们在学习植物生态与地植物学时，接受苏联学者的观点,对法瑞学派持批判态度,认为是拟人主义,把社会学科的许多名词搬到自然科学上来。到了德国,通过课堂教学,以及北德、南德、瑞士等地的野外实习,特别是参与了 Dierschke 教授主持的哥廷根市郊"135 号石灰岩山地生态系统定位研究"项目中的植被调查和资料整理,使我对法瑞学派理论和实践有了一个较全面系统的认识。他们在植被分类上强调特征种是很有道理的,建立的一套野外资料汇总的方法也是行之有效的。回来后我在植被研究中注意吸收法瑞学派的优点,同时也不放弃英美学派长处,取长补短,兼收并蓄,形成符合我们实际的理论和方法。

另一方面,我在哥廷根大学进修的导师是 Ellenberg 教授,在跟他学习植被生态学的同时,听他讲授城市生态学,在他的指导下调查了哥廷根城市污染指示生物,通过他的介绍,认识了研究指示生物的吉森大学 Steubing 教授,后来又出席了在柏林召开的城市生态学学术讨论会,为回国后开展城市生态学教学和研究做了前期准备。我们这里是国内最早开展城市生态学教学和研究的大学。

迎着困难上,创建环科系

主持人:您是华东师大环境科学系的第一任系主任,为创建环科系作了很大贡献,请谈谈环科系成立的背景和发展情况?

宋永昌:上世纪 70 年代,环境保护和污染治理开始引起人们的关注,当时刘佛年校长和袁运开校长都很重视环境科学研究,在他们支持下,经上海市科委批准,华东师大于 1978 年成立了环境科学研究所,这是上海第一所在高校中成立的环境科学研究所,研究人员是跨生物、地理和化学三系的兼职教师,第一任所长由生物系堵南山教授担任,副所长是化学系方禹之先生。1982 年春,我从德国回来,当时环科所正启动淀山湖研究项目,任务繁重,学校为了加强力量,于年底同时任命地理系的郑家祥和我担任副所长。1985 年淀山湖课题通过鉴定,评定为国内先进水平。

1986 年学校遵循教育部指示,决定在环科所基础上组建环境科学系并要求当年招生。我被任命为系主任,地理系王云和化学系韩玉莲两位先生为副系主任,我们同时兼环境科学研究所所长和副所长,实行系所合一,独立建制,人员采取自愿方法,有来自生物、地理和化学三系的教师。环境科学系刚成立的时候,条件非常

1992年，宋永昌教授（右）在天童考察

艰苦，既缺少设备，也缺少经费，环科系在文附楼只有一间教室，一间办公室和一间教师工作室，做实验就借用兄弟系的实验室，教师们科研是在简易的平房里进行的。环科系的师生们凭着创业热情，迎着困难上，齐心协力，艰苦奋斗，不等、不靠、不要，在做好教学的同时，四处争取课题，接受任务。

主持人：在这样艰苦的条件下，你们当时是如何申请科研项目的？

宋永昌：因为有了之前做淀山湖课题的基础，建立了信誉，后来又在环保局、环卫局、园林局以及工厂企业等单位的支持下，紧密联系上海市面临的生态环境问题，相继承担了淀山湖富营养化防治研究、长兴岛复合生态系统研究、上海市土壤环境背景值调查、上海市废弃物处置场复垦、上海市大气污染、城市生活污水处理等一系列科研项目。此外，又和国外一些大学研究所建立联系，开展合作研究，从他们那里也得到了一些大型仪器设备的支持。这样下来，不仅能缓解设备短缺和经费的不足，还锻炼了队伍，提高了教学和科研水平，校内加强了学科间的联合，校外加强了与市内外、国内外相关业务部门和研究机构的联系。

虽然这段时期相当艰苦，但是学生们比较谅解，老师们也非常团结，团队气氛比较好，我觉得这个精神对我们环科系的发展非常重要。后来，一些科研项目成果获得了多项国家级、省部级奖项，这些奖项为我们赢得了良好的学术声誉，也奠定了华东师大环境科学专业在国内的地位。在上海，华东师大环境科学研究起步较早，环境科学系也有特色，它以生态学研究见长，这点在上海是有共识的。

丽娃记忆：华东师大口述实录

1999年，宋永昌教授（左二）在台湾兰屿进行植被调查

主持人：您承担过很多科研项目和课题，为上海水源保护，长兴岛生态环境保护等作出贡献。面对如今比较严峻的生态环境问题，您对环境保护有什么建议和看法？

宋永昌：现在看来，在环境保护方面，最可怕的不是无知而是无为。不懂、不知道，可以通过宣教，让他知道、明白；而无为，是明明知道，就是不管、不作为，这是最可怕，也最难办的。比如，大家知道，PM2.5污染在很大程度上与大量汽车排放有关，但是我们现在到处都在造汽车，在城市里争着买汽车，难道我们发展经济、方便工作生活，真的需要那么多汽车吗？再如，化肥、农药、各种添加剂造成的环境污染和食品安全问题，是人所共知的，为什么还会越来越严重呢？诸如此类等等的问题，明知道有污染，但是为了赚钱，或是为了其他个人目的，还是拼命去做。所以你问我对环境保护有什么意见？我想说，要保护环境，首先要保护思想，保护人性。环境问题既是科学问题，也是人文的问题，所以现在提出生态文明建设非常重要。

主持人：您对"生态"一词如何理解？

宋永昌：谈及"生态"，也许有人就想到"多点绿化，少点污染"，"多点原始，少点人工"，追求所谓的"原生态"等等。"生态"从字面上讲，是生物的生活状态，也就是生物和环境的关系，推而广之是天、地、人的关系。如果我们在"原生态"地点，大搞旅游，那就不"生态"了。生态是一个系统，其中存在多种多样相互关系，牵一发而动全身。城市也是一个生态系统，不管做什么事，都要考虑到对整个城市系统的影响。就拿城市绿化来说,也不是树栽得越多越好,花种得越多越好,还要看你栽什么树,种什么花,怎么样栽种法。目前一些城市绿化指标达到后,转向以美化环境为主,无可非议,但是如果不计一切地,过量引种外来树木花草,就值得考虑,因为它带来的后果并不是完全能够掌控的。因此我认为城市绿化,尤其在郊区,还是应以营造"近自然林"为主,这是符合生态规律的。这样,不但可以减少营造和管护成本,取得最大的生态效应,而且能为人们提供真正亲近自然、学习自然的机会,实现"人与自然的和谐与共生"。

走在师大校园内,怀念当年建设人

主持人:在华东师大工作期间,还有什么人或事让您印象深刻?

宋永昌:华东师大校园的一草一木,一砖一瓦我们都很有感情。我刚来华东师大的时候,校门口是两根石头柱子,上面挂着"华东师范大学筹备处"校牌。走进校门是一条狭窄的碎石路,树也没有,路旁是群贤堂(现在的文史楼),学生上课的地方,图书馆也在里面;群贤堂西边,靠近小河边是新力斋,听说以前也是大楼,抗日战中被毁,当时已经是平房了,后来教育系、历史系的办公室,以及合作社小卖部等都在那里。大礼堂兼作食堂,人多地方不够,临时搭了个草棚,后来建了一个食堂,是现在的校史陈列馆。学校的行政部门分散在各处,现在的办公楼是后来盖的,它东西两座小楼当时是生物系的实验室。男生们宿舍叫群策斋,可惜原址已成为现在的伸大厦了,那时一个房间里住十二个人,只是睡觉时才聚在一起,宿舍里很热闹也很融洽,女生们都住在丽娃舍。丽娃河西边是农田和空地,桥是不通的,桥以西的房屋都在 1953 年底和 1954 年陆续修建的,这一时期校园进行了大规模建设,从校门到大桥修建了一条主干道,两旁种了悬铃木,整个校园开始绿化起来了,丽娃河经过整修,与苏州河连通,可以游泳和划船。当时有人批评孙陶林校长说他大手大脚,花钱太多,路修得太宽,现在看来这条路修得多么好,孙校长太有远见了!如今华东师大校园,绿树成荫,错落有致,四季花果,草坪常青,桥水相依,亭台相伴,多么美丽的校园!据说 20 世纪 70 年代,有个法国代表团来到华东师大,赞叹上海有这么美丽的花园学校!华东师大校园绿化建设不仅在上海,而且全国都很有名,这就不能不想起当年总务处的董景星老师和园林科的孙谷兰老师,他们潜心规划设计,亲自参加施工,至今孙谷兰老师带着草帽走动在校园里的情景,还留在我的脑海里。

2012年，宋永昌教授（后排左二）八十寿辰与学生于天童聚会留影

主持人：无论在学术还是为人上，您都深受师生们的敬重，能跟我们分享一下您在教学和培养学生方面的心得体会吗？

宋永昌：怎样做老师，我是向我的老师学习的。我认为重要的是以身作则，首先要求自己诚诚恳恳地待人，认认真真地做事，这点我觉得是很重要的。所以我也要求学生做事认真，做得不好，也会批评，那是严格的，毫不客气的，但是我会平等地对待他们，诚恳地建议改进。所以有的学生会说宋老师曾"训"过我，但没有人说宋老师伤害过我，学生们都认为我是一个实实在在的人。另外就是提倡学术民主，学生和我常常争论，他们对的，我也会接受，问题只能是越争越明。再有就是鼓励创新，我不要求学生完全照我的课题去做研究，而是希望他们在已有的基础上，自己创新，这个学科范围太广，发展也很快，一定要找一个新方面深入研究下去，才能有所突破。

主持人：最后，请您对华东师大未来的发展提出期望和建议。

宋永昌：师大快迎来 65 岁的生日了，我是看着师大从光秃秃的校园变成美丽的花园学府，从只有千把学生到数万学生的大学，从只有教育和文理科的师范大学到现在教育和文理工兼备的多学科的综合性大学。65 年来成绩辉煌，但也非一帆风顺，从专业来说，开办之初，有体育系也有音乐系，其中拥有全国知名的学者教授，文理科中也不乏与目前一流大学中一流学科不分伯仲的学科，由于诸多原因，一些学科停办了，一些学科竞争力下降了。从校园建设来说，中北校区范围很大，

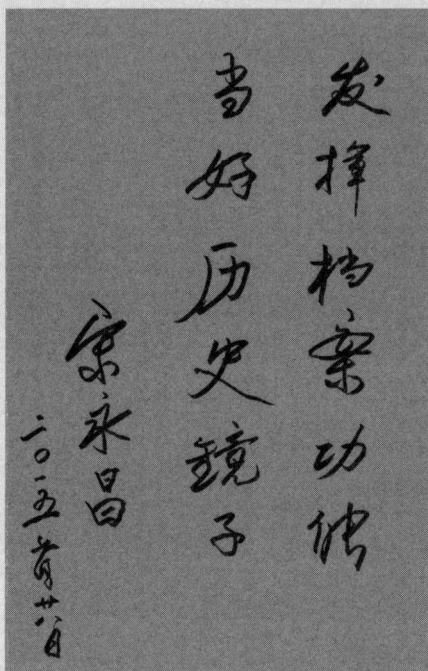

发挥档案功能
当好历史镜子

宋永昌
二〇一五首夏

宋永昌题词

学校和长风公园之间的一片土地就是当初生物系的生物园；南边临近苏州河的那块土地，也有师大的份，这其间变动固然有不可抗拒的因素，但也并非都是通过努力不能改变的。65 年的经验和教训非常宝贵，希望加以总结利用，制定好一个有远见的发展规划，遵循大学办学规律，发扬华东师大优势，坚持华东师大特色，让华东师大再上一个新台阶，迎接 70 周年校庆！

链接：

宁静致远，淡泊明志(节选)

——记宋永昌教授

循循善诱，以身作则

"勤读，多问，善思，力行。"这八个字言简意赅，也是宋教授自己学习、科研时一直牢记于心的座右铭。"团结互助，推己及人"，则是他为人的基本准则。

他常常这样教导学生："要想真正学好生态学，就一定得亲自在山里面呆着，老老实实做学问才能学到真东西"，"基础要宽，但术业更要有专攻"。谈及此，他总是感叹自己涉猎过广，不够集中，不够精深，因而将更多的期望放在自己的学生身上。

他说："在过去，老师和学生往往是一种'父子'关系，因为中国自古以来讲究'天地君亲师'、'一日为师，终身为父'，老师教导学生必须尽心尽力。但到了现在，师生关系更像是朋友一般，两者处在一个平等的地位上，互相尊重，互相学习。但我想，老师无论是在传道解惑还是在为人上，都应当循循善诱、以身作则，成为学生的榜样。"

在同事和学生们看来，宋老不仅是这样说，他自己也是这样做的。

"宋老做事总是一丝不苟，非常细心。比如他编写的教材《植被生态学》，连错别字都很少见。以至于我们都戏称，出版社的编辑要是拿到宋老师的书，肯定是最轻松的，因为基本上不用再做什么改动了。要是每个人都跟宋老师一样认真，恐怕出版社的编辑都要失业了！"

"每次宋老师带领我们做项目、做课题，都会亲自主持召开课题总结会，他对所有子项目都逐项审核，一项也不会落下。对于培养学生，要求是很严的，对学生的学习非常关心，而且思考事情细致入微。"

"宋教授有几大特点：治学严谨，淡泊名利；专心做学问，不喜当官；生活很有规律，也很简朴。"

无论是在学术上还是为人上，宋教授都深受师生们的敬重。"桃李不言，下自成蹊"，他留校任教五十多个春秋，为生态学界培养了许多人才，并且大多已成为各自岗位的骨干。2003 年,为了庆祝宋永昌教授从教 50 周年,华东师范大学环境科学系还特地召开了"植被科学与生态城市建设研讨会",足见其影响力与感召力之深广。

为了获得科研所需资料,宋教授常常需要进山考察。80 年代中后期,有一次他去普陀山考察一株濒危植物,不料下山时车辆突然刹车失灵,遭遇了车祸,整个车都翻下了山崖,令大家都没有想到的是,如此严重的车祸,全车人竟然都奇迹般地死里逃生,宋教授也只是受了一些轻伤。原来,汽车在跌下山崖的途中被一株大树支撑缓冲了一下,这才使乘客们幸免于难。真不知道,树木是否也有情,所以才对宋教授格外关照呢?

专注科研,与时俱进

作为国内外闻名的生态学者和林业专家,宋教授曾承担过"中国东部常绿阔叶林资源现状"、"淀山湖富营养化及其防治"、"长兴岛生态环境保护和资源合理开发"、"城市森林建设规划"等多项研究,积累了极为丰富的实践经验,因而,他经常受邀参与到许多城市的生态建设活动中,为城市的生态化发展献计献策。在亚欧城市林业国际研讨会、国际生态城市建设论坛暨 SCOPE 科学顾问年会和中国城市森林论坛等大型会议上,宋教授的发言往往独具见地,引人深思。

近年来,各国政府在城市发展上,都把发展城市森林作为展示城市新形象和增强城市生态魅力、改善城市人民生活环境、提高人们生活质量、提升城市竞争力的重要手段。美国国会早在 1972 年就通过了《城市森林法》,我国也在《中国可持续发展林业战略研究》中,明确把城市的生态林业发展战略,作为今后 50 年中国林业发展的十二大战略性问题之一。

"多点绿化,少点污染",这恐怕是大多数人对于"生态"一词的理解。但在宋教授看来:生态是一个系统工程,绝不能简单概念化,"蓝图易画不易改"。尤其是在人口密集、产业集中、资源匮乏的大城市中,环境和资源对城市发展的影响越来越大。为提高整个城市生态系统的质量,实现可持续发展的战略目标,提升城市形象,全国大部分城市正在大力发展城市绿化和开展城市森林建设。

对此,宋教授进行了深入的研究,并提出城市森林的方向应该是"近自然森林"的新理念。也就是说,从植被生态学的视角出发,在进一步加快城区以美化环境为主的园林绿化建设的同时,还应该针对广大郊县区,通过人工营造与植被自然生长的完美结合,建造城市"近自然森林"。这样,不但可以减少营造以及后期养护管理成本,取得单位面积最大的生态效应。而且森林城市本身还可以改善城市气候,净化空气,维持人们良好的生活环境,同时提供生态学等科研和青少年环境教育基地以及市民观赏游憩的场所,并能够通过"近自然森林"来提高地区的物种、群落、生态系统以及景观的多样性,实现"人与自然的和谐与共生"。宋老的这些创新理念,无疑为城市绿化提供了一条崭新的思路。

除了担任华东师范大学环境科学研究所所长和华东师范大学环境科学系主任,宋永昌教授还同时兼任上海市生态学会理事长、国际植被学会咨询委员会委员、上海市建设委员会科学技术委员会委员、园林绿化委员会副主任等职,自1991年以来连任三届中国生态学会副理事长。现任多个著名学术刊物的编委和上海市生态学会名誉理事长。因为他出色的表现,还曾被评为上海市劳动模范,并获得了"2005绿色中国年度人物"提名和"学科建设突出贡献奖"等,还是我校首批62位终身教授之一。

面对这些荣誉,宋永昌教授只是摇头,谦虚地说自己做得还不够好。在首批终身教授受聘仪式上,宋教授作为代表在发言中说:"我是建校后学校自己培养的第一届学生,生活在这个时代非常幸福。人老了,但有老黄牛的精神,要为中国的教育事业、华东师大的发展贡献自己的力量。"

(作者熊孜,原载《师·范——华东师范大学教授风采》,俞立中主编,华东师范大学出版社,2006年11月第1版)

经
济
学
者
中
国
化
的
马
克
思
主
义
陈
伯
庚
：

陈伯庚，1933年10月生，江苏常州人，华东师范大学经济学教授。

1955年毕业于华东师大政治教育系。曾任华东师大经济系主任，兼任上海市经济学会理事、社会主义市场经济研究专业委员会主任等职务。从事马克思主义政治经济学理论、中国特色社会主义政治经济学理论和房地产经济研究60余年，业余爱好文学与诗词。

主编专著有：《中国工农业协调发展研究》、《住房制度改革理论与实践》、《中国特色就业理论与实践》、《房地产经济学》、《中国特色社会主义经济理论教程》、《中国特色社会主义政治经济学》等11部。副主编专著教材有：《政治经济学（社会主义部分）》（南方本）、《政治经济学（高师本）》、《社会主义政治经济学新编》、《上海房地产业发展史记》等7部。发表论文350余篇，结集出版《经济理论与房地产研究》、《宏观调控与住房价格和社会保障研究》两部论文集，共158篇，110万字。年逾八旬出版首部抗战背景小说《铁蹄下的花朵》。

我艰难的求学经历

主持人：陈教授您好！作为一名经济学教授，近日您出版了自己的第一部小说《铁蹄下的花朵》，圆了半个多世纪以来的文学梦。对于您这样一位敏而好学的专家，我们很想了解您青年时代的求学经历。

陈伯庚：我是农民的儿子，我的祖辈世世代代种田，我的父亲是种地能手，我母亲是织布能手，我们家是典型的男耕女织社会家庭。因父母亲能干，生活温饱没有问题。

青少年时期我的求学路相当曲折。我们家是大家庭，上下共 13 口人，种地的收入仅够糊口。读书的钱主要靠母亲织布的微薄收入，小学阶段因为学费低还能应付过去。刚开始我读的是乡村小学，教学质量不高，要想考好中学，只有去常州城里读小学。那时候我个子矮小，老师说我种地不行，但读书聪明，便说服了父亲送我到常州念书。六年级的下半年，也就是 1947 年 2 月，在老师的帮助下，我和家乡其他 10 多名学生转到常州的小学读书。当时我父亲对我说，如果我能够考取公立中学就让我继续读书，因为公立中学的学费比私立中学要便宜一半，读私立中学我们家是负担不起的。看到这条跳出农门的出路后，我拼命努力学习，顺利考入武进县立中学。初中的学费大概是每学年五担米，刚开始我母亲织布一年可以赚五六担米，正好供我读书。可是读到初二的时候，正值解放初期，经济不稳定，母亲的织布受时局影响，收入锐减，我经常交不出伙食费和学

1956年，陈伯庚摄于丽娃河畔

杂费。停学一个多月，后来父亲被迫卖掉半亩地，再加上我申请了学校助学金，才勉强读到初中毕业。

因经济困难，初中一毕业我就回家种地。到了七月下旬，我的两名初中同学特意从常州跑到我家，他们说打听到无锡师范读书不要钱，邀我一起去报考，我高兴得不得了，当即表示同意，吃完晚饭，拿起两本教材连夜乘车赶去无锡。第二天天一亮就去无锡师范报名，第三天参加招生考试。八月份收到录取通知，我们三个人都被录取了。直到现在，每每回忆起这段经历，我都非常感动，假如那两名同学没有来通知我，我可能一辈子种地当农民了。因为这次转机，我免费读了三年高中，毕业后保送到华东师大。

"连做梦都没有想到会被保送到华东师大读书"

主持人：能谈谈您当时保送到华东师大读书的具体情况吗？

陈伯庚：无锡师范是中师学校，一般来讲中师毕业都去当小学老师，但我毕业那年正巧碰上1953年大学扩招，因生源不够，大学便从中等师范学校招优秀学生，这批学生不用参加高考，直接保送入学。当时我们学校毕业生有108人，54人升大学，其中包括我在内的25人进入华东师大。刚进入华东师大的时候，学校搞了一个分科考试。我喜欢文科，所以我第一志愿报中文系，第二志愿教育系，第三志

1961年2月16日，陈伯庚与夫人的结婚照

愿政教系。考试结果出来以后，我中文专业考了 85 分，教育专业考 75 分，政治专业考 72 分，我以为我肯定分到中文系了。结果教务处罗友松科长找我谈话，他说："我们看你档案知道你是团委干部，而且很早就积极要求入党，现在政治教师缺乏，动员你当政治教师，你是否愿意？"我说："我是解放以后靠人民政府支持免费读了高中，后来又保送到大学，这是我做梦都想不到的。现在既然组织需要，我就服从组织安排。"这样我就读了政教专业。

大学毕业时，我原本打算支援大西北，后来中央组织部要求那届毕业生中有一部分党员留下来搞政治工作，我便被分到中文当党总支委员，负责教师政治工作。半年以后，这项工作就完成得差不多了。1956 年 1 月，原总支书记张波调去读研究生，当时的党委书记兼副校长常溪萍找我谈话，意思是让我担任中文系党总支书记。1955 年我才 22 岁，党龄 2 年，且中文系名教授很多，我担心自己胜任不了，便去征询政教系主任冯契教授的意见。冯契先生认为我的学习成绩很好，搞政治工作可惜了，便向常校长提出，要我回政教系搞教学。1956 年 2 月，我回到政教系，先在政教系政治经济学教研室当了一年党支部书记，此后就专门搞教学研究了。刚开始冯契先生让我跟他研究逻辑学，但我更喜欢政治经济学。上学的时候我听过历史系著名近代史教授夏东元先生的政治经济学课，他将这门课讲得深入浅出，非常吸引人，从那时起我就对政治经济学非常感兴趣，情有独钟政治经济学。

情系马克思主义政治经济学

主持人：在您的自我介绍中，自称是"一个中国化的马克思主义经济学者"，请谈谈您对此的理解。

陈伯庚：我搞了一辈子社会主义政治经济学。从学生时代至今，已与政治经济学结缘62年。从1958年上第一堂课到2007年最后一堂课，整整教了50年政治经济学！直到现在我还在继续研究，我要研究到生命的最后一天。

钟情政治经济学的原因主要有两个。一是因为夏东元老师的政治经济学课上得非常生动、深刻，这是我最初的启蒙。另一方面我感到政治经济学跟我们国家的经济建设关系密切，可以为现实服务，所以学起这门课程非常有劲。我的经济学基础很差，常常向夏东元老师请教，他告诉我学政治经济学一定要读马克思的《资本论》，学好《资本论》才是看家本领。

当时我们系里指定经济学家陈彪如先生当我的指导老师，我写好《资本论》读书笔记一个礼拜给他批改一次，他交代我读书笔记不要光抄录，更要理解，写自己的体会。在我一生当中，陈彪如先生是对我帮助最大的指导老师。另外陈老师非常重视指导我搞科研，我也悉心向老师学研究方法。1956年开始，我在资料室里学习，看杂志、剪报、资料，当时理论界在讨论定息是不是剩余价值问题，我在收集资料研究过程中形成了自己的观点，写了一篇《关于定息是不是剩余价值问题的一点意见》一万多字的文章，这篇文章陈老师看了之后说写得很好，让我再联系实际修改一下。1957年11月华东师大学报刊登了这篇文章，当时政教系青年教师当中没有人发表过论文，我这是第一篇。此后我科研的兴趣越来越浓，并注重理论联系实际搞科研。1958年我第一次上讲台给学生上课。

讲到政治经济学中国化问题，我既是马克思主义政治经济学中国化的实践者，也是亲历者，可以说我经历了中国特色社会主义政治经济学中国化的全过程。从1959年起至今，我参与编写和主编了政治经济学（社会主义部分）教材，共五本。我信仰马克思主义的一个重要原因是马克思主义站在工人阶级和劳动人民的立场。我出身于农民家庭，坚决拥护马克思主义立场。对待马克思主义中国化的态度，我有一个基本观点：我们主要学习的是马克思主义的立场观点与方法，并不是说马克思的每一句话都要照办。从政治经济学角度来讲，马克思主义的观点是科

陈伯庚教授在办公室

学的劳动价值理论,科学的剩余价值理论,这是马克思经济学说的精髓,是科学的真理。还有马克思的研究方法是唯物辩证法和历史唯物主义,看问题要两分法,要有辩证的观点、历史唯物主义的观点、认识论的观点,这是科学的方法。马克思主义中国化是指从中国的国情和实际出发,它要同中国深厚的文化底蕴相结合。马克思主义不仅要中国化,还要时代化、大众化、现代化。

我最早提出住房价格多维性理论原创性观点

主持人:1995 年开始,您将自己的研究方向转向房地产经济方面,请您谈谈当时的情况。

陈伯庚:我研究理论经济学很多年,也对理论经济学保持着浓厚的兴趣,但是我认为理论经济学和应用经济学应该结合起来研究。单纯研究理论经济学容易空洞,产生理论脱离实际。单纯研究应用经济学,没有理论指导,也不深入。"四人帮"垮台以后,我先开始研究农业经济,因为我是农民出身,对农村经济很熟悉,参加过国家农委 1980 年在嘉定县的农产品价格调查。后来我也研究劳动经济学、价格学。读大学开始,我受冯契老师的影响,喜爱社会调查。他曾带我们下工厂做过两次调查,第一次我跟随冯契老师做调查,第二次我当组长,自己去调查。社会调查可以掌握第一手资料,人家没有而你有,经过思考分析,你可以将调查得来的实

1997年5月，全国高校房地产专业系列教材编委会成立留影，前排左三为陈伯庚

际资料上升到理论，这就是原创性。通过社会调查，我写出了不少具有较高质量的科研成果。

房地产经济学也是一门应用经济学。1991年，我担任经济系系主任期间，办了两期房地产经济大专班，开始关注房地产经济。1993年，在我卸任系主任之前，开始筹备商学院。当时跟房地局合作在商学院下面开设了一个房地产系，该系当时没有正教授，我就过去了。一开始还是讲我的老本行——《社会主义市场经济研究》理论课。后来我发现一个问题：在房地产系讲课不讲房地产怎么能行呢？于是我就自己找房地产资料看，看了之后发现房地产这一块还是有很大研究空间的。一方面中国的房地产是个新兴产业，新兴产业的发展前景很好；另一方面房地产经济缺乏理论基础，没有教材，这个理论研究很重要，这是个很好的机会；第三，在外国，房地产是支柱产业，中国那么多人要解决住房问题，将来也可能上升到支柱产业，这个潜力很大。这三点理由促使我开始深入研究房地产。1995年1月我写了一篇文章——《中国房地产业的发展前景》，刊登在当时的上海房地产报上，这篇文章的影响很大，很多读者认为我描绘出了中国房地产业未来发展的蓝图。

随后我开始大张旗鼓研究房地产经济。在教学方面，我在政治经济学硕士研究生点，社会主义经济理论研究下面设了房地产经济方向，带了三届8个房地产专业的研究生。为适应教学对教材的迫切需要，促使我协助院系领导又开始组织力量编写两套房地产经济学的系列教材，包括《房地产经济学》、《房地产价格评估》、

《物业管理》、《房地产金融》、《房地产法学》、《房地产经营管理》、《房地产综合开发》等,每套八部,共十六部,由高教出版社出版,弥补了国内空白。

如果要说我对房地产经济学贡献的话,可以总结为以下三点。第一,组织编写房地产经济学系列教材,为房地产经济学科勾画了整体框架,我也合作编了一部《房地产经济学》。第二,我提出了一个房地产价格的多维性理论,我认为住房价格的多维性特征对房价的影响很大,现在我们一线城市的房价还在涨,三线城市供过于求,房价在跌,房价的区域性特别强。第三,我写了一本《住房制度改革理论与实践》专著,提出住房商品化、市场化、货币化、工资化,是住房制度改革的方向和目标。

主持人:现在一线城市房价居高不下,对此您是怎么看的?

陈伯庚:房价我还是非常关心的,但是房价的问题确实很复杂。现在房价的分异性特别严重,一线城市房价还在上涨,三线城市房价却在下跌,二线城市房价原来在跌,现在中央采取措施以后,房价也在上升。我对以后房价有几点看法:(一)北上广深等一线城市的房价泡沫比较严重,这是受土地价格虚高影响造成的。对于投资性买房,国家现在的政策是限购、限贷、限价,但长时间下去是个问题。我的观点很明确,要开征房产税。(二)房地产经济有几大问题要解决,尤其是房地产在经济发展中的作用问题。(三)加强房地产方面的调控,最重要的一条就是要搞好住房保障。最近我提出一个观点:住房保障重点要转向廉租住房政策,不是要过多地去搞经济适用房。我们对居民的保障是住有所居,不是保障他一定有房屋的所有权。在保障住房方面主要有两大问题要解决:一是未婚青年的住房问题,我建议工作单位要和过去一样给青年提供经济适用的集体宿舍;二是农民工的住房问题,这个情况更为复杂。农民工一般在农村有房子,但城市里没房子,而且他们的群体数量非常庞大,解决住房困难度很大。

马克思主义的信仰深入我的骨髓

主持人:今年您出版了自己的首部小说——《铁蹄下的花朵》,令人十分震撼。一位研究经济学的学者在八十多岁的高龄居然开始文学创作,您如何看待这些评价?

陈伯庚:我是一名经济学学者,却写了一部小说。不仅读者,我的朋友们都感

2000年，陈伯庚教授（右二）与硕士毕业生的合影

到很惊奇、很诧异。我写小说有几个原因：一是我自己对文艺小说有业余爱好，从年轻的时候就喜欢文学，平常空闲时也会写点散文和诗；第二个原因是出于对小学启蒙老师的尊重和怀念。《铁蹄下的花朵》里面三个老师的原型都是我的小学老师；第三个原因就是为了纪念抗日战争胜利70周年。《铁蹄下的花朵》是一部抗战题材的小说，表达了我的一片赤子爱国之情。

主持人：您退休后还一直从事研究工作，撰写小说，是什么样的人生观支持您这样笔耕不辍？

陈伯庚：首先，我谈谈对退休的看法。我觉得作为退休的人本身来讲，要正确定位退休在人生中的位置。退休观是人生观的重要部分，而且是人生观的延续，退休不是人生观的结束，而是要将人生观贯彻到底。我的人生观深受两个人的影响。一个是原苏联作家奥斯特洛夫斯基写的小说——《钢铁是怎样炼成的》的主人公保尔·柯察金。他讲过，人的生命是最宝贵的，生命对于我们只有一次而已。人的生命应当这样度过，当他回忆往事的时候，不致因为虚度年华而痛悔，也不致因过去碌碌无为而羞愧，在他临死的时候，他就能够这样说，我的一生都献给了世界最壮丽的事业，就是为人类的解放而奉献了生命。这是崇高的生命观。还有一个是老共产党员吴运铎，他写了一本书，名叫《把一切献给党》。我感性认识上认为自己应该像他们两个人一样，把自己的生命献给党和人民。理性认识上，我这一生的信仰是为党和人民服务，为共产主义奋斗终身。可以说，马克思主义的信仰深入我的骨

2002年8月，陈伯庚教授摄于华东师大丽娃河畔

髓，我这一生就是要为马克思主义政治经济学、为共产主义奋斗到底。我在退休的会议上讲了一句话："老当益壮精神健，多作贡献度晚年"，这是我 63 岁退休时候的座右铭。活着一天，就要为人民贡献一天，直到我最后一口气结束，否则人活着就没有意义。一个人一生应该给社会留下点痕迹，留下你的奉献，在我看来就是留下你的思想和作品。人的身体可以消亡，人的思想和精神产品却可以作为遗产保留下来。我下决心一定要给世界留下我的痕迹，留下我的作品。

我最敬仰的三位长者

主持人：华东师大工作期间，还有哪些令您印象深刻的人？

陈伯庚：在华东师大，给我印象最深刻的人有三个。

第一个是党委书记常溪萍。1953 年，我进入华东师大，接触常溪萍书记以后，就觉得他善于联系群众，十分平易近人。他能叫出华东师大所有教师的名字，甚至也可以叫出大部分学生干部的名字。他空余时间就到食堂转，到学生宿舍转，给各个部门提整改意见。我们教师都叫他焦裕禄式的好干部，他给我的印象太深刻了。他是我终身学习的榜样。

第二个就是陈彪如教授。他是美国哈佛大学经济学硕士。回国后，曾任暨南大学教授、经济系主任。1952 年他来华东师大，刚开始在政教系讲政治经济学。

文革以后,他的经济学专业才真正发挥出来。陈彪如先生研究国际金融在全国很有名。在他带领下,我们华东师大在全国第一个设置国际金融专业,并招硕博士研究生,影响很大。他对华东师大的贡献也非常大。1956年开始,陈彪如先生培养了三个青年教师,一个是我,一个是朱彤书,一个是李述仁,后来我们仨都成了经济学专家。我非常怀念他。

第三个就是冯契教授。冯契教授既是我们的系主任,又是我们的哲学老师。他给我印象最深的是教学非常严谨,他上课的东西你记下来就是一篇文章;第二就是他非常提倡理论结合实际,经常带我们学生下去做社会调查,我从他那里学到了社会调查的方法和社会调查的重要性,这影响了我的一生。我毕业以后工作,也常常亲自带学生去做调查,写出了不少调查成果。理科可以在实验室里做研究,文科只能下工厂、农村、基层,跟工农老百姓接触,跟基层干部接触搞调查,才是实践。冯契先生理论结合实际的作风给我的印象太深了。

谢谢你们三位老师代表学校采访我!

链接：

求学与学问

——老有所感

从我小时候读书起，就熟知社会上流传的"求学"之说，不但老师常讲，家长都说，而且学子们也常常挂在嘴上，记在心里，化在行动上。细细品味，"求学"的道理并不简单：其一，家境拮据，全家节省点钱供子女上学，真是不易，只有好好读书，才能对得起父母，"求学"一词带有感恩戴德、涌泉相报之意。其二，在旧社会获得读书的机会实在很难得，常面临失学的危险，"求学"一词意味着求来的学习机会，要十分珍惜。其三，进了学校读书，要靠老师传授知识，千辛万苦地教导，"求学"一词深含尊敬师长，求教于师之意。其四，读书和学习绝不是一件容易的事，只有孜孜不倦地努力，劳其筋骨，苦其心志，才能学到知识和真实的本领，"求学"一词便有了刻苦钻研、追求学识之意。其五，更广意义上说，人的一生都处于学习过程中，不但工作前要学习，工作中也要不断学习，工作到老学到老，永无止境，"求学"一词包含永不满足，学中求进的深刻含义。如今年近八十，求学的深意仍牢记不忘，生命不息，求学不止！

当今的有些年轻人已不再提起"求学"二字，反过来许多家长千方百计求子女好好学习，"求学"变成了父母求子女学，完全变了味，令人实在有些惋惜。

求学的主体是学子本身，体现求学者的自主意识和主动精神，反映到行动上便是"我要学"，具有高度的学习自觉性。反之，父母或别的什么人要你学，甚至为应付考试而学，则也就处于被动地位，懒散消极，完全丧失求学的本意和求学精神。

其实"求学"一词并没有过时，求学精神更是值得发扬，因为"求学"，特别是其中的"求"字，是很赋有哲理的。作为学子满怀着对知识的渴望，不断去求知；在学习中遇到各种各样的疑问，不断去探索求解求是；一个人总是有许多无知的东西，要经常去拜师向能者和知者求教；客观事物总是在运动中发展的，要掌握其规律性，必须认真研究，求实创造。如此说来，求学精神是永恒的，永远值得褒扬的，终生学习，便要求学终生。

"求学"与"学问"存在必然联系。人们经常讲寻求或探究学问，可见获得学问是求学的目的,而求学则是获取学问的手段。

"学问"的真谛在于知识创新。教师在课堂上讲课,如果只是复述前人创造发明的成果,只能叫传授知识,而不能称为做学问的,因为这是前人做学问创造的知识积累,教师只是拿来再传授给学生。只有讲授自己的科研成果,自己创新的知识,才称得上研究学问。所以,一个优秀的教师必须在前人成果的基础上,继续研究,成为一个不断创新发展知识的科研工作者。

古人把"学"和"问"联系在一起是颇有深意的,其着重点在"问"字。《论语·为政》中讲:"学而不思则罔,思而不学则殆。"在学习中勤于思考,在思考中不断学习,这是"学"和"问"的辩证统一。求学就是追求知识,寻求学问,学习和研究是不可分割的。在学习时要不断地提出疑问,认真求解求证研究,才能创新知识,获取新知识。

认识"学"和"问"的辩证关系,对于教育改革也是有所启示的。在教学方法上纯粹灌输式教学不可取,应提倡启发式、思考型、研究性教学。西方国家的教师鼓励学生提问,倡导独立思考,课堂生动活泼。而我国的不少教师害怕学生提问,怕答不出有损师道尊严,由此常常采用满堂灌的教学方法,不利于创新型人才的培养。其实教师也不是万能的,对学生提出的问题当堂答不出,可以讲明下次准备好再回答,实事求是反倒更会受到学生的尊敬。倡导学生积极提问,善于思考,努力培养创新型人才,是教师的首要职责,也是我国教学改革的重要任务。有人说中国当前为什么出不了像钱学森、华罗庚等那样的大科学家、大学问家,折射出教育体制机制和教学方法上存在不可忽视的问题。为此建议,在深化教育体制改革的同时,也要积极推进教学方法改革,倡导求学精神,创新知识,追求学问,努力培养大学问家和大科学家。

(作者陈伯庚,原载《华东师范大学校报》,2010 年 12 月 21 日)

彭漪涟：
跋涉在逻辑教学与
研究的征途上

彭漪涟，男，1934 年 4 月生，重庆涪陵人。华东师范大学哲学系教授。

1956 年毕业于东北师范大学。曾任华东师范大学哲学研究所副所长，哲学系主任，兼任中国逻辑学会副会长，上海市逻辑学会会长。国务院颁发的政府特殊津贴享受者。长期从事逻辑学的教学与研究工作，曾获华东师范大学优秀教学奖、上海市优秀教学成果奖、上海市教学改革与教材建设二等奖。

主要著作有《辩证逻辑述要》、《中国近代逻辑思想史论》、《逻辑规律论》、《事实论》、《逻辑范畴论》;《冯契辩证逻辑思想研究》、《化理论为方法，化理论为德性》、《心灵的自由思考》等;合著有《趣味逻辑学》(获 1979—1983 年全国通俗政治理论读物二等奖)、《有趣的数理逻辑》。主编并参加写作的著作有《形式逻辑》、《逻辑学引论》、《概念论》、《逻辑学大辞典》。参加编写的教材《普通逻辑》曾获国家教育委员会教材一等奖。发表论文 90 余篇，其中《西方科学方法论史研究的成功之作——评〈西方科学方法论史〉》一文曾获"全国图书评论征文奖"一等奖。

识尽愁滋味

主持人：彭教授您好！我们想请您先跟我们分享一下您的求学和工作的一些经历。

彭漪涟：我出生在四川涪陵农村（现属重庆辖区）的一个世代地主家庭里，父母亲都是大学生，早年参加过中共地下组织，大革命失败后，回老家隐蔽，和组织失去了联系。父亲回乡初期，曾短期在附近乡镇政府中任职，后在丰都中学等校做教师。涪陵解放后，曾在一些中学里做教师，并当选过县人民代表、政协委员。在随后开展的农村土改运动中被带回乡里，不久即在乡里被执行枪决。母亲回乡后，一直从事小学教师、校长的工作，土改中，因长期被关押在农会的"牢房"中而生病死去。其时，我正在涪陵城里的涪陵第一中学读高中，在党团组织的教育下，身处在当时那种革命激情燃烧的岁月，当父母亲的噩耗相继传来时，由于我当时并不知道父母究竟有些什么罪行，最初曾引起我思想上、感情上的剧烈震动，但我仍坚决拥护人民政府的判决，支持农会采取的革命行动。于是，因父母亲的遭遇而引起的思想上的波动逐渐稳定下来，并反复要求自己站稳革命立场，和旧家庭划清思想界线。虽然当时也隐约地感到这样的家庭出身会给自己带来不利的影响，但是，满腔的革命激情和对未来社会主义光辉前景的憧憬和向往，再加上旧家庭结束后，我仍一直担任校学生会的工作，并作为学生代表参加过县里举行的一些重要会议（如县人民代表会议）。在我失去了继续学习的经济来源的情况下，学校仍把仅有的两名一等助学金中的一个给了我,这些都使我深切感受到新社会的温暖和学校领导、党团组织对我的关怀。由此,决心做党和人民的儿子的愿望深深地刻在我的心上。那时我很单纯,确是"少年不识愁滋味"。

1952 年 7 月,我高中毕业面临报考大学,这就促使我要对自己未来的人生作一点思考和打算了。由于在我 1948 年初中毕业后,家里已无力承担两个孩子同时读高中所需要的费用(我的姐姐在丰都一所最好的女中读高中)。于是,我只好到邻乡的一所学费较低的补习学校去学习。在此期间,我阅读了家里几乎所有的文学著作,如巴金的《家》《春》《秋》,茅盾的《子夜》,以及上世纪三、四十年代出版的进步刊物;阅读了《三国演义》《水浒》《西游记》《红楼梦》等中国古典文学名著,并初步按照这些文学作品所塑造的有为青年形象,来思考自己的未来理想——做一个什么样的人。当时确定的一个虽尚朦胧、但却令我十分向往的,就是做一个作家,做一个有学问的人。

正是基于这样的想法,1952 年报考大学填写志愿时,我第一次填写的志愿都是综合性大学——北京大学、四川大学等的中文系。但当我将志愿交给指导老师、并听取同学们的意见时,大家似乎都一致地建议我填写师范院校①。想到自己是一个团员,又是学生会干部,而且一直靠政府的助学金才得以继续学习,我就在并非完全自愿的情况下,一口气把三个志愿都改填了师范院校。而且,按照指导老师的意见,把政治教育专业作为第一志愿。基于那个年代对老解放区的热情向往,我把远离四川的东北师范大学政治教育系填为第一志愿。就这样,我带着对未来学习、生活的美好憧憬,又背负着家庭出身不好的包袱,于 1952 年 10 月中旬②来到了位于长春的东北师范大学,开始了我的大学生活。

从入学那天起,我一直受到两方面追求的推动:在政治上,我希望自己能成为一个有抱负、有作为的人,具体地说,就是要求自己尽早成为一名光荣的共产党员;在学习上,我希望自己能成为一个有真才实学的人。就我当时所学的专业——师范教育而言,我希望自己能成为一个有丰富学识和深厚学养的人,成为一个专家型的人民教师。为了实现这两方面的追求,我努力学习、积极工作(班级团支部的工

---

① 建国初期,国家急需发展教育事业,迫切需要培养大量教师,因而是当时升学报考的动员重点,也是要求学生干部都带头报考师范院校。

② 当时西南的学生到东北升大学的都由东北的各大学派人来西南接去,故入学较晚。

作)。然而,家庭出身的包袱却逐渐压在我的身上,变成了我解不开的结。

主持人:您能不能回忆一下是什么样的一些事情,渐渐让您感到家庭包袱的沉重呢?

彭漪涟:在我入学后的两个月,班里原有的临时团支部进行改选(原有支部的支委会成员是上级团委指定的)。我虽然年龄较小,但学习成绩较好,中学时又一直做学生会干部,因而我当选为团支部委员。其时,学校奉命在一年级新生中选拔赴苏联留学的学生,能赴苏联留学可能是当时大多数一年级学生的共同理想。然而,报名条件公布了,其中一条清清楚楚地写着:凡直系亲属中有杀、关、管者,一律不得报名,看到这个条件,真有如当头棒喝的感觉。我第一次感受到了家庭包袱的沉重和严酷。

紧接着,另一个更大的考验又来了。大学第一个学期快结束前,我深深感到自己应争取做一名共产党员、为美好的共产主义事业贡献自己的一生。于是,我慎重地向班级团支部的书记(党员)正式提出了我的入党愿望和要求。然而,我得到的回答是:根据我的一贯表现,虽然党组织也把我列为重点对象进行培养、考察,但我因直系亲属中有杀、关、管对象,在当时的国际、国内形势下,按组织规定是不能发展入党的。听到这个回答,我真有如五雷轰顶的感觉。人们常说:"少年不识愁滋味"、"男儿有泪不轻弹",但我却常常因此而夜不成寐,在同室同学们的鼾声中偷偷地哭泣着。我第一次最深切地领略到命运的苦涩,尝到了人生的"愁滋味"。

到了大学学习的最后一个学期,大约三分之一的同学被分批保送到中国人民大学和北京师范大学去读研究生,继续深造。而我这个在全班同学中唯一获得"满堂红"(四年中每学期各科考试成绩均为五分,即满分)称誉的却"名落孙山"。直到毕业分配的前夕,组织上通知我说:华东师范大学冯契先生招收研究生,我也被推荐前去报考。结果,我虽然是报考的五个人中考得最好的,而唯一落榜的也是我——因为家庭出身不好,政治上不合格。

后来教育部的分配方案下达了,我们班级里有 10 个被分配到华东师范大学政教系的名额,系里又决定分配我去,在征求我的意见时说:"招收研究生他们不录取你,那是他们的权力;但是根据教育部的计划派你去,他们没办法拒绝。"于是,我就这样来到了丽娃河畔这个我为之献出了自己一生的华东师大。

按照我们学习时的专业,我和同来的几位同学一起分配到了政教系。不久,政

彭漪涟工作照

教系当时的系主任林远①召集所有分配来系工作的同志,说:"你们可以根据自己的志愿来选择自己希望从事的专业,组织上会适当照顾你们的选择。"紧接着又特地强调了一句:"不过,彭漪涟同志不用选择了,系里已决定让他从事逻辑教学了。"就这样,我也就只能在领导的特殊安排下,在失望(我最希望的是从事哲学教学与研究)中去确立和培植新的希望,走上了一条我毕生为之献身的逻辑教学与研究之路。

我在政教系这几年是全心全意认真地工作的,同时也结合教学写了一些习作,有两篇还曾登在《光明日报》的哲学副刊上,其中一篇还是整版刊登的。不过由于我家庭出身不好的原因,我的教学与科研之路并不平坦。到了"文化大革命",我自然也就免不了受些折磨,遭点罪了。

知识分子的春天

主持人:"文化大革命"之后,您主要从事什么教学和研究?

彭漪涟:我从 1956 年毕业分配到政教系后,一直从事形式逻辑的教学与研究工作,直到 1978 年才提升为讲师,整整做了 20 多年助教。这时,冯契先生已招收

---

① 林远,1948 年初任《人民日报》社记者。1956 年调华东师大工作,历任校党委常委、政教系主任等。1978 年任华东师大副校长,兼任华东师大出版社社长等。1985 年离休。

1980年，《普通逻辑》编写组成员合影，前排右二为彭漪涟

第一届辩证逻辑学研究生，并指定我协助他指导这几个研究生。"文革"结束后，思想解放了，对知识分子重新评价之后，人们的热情都被激发了出来。1982年，我被破格提升为副教授。1983年我入党的要求终于得到批准。在教学研究上，我和教研室的其他同志一起就集中力量搞教材建设，编了一系列教材，比如《形式逻辑》、《形式逻辑辅导》、《普通逻辑读本》，我当时还参加了教育部组织的《普通逻辑》教材的编写。后来，考虑到形式逻辑教材需有新的发展，又和另一同志一起主持编了一本《逻辑学引论》。在这几年当中，我还约了一些同志把苏联一位著名的辩证逻辑学家的三本主要著作翻译出来了。这段时间真的可以说是"知识分子的春天"。到了1983年，我开始独立招收硕士研究生，我一方面给研究生上课，一方面搞学术研究，相继出版了《辩证逻辑述要》、《中国近代逻辑思想史论》等一系列著作。1986年，被破格提升为教授。

1984年为了给成立华东师大哲学系准备条件，学校批准建立了直属于华东师范大学的哲学研究所，我被任命为副所长。1986年哲学系成立，第一任系主任张天飞同志任职一段时间后，因病离职，1988年学校让我担任系主任。做了一届系主任后，我自知自己不是一个善于做教育行政工作的人，而且我的志趣也不在此，因此就建议系总支向学校党委打报告，要求停止我系主任的工作，后来我就专心做逻辑学的教学和研究。在此期间，我又结合教学，主编了《概念论》一书，写作并出版了《逻辑规律论》等著作。

着力于冯契逻辑思想的研究

主持人：据我们了解，在您退休前后，写了不少有关冯契先生逻辑思想的论文和著作。请问，您为何这样着力于冯契思想的研究呢？

彭漪涟：从我 1956 年大学毕业分配至华东师大工作以来，通过和冯契先生的多次接触，特别是经常聆听他的讲课，我逐渐意识到冯契先生是一个学养深厚的哲学家，一个可以作为我为人为学的楷模。

"文化大革命"后，我系统听过他给研究生讲授的"中国古代哲学的逻辑发展"和"逻辑思维的辩证法"，更加理解到他不仅是一位卓越的中国哲学史家，同时也是一位卓越的马克思主义的哲学家。在我协助他指导第一届辩证逻辑研究生的过程中，在我被推上哲学系行政工作岗位的那些日子里，冯先生给我言传身教和具体指导，更使我铭感五内，受益匪浅。因此，当 1995 年 3 月 1 日，冯契先生遽然驾鹤西去的消息传来不久，我就作出决定，把自己今后的学术活动集中到对先生的学术成就和贡献，主要是在辩证逻辑思想方面的成就和贡献的研究与宣传介绍上来。

这不仅是因为我深感冯契先生对于包括逻辑学在内的哲学的各个领域都提出了许多原创性的观点和思想，从而对当代哲学各个领域的发展作出了重要贡献，需要人们去进一步准确诠释、广泛宣传和介绍；对于先生已经提出，但由于先生的遽然去世而未来得及进一步展开的重要思想和观点，还需要人们去进一步发挥和引申；而且，由先生所提出和建构的"智慧说"哲学体系，可以说是马克思主义哲学中国化的第一个形成体系，其中包含着丰富的辩证逻辑原创思想和辩证逻辑在其体系建构中的自觉而灵活的运用，为马克思主义哲学的中国化作出了独特贡献，大力宣传和准确介绍这一体系，乃是冯契先生的晚辈学人和学生不可推卸的责任和义务。

因此，在冯契先生逝世后，我写的第一篇论文就是发表在上海社会科学院《学术季刊》1996 年第 2 期的《冯契——我国辩证逻辑研究的先驱者和倡导者——兼论冯契对我国辩证逻辑科学发展的重大贡献》。紧接着，我又相继写作和发表了《冯契与逻辑科学——简论作为逻辑学家的冯契》《论概念的理想形态——冯契辩证逻辑思想探索之一》《对智慧探索的逻辑概括——论冯契建构的逻辑范畴体系》《论原始的基本关系——冯契关于辩证分析逻辑起点的一个重要思想》等。这

1991年，彭漪涟教授（左，时为上海逻辑学会会长）在上海逻辑学会年会上发言，右为徐孝通先生

些论文对冯契先生在我国辩证逻辑科学方面所作出的突出贡献和取得的学术成就，做了我自己力所能及的概括和判定。后来在我从事的学校关工委的工作中，考虑到冯契的很多思想，对现代的年轻人很有指导作用，于是我又结合关工委的工作，对冯契提出的直接关系如何为人、为学的两个重要命题做了研究。一是"化理论为方法，化理论为德性"。另一是"不论处境如何，始终保持心灵的自由思考"。我个人非常欣赏这两句话。后来我在经过再次学习和研究之后就分别写作并出版两本书：一本是：《化理论为方法，化理论为德性》，另一本是《心灵的自由思考》。我想，对于我们大学生来说，认真学习这两句话对他们的为人、为学是会有重要启发和指导意义的。

古诗词中见逻辑

主持人：听说您退休后出版了一本《古诗词中的逻辑》，您能不能具体说说，您是怎样把逻辑分析运用于古诗词的？

彭漪涟：退休后，为了怡情养性，也为了提高自己对古典文学作品的欣赏水平，我读了一些古典诗词，在阅读过程中，我曾随手记下一些其中所涉及或引发的逻辑问题。这个消息被上海人民出版社的一个编辑知道了，他就拿去整理出版了。这就成了我的《古诗词逻辑趣谈》这本书。2008 年，北京大学出版社要出一套《逻辑

1998年9月29日摄于广州，彭漪涟教授（左）与梁庆宣教授（右）、吴家国教授（中）合影

时空》丛书，把这本书更名为《古诗词中的逻辑》重新出版了。

　　该书出版后，朋友们常问我一个问题，古诗词和逻辑一个用的是形象思维，一个用的是概念思维，两者似乎是毫不相关的，你为什么要在这个似乎是逻辑分析的禁区里来谈论逻辑呢？我的简要回答是：古代诗词固然主要运用形象思维，而不免要驰骋艺术想象，"精骛八极，心游万仞"（陆机语），可以超越时空的限制，但艺术想象毕竟并非是毫无根据的胡思乱想。比如，它需要遵守联想律，即形象结合的方式，用联想律来把握形象的内在联系，形成具体的诗的意境，或构想出典型环境中的典型性格。这种形象结合的方式显然同概念的逻辑联系方式是不同的。然而由于这两者的共同任务都在于具体把握具体对象，这就决定了它们在把握具体对象的过程中不可能是彼此毫不相干的，相反，而是有着互补关系的。正因此，我就有可能从这些古诗词中去发现和揭示其内在的逻辑关系来。这样，不仅可以为青少年学生学习和阅读古诗词增加一点兴趣，让他们在读古典诗词的时候，也能学到一点逻辑知识。同时，也能为当前从事形式逻辑教学的教师提供一些鲜活一点儿的事例。比如李清照的《如梦令》："昨夜雨疏风骤，浓睡不消残酒。试问卷帘人，却道海棠依旧。知否？知否？应是绿肥红瘦。"词的主人公为什么能在一夜大风雨之后，在并未见到窗外景象的状况下就断然否定了卷帘人所作"海棠依旧"的回答，而断定"应是绿肥红瘦"呢？这固然依赖于主人公借助形象间联想，或者说想象，但谁又能否认"昨夜雨疏风骤"同"应是绿肥红瘦"之间没有一定的逻辑关系；谁又能否认主人公丝毫没有自觉或不自觉地依据了这种逻辑推理关系呢?

大学生应当重视逻辑

主持人:学习逻辑学对大学生有什么重要性,您能否扼要谈谈?

彭漪涟:人是万物之灵。人所以能认识世界和改造世界,就在于人能思维。人的一切活动都离不开思维,而要是思维就离不开运用一个个的概念(词项)、作出一个个的判断(命题)和进行各种各样的推理。所以,一个人,不管你思考的是什么问题(内容)。其思维的过程总是一个运用概念、判断和推理的过程。

因此,相对于思考问题的内容而言,概念、判断、推理就被称为思维的形式。这样一来,一个正确的反映客观现实的思维过程,就必然要求所运用的思维形式是正确的,合乎思维形式本身所具有的规律(即逻辑规律)的。逻辑学就是这样一门研究正确思维的形式及其规律的科学。正因此,逻辑学就具有一种基础学科的性质,人们只有正确地,合乎逻辑要求地进行思维活动,才有可能有效地学习各门学科的知识。也因此,逻辑学又同时具有一种工具学科的性质,它为人们得以正确地获取知识,有效地论证和表达自己的思维和认识成果,提供必要的思维工具。这表明,逻辑学实际上是一种关于正确思维和有效交际的理论。明确了逻辑学的性质,它对我们大学生的重要性自然也就不言而喻了。

然而,实际情况是,目前高校的大学生中,不少人对逻辑学的重视程度是很不够的,而不少学校的教学主管部门也对这种状况不太重视。实际上,懂得了逻辑学,掌握了逻辑的形式和规律,就可以自觉地按照这些形式和规律进行思维,可以尽量避免逻辑错误。现在逻辑错误相当多,每天打开报纸、杂志,发现上面的逻辑错误都不少。我曾任《辞海》逻辑学的分科主编,在一次《辞海》编委会召开的会上,《辞海》的一位副主编在报告工作的时候,竟把一个逻辑词目的正确释义当作错例来列举,犯了不应有的逻辑错误。我当时就想:这么重要会议的重要报告竟也出现这种逻辑错误,太令人意外了。为此,我特地撰文就此指出:"必须再次强调重视逻辑。"这件事也再次从反面说明:我们的大学生在学习期间认真学好逻辑是多么的重要。

在我的逻辑学教学过程中,我很注意培养青少年的逻辑思维能力。我一直觉得要培养我们青少年一代的素质,思维能力是最重要的。创造能力等各种能力,其

2006年，彭漪涟教授（前排中）与2006届逻辑专业研究生的合影

核心都是思维能力。思维严密了，思维能力强了，其他方面的能力也就相应地上去了。我写《趣味逻辑学》就是想通过有趣的方法去激发青少年的兴趣，让他们重视逻辑、学习逻辑。该书通过问答的方法，用一些小故事让学生知道什么是逻辑，如何正确运用逻辑，日常思维和言语中常犯的逻辑错误在哪里，正确的地方又在哪里。这本书1981年由中国青年出版社出版，一下子印了五六十万册。后来，我又想，除了传统的形式逻辑之外，现代形式逻辑即数理逻辑也需要让大家懂得一点，于是，我又约一位同志一起写了一本《有趣的数理逻辑》。前几年，北大出版社的同志邀请我为中学生写一本通俗的逻辑读物：《写给中学生的逻辑学》，我花了半年时间写成了这本书，也算完成了我多年来的一个心愿。

长期以来，我一直呼吁要重视青少年的逻辑思维能力的培养，我认为这是提高青少年素质的根本环节，但是现在许多中学都不重视。以前中学里的语文课包含有修辞、逻辑的内容，但是现在的语文课，逻辑、修辞的内容都没有了。现在似乎整个社会都很不重视逻辑，这是很让人忧虑的。

逻辑学发展之我见

主持人：您对中国目前逻辑学发展有什么看法？

彭漪涟：现在人们所理解的逻辑学大体包括两个部分，一个是形式逻辑，一个是辩证逻辑。形式逻辑里面又有传统的形式逻辑和现代的形式逻辑。传统的形式逻辑的主要特点就是运用自然语言。而现代逻辑是以数理逻辑为基础发展起来的，它用形式化的方法研究思维的形式结构和规律，即用一套意义可以解释的，特制表意符号去表示词项、命题、推理，从而把对词项、命题、推理的研究转化为对形式系统中符号的研究。它的最大的好处就是符号有单义性、确定性，不像自然语言有多义性、歧义性。所以，数理逻辑为推动现代计算机的发展提供了重要基础。

对于数理逻辑我只了解一点皮毛，不是我专攻的方向。我现在主要考虑的是如何把传统形式逻辑进一步普及。对于普通人来说，学点传统形式逻辑就够了。我现在最大的希望就是在有生之年，多做一点工作，引起大家对逻辑学的重视。至于辩证逻辑，目前国内研究得比较少。但是要培养一个人的辩证思维，而不是局限于形式逻辑的思维，也是非常重要的。辩证的思维要求看问题要辩证地去看，思考问题要辩证地去思考。这一点对我们当前来说非常重要。现在，包括我们国家工作人员、部分领导干部在内，形而上学的思维也还并非罕见。很多人思维僵化，不善于辩证地思考。目前，我们国家研究辩证逻辑的人不多，还有很多基本理论需要进一步去研究；同时，还需要在全国人民中普及辩证逻辑知识，提倡辩证逻辑的思维。在理论的深化方面，我以为不外乎有两个重要途径。一方面，我们要进一步研究中国古代辩证思维的成果。我国古代对形式逻辑不够重视，一直到近代严复翻译了一些西方形式逻辑著作才有所好转。西方科学发展主要立足于形式逻辑，而中国缺乏形式逻辑传统。但中国古代科学却仍在不断发展，而在明代以前，在世界科学发展领域一直处于领先地位，这又是靠什么来指导的呢？靠的就是辩证逻辑，这是某些外国科技史家、哲学家都承认的。也就是说，中国古代积累了相当丰富的辩证思维理论素材，需要我们去总结，而这个工作现在做得非常少。冯契先生开了一个好头，冯契先生的许多研究总结了古代辩证思维成果，进而大大超越了这些成果。今后，我们还应重视对中国古代辩证思维成果的研究，这是一方面，另一方面，就是要研究现代自然科学。因为现代自然科学的发展也包含着很多丰富的辩证思维的素材。所以，跟踪现代自然科学的发展，总结和概括自然科学的方法论中辩证思维的因素，也是很重要的一方面。因此，我们在普及和探索辩证逻辑理论的研究上还要花大力气。

主持人：最后，我们想请您谈谈您对师大、对我们当代大学生的建议和期待。

彭漪涟：大学的根本任务在于培养出一大批德才兼备的人才，在于能够出大

2009年，彭漪涟教授在纪念中国逻辑学会成立三十周年大会上发言

师。为此，建议学校多做一些有利于实现这一根本任务的实事。对于大学生们我想着重讲一句古话："行成于思，毁于随。"学习一定要勤于思索、学思结合，努力把自己培养成为善于独立思考、长于励精治性、有理想、有担当的年轻一代。

链接：

要始终保持心灵的自由思考

"要始终保持心灵的自由思考"，这是冯契先生生前曾多次提出的一句名言。在一次访谈中，访谈者提出一个问题："回顾您的哲学生涯，您觉得一个哲学家最重要的素质是什么？"冯契的回答是："始终保持心灵的自由思考。"我以为这不仅是哲学家必备的重要素质，也是每一个理论工作者、每一个学人所必备的重要素质。那么，如何科学地、全面地来理解和培养这种素质呢？我以为至少应注意以下几点：

1. 无论是"为学"还是"为人"都必须要勤于思考。孔子曰："学而不思则罔"（《论语·为政》）说明只读书而不勤于思考，那就会上当受骗，这也正是孟子提出"尽信书，不如无书"（《孟子·仅心》）的用意所在。这是从"为学"的角度讲的。韩愈谓："形成于思，毁于随。"（韩愈《进学解》）则说明为人处事的一切行为都必须立足于思考才能获得成功，取得成效。这是从"为人"的角度讲的。总之，不管是"为学"还是"为人"都必须养成勤于思考、勇于思索的习惯，这也是人之所以为人的本质力量的体现，也是发展人的本质力量的要求。

2. 还要善于独立思考。所谓"独立思考"是指思考必须是按自己的理解和认识独立自主进行的，既不拘泥旧说，也不附会新说，即不能局限于门户之见、不能人云亦云，更不能对一种学说和理论盲目迷信。做不到这一点，就不可能在学术活动中提出任何有真正学术价值的独立见解，就难免随风倒而陷入盲目性。这样的"为学"与"为人"都是不足取的。

3. 还应当是自由的思考。独立思考还必须是自由的思考。当然，"自由"从来都不意味着与必然的对立，恰恰相反，只有遵循客观规律性的要求的"自由"才可能是真正的自由。因此，自由思考并不意味着不顾一切、不受任何约束的胡思乱想，而是指思考必须是按照自己的理解，对所研究和讨论的问题作出自由的分析、评判和选择。荀子说："口可劫而使墨（默）云，形可劫而使诎（屈）申，心不可劫而使易意，是之则受，非之则辞。"（《荀子·解蔽》）荀子在此所说"心不可劫……"就是指心灵不能由外力强迫而改变其见解、观点，意志要能自主地作出自由选择，认为"是"的就接受，认为"非"的就拒绝。这就说明，不管处境如何、遭遇怎样，都不可以使心

"易意"，而必须始终保持心灵的独立自主的自由思考。

由此可见，保持心灵的自由思考是维护人的尊严所必须，也是维护人的独立人格的表现，而且，也是人之所以为人的本性即本质力量的要求。一个人，特别是一个学人，如果不能做到在任何处境下，包括即使是"口可劫而使墨（默）云，形可劫而使诎（屈）申"的极其困难的处境下，都能始终保持心灵的自由思考，那会有什么学术创新可言呢？那样的"为学"只能成为别人思想的复制品，成为人云亦云、毫无主见的随声附和者。而在"为人"上则势必成为一个无所定见、见风使舵以至毫无操守的人。这当然都是我们所必须力戒的。

最后，我想用三句话来归结我上述提出的有关要求：

1）要保持独立人格，不能依傍门户，曲学阿世。

2）要善于独立思考，不能随声附和，人云亦云。

3）要敢于批判、勇于创新，但不能狂妄自大、目中无人。

我认为，这既是"为学"的要求，在一定意义上也是"为人"的要求。愿以此与大家共勉。

（作者彭漪涟，摘自《为要做到"为学"与"为人"的统一当前应着重注意的几个问题》，未刊稿）

王耀发：『金嗓子喉宝』之父

王耀发，1934 年 6 月生，上海人。华东师范大学生命科学学院教授。

1957 年毕业于华东师大生物系并留校任教。1978 年开始从事细胞生物学教学和药物的病理学研究。1992 年获"上海市劳动模范"和"上海市先进教育工作者"称号。1992 年获国务院特殊津贴。上海市细胞生物学学会副理事长。

科研成果有：抗心脏早搏天然药物"健心 1 号"，心脏保健"怡心"饮料，获第二十四届奥运会中国运动营养银奖；皮肤细胞抗衰老酶系的天然激活剂"康丽娜"，获法国巴黎国际发明展览会特殊荣誉奖："金嗓子喉宝"含片，获美国FDA 批准，现已进入美国及东南亚等许多国家的市场。参与撰写《生物学家谈生物》，其中《细胞——生命活动的摇篮》分册，获台湾第四届吴大猷科学普及著作奖创作类金签奖。

在图书馆里抢位置

主持人:王教授您好,很高兴能有这样的机会与您面对面交流,请您先回顾一下进入华东师大之前的求学经历?

王耀发:我 1934 年 6 月 16 日出生在上海。我的童年非常艰苦,父亲苦心经营的事业因战乱的影响无法继续维系,我 9 岁时就到闸北的一家鱼类加工厂做童工,每天清早提个饭盒,走很远的路去做工,亲身感受到在日本侵略者统治下人民遭受的痛苦。一年后才得以复学。小学毕业后,进入上海市交通中学就读。上海解放以后,家里的生活条件稍有改善。但好景不长,我的父亲因脑溢血去世,家里没有了顶梁柱,生计全靠我姐姐做工维持,支撑我继续求学。尽管时代动荡,求学和生活之路坎坷,但我不怕困难,保持着乐观向上的精神状态,积极要求进步。1949 年10 月,新民主主义青年团在上海成立,我是第一批团员。在高中担任团支部宣传委员,喜欢搞文艺活动,比较活跃。我酷爱音乐,曾跟上海乐团声乐教练梁知用老师业余免费学习声乐达三年之久,曾萌发报考上海音乐学院的念头。但最终未能下决心,成为我人生的一大遗憾。但有幸的是,我弟弟王酩最终在我的鼓励和经济支持下走上了艺术的道路,他于 1964 年从上海音乐学院毕业后一直从事作曲,成为中国著名的作曲家。一曲"难忘今宵"至今使我时时感怀,无限怀念。我追求艺术的心愿最终由我弟弟来完成,也使我备感欣慰。回首年轻时饱经的世事,深感现在的年轻人实在太幸福了。

主持人:高中毕业后您来到华东师大继续求学,能谈谈其中的经历吗?

王耀发:1953年,我高中毕业后考取华东师大,心里特别自豪。当时报考生物系的原因有两个:第一,华东师大免学费和伙食费;第二,我对生物学有兴趣。我进校的时候,华东师大在共青场造了很多茅草房,生物系也在茅草房里面,教室和食堂也是茅草房,理科学生在一起吃饭,大家彼此都认识。我们没有大楼,但是有大师。我们所有的教授都是大师级的,例如张作人、陈彦卓、郑勉、王志稼、教化学的陈联磐、教经济学的陈彪如和教心理学的胡寄南。房子高级不高级不要紧,老师高级不高级才要紧,而且这些大师都是亲自给我们上课的。1953年到1957年,这是我们学习环境最好的时期,劳动少,会议也不多,可以专心念书。虽然家住上海,但周末和假日我不回去,就是为了多学习,多看书,每天早早地在图书馆抢位子看书。那时同班同学个个都很努力,学习氛围非常好,大家都要争取获得好成绩,下课后经常在校园内进行热烈的讨论。学科考试要求很复杂,学习的是苏联模式,口试加笔试,当时还有苏联专家过来。考试的时候,三位老师让你一个一个口头回答问题。然后按照等第 A、B、C、D 评分。这样的竞争有荣誉感,我当时得了全 A,觉得很光荣。

主持人:在这段学习时期里,您对哪一位老师印象比较深刻?

王耀发:我在学习的时候崇拜陈彦卓老师。他是研究植物生态学的,我们曾经跟着他采集过标本。三年级的学生成立科学兴趣小组,学校里有经费支持。我们到杭州和天目山做研究,学术氛围浓厚。我那个时候的志向就是当一名教授,目标、典型和楷模就是陈彦卓老师。他植物形态、分类和生态方面的知识渊博。他讲课条理清楚,在思想和兴趣上感染了我。他那种为人师表的楷模精神深深地影响了我。

主持人:1957年您毕业以后是如何留校工作的?

王耀发:1957年,毕业分配时,生物系只有 3 个人留校工作,我是其中之一。我在华东师大的工作和成长经历,既经历了种种坎坷,又见证了生物学科的发展轨迹。1953年华森和克里克提出 DNA 双螺旋结构模型,引起国际生物学领域发生了重大革命。而此时,因为我身处特殊年代,只能响应号召在 1958 年首批下放西郊虹桥公社劳动锻炼,学会了种菜,上海地区第一只番茄是我们看着书本种出来的。1958 年底我提前调回学校与颜季琼、刘怀芳三人筹建生化教研室,我在生化室曾研究成功新疆细毛羊皮脱脂工作,经济意义重大,后因"文革"开始而中断。在

上海乐团著名指挥家陈燮阳（前排右）携夫人（前排左）参观细胞生物学实验室，前排中为王耀发教授

"文革"期间，我经常被外派完成多种"革命"任务，如援外生活污水的生化处理，参加上海市农业新技术办公室"5406"细菌肥料在农村推广实验应用，参加学校自然辩证法对生命起源的研究。"四人帮"粉碎后，科研开始又被重视，我们发现国际上的生物学研究已经进入了更高的阶段，又诞生了一门新兴学科——细胞生物学。学校非常重视，召我回系参加细胞生物学教研室的筹建，至此，我终于可在细胞生物学教研室大展宏图。回想当时，我还要感谢学校当时派我到农村工厂去完成多种"杂差"，它使我获得广泛的基础知识与生产实践相结合的经验，为我日后在产学研方面有所成就积累了十分珍贵的经验。

江泽民主席向克林顿推荐金嗓子喉宝

主持人：上世纪80年代，您曾担任细胞生物学教研室主任，能谈谈您做了哪些工作吗？

王耀发：我受命组建细胞生物学教研室的时候，没有助手，没有实验室、办公室，没有仪器设备、化学药品与经费，但我没有退缩，努力取得多方面的协助支持。不断地克服困难，把教研室建设起来。创业的经历虽然很艰辛，但是也让师生们体会到面对困难不能坐等，而是要主动出击，想方设法解决，这个过程对社会适应能力是一种极好的锻炼。

我申请第一笔科研基金是市计生办给的,研究任务是避孕药与心血管细胞的损伤与保护。接着与上海市体委合作研究保护心脏的"怡心饮料"作为第六届全运会上海市体育代表团专用饮料,曾获第二十四届奥运会运动营养银奖。中国著名营养学家、陈云夫人于若木还为"怡心饮料"题了词。

我们细胞生物学教研室先后从植物中筛选出多种能保护心脏与皮肤细胞抗衰老的活性成分,围绕心血管细胞的损伤保护研究,为后来研发"健心1号"、"怡心饮料"提供了基础和条件。我们的另一项成果是从植物中筛选出一些能激活皮肤细胞自身SOD(超氧化物歧化酶)活力的天然活性成分,具有清除皮肤细胞自由基的功效。这项成果公布以后,扬州美容化妆品厂就找到我们,要求独家合作,最终这项科研成果由扬州美容化妆品厂转化为产品"康丽娜",在国内市场引起轰动热销,全国报刊都专题报道,群众和明星的信件和来访也纷至沓来。

这一系列产品的成功,为华东师大产学研取得成功添上了浓重的一笔,当时在上海是处于领先地位的,我也一下子成了明星教授,当然我们50年代留校当教师的都非常勤勉,在学术和产学研上面都很有所作为,取得了不小的成绩。因此我认为,学校培养人才不妨"两条腿走路",不一定非得是海归或者海外博士才能有资格,也应该把有培养前途的学生留下来培养。

主持人:现在市场上畅销不衰的"金嗓子喉宝"也是您研发的,请谈谈您和"金嗓子"的故事吧。

王耀发:这些故事当时在《新民晚报》、《解放日报》和《人民日报》、《光明日报》等媒体均有过报道,影响很大。那是1992年8月,上海高温40度,最热的一天,广西柳州糖果二厂厂长一行,来到华东师大寻找产学研结合的项目。当时有十位教授介绍自己的产品,每人讲自己产品的优势和亮点。我是最后一位,用了十分钟介绍了我的思路和开发的产品,引起了厂方的兴趣,当即邀请我去广西柳州实地考察。广西柳州糖果二厂原先是做糖果和果冻的,业绩正走下坡路,面临企业发展转型的关键时期。我们起初准备开发心脏保健饮料,因为他们有灌装机和利乐包,现成方便,一做就成。在临走的前一天,他们带我去厂里参观。我在产品陈列柜中看中了润喉糖,我说我们把润喉糖引入保健因素重新研发,它的科技含量和效用就会马上提升,这个建议对厂长很有触动,表示会认真考虑。当晚12点,厂长找到我的住处,表示赞同我的想法,下决心生产新型润喉糖。事实证明,这个决策是对的。

在这之前,我也做过调研,如果是粉质含片含到嘴里,三分钟就化掉了,在人体

王耀发教授在会上发言

内停留时间太短。但是将糖作为载体，那么它在人体的咽喉部就可以停留20分钟。在自由基理论里，炎症就是自由基过剩造成的，只要清除自由基，问题就解决了。在我的配方里含有梅兰芳、马连良等很多京剧名家大师保护嗓子的传统中药。金嗓子喉宝既有清除自由基的功能，又含有传统的中药成分，产品一经上市就大获成功。受到过李鹏、朱镕基等领导的表扬。

美国总统克林顿也吃过金嗓子喉宝。江泽民主席去美国访问的时候，克林顿说自己的嗓子比较嘶哑，问江泽民的嗓音为何如此洪亮，江泽民就给他介绍，中国有个宝就是金嗓子喉宝。联合国秘书长安南到北京后感冒嗓子疼，接待人员给他吃了金嗓子喉宝，一吃就见效。所以新华社记者到联合国采访安南的时候，安南的第一句话就是："中国的宝太多了，我在北京吃了金嗓子喉宝，效果很好。"可见金嗓子喉宝的长期畅销并不是偶然的。一般的保健品是流星多，明星少，两、三年就销声匿迹了。金嗓子喉宝20多年来还没有衰败，如果没有科技含量的话是不可能的。

因为金嗓子喉宝，知道我的人越来越多了，在社会上也有了一定的影响力，我觉得非常自豪。当然也会带来一些质疑。有人曾质疑王耀发为什么自说自话把这么好的一个产品转让？其实这个问题要历史地来看，这当中也有很多机缘巧合，为了这个事情我也受了不少的冤枉。当时我们的科研成果要转化成产品是很不容易的，一般一个成果的市场价是1万到2万，金嗓子喉宝的定价是20万，这在当时已

王耀发教授（左一）在金嗓子喉宝新闻发布会上发言

经是很大的突破了，作为一名教师，我始终把科研产品看作是自己工作的成果，把成功转化让市场接纳当作自己的目标，在经济利益上既不懂也没有什么追求，没有想到数年后一个润喉糖竟然会是一个大的产品，有如此之大的影响。对此我觉得很坦然，我觉得当时的一项研发成果，经过厂方多年的市场培育取得成功，最终造福百姓，是我人生最大的收获，因此当初厂方请我免费为产品做广告时，我欣然应允。

有一段时期电视上都是金嗓子喉宝的广告。现在产品慢慢成熟了，我毕竟历经了 20 多年，在历史上留下了这么一笔，我已经感到很满足了。俗话说，有心栽花花不开，无心插柳柳成荫。但这也不是偶然的，偶然中必有基础。每搞一个科研项目，首先想到的是群众和社会日常的需要，市场的前景，因此产学研的成功率必然就高。

所以我要提醒当代的大学生，要了解市场需求，多接触群众，学会人与人之间的沟通交流。有人说，一位真正的科学家应该还是一位社会活动家。华森和克里克提出 DNA 双螺旋结构的时候只有两个人，现在全世界都知道了，而且 DNA 运用广泛，亲子鉴定、尸体鉴定等都靠它。如果没有广泛的宣传，怎么会尽人皆知？

主持人：您在研发金嗓子喉宝的过程中有遭遇过困难吗？

王耀发：试验是正常的，包括口感和效果的调试。我们这一代人，从年轻时到念大学，到改革开放以后艰苦创业，就是凭着一颗自信心、一种创新精神和不怕困

王耀发教授与他研发的产品

难的勇气，才能走出自己的路。金嗓子喉宝研发的过程中，经过了很多比对和筛选，最终确定的配方不会刺激食道，而且对润嗓止咳有很好的效果。金嗓子给我带来了无穷的光荣，我感到确实是为人民做了一件好事。

让学生有"举一反三"的能力

主持人：您在教育工作上有什么心得？对现在的年轻人有什么建议？

王耀发：教育工作方面我得过"上海市先进教育工作者"称号。我参加生化教研室的建立工作，同时做课程建设和科学研究。细胞所的所长庄孝穗是科学院院士，他提名我任上海市细胞生物学学会的副理事长，这是华东师大迄今唯一的入选者。另外在《生物学家谈生物》一书的撰写过程中，北大中科院院士翟中和点名由我编撰，说明我们华东师大细胞组在上海的地位。

80年代，大家普遍比较重理论，轻实践，当时我参加生化、污水处理、农业微生物利用、自然辩证法、细胞生物学等研究。广泛地接触一些别的学科，实际上为我打下了广泛的基础知识。我去采访一些老科学家，他们的文章都写得很好，多才多艺促进了他们思维的丰富性。因此我时常建议年轻教师和学生不要太局限，不要太急功近利。我带研究生的经验是让他们第一年抓紧把基础都打好，第二年把课题的主要内容定好，第三年他们因为提前准备就可以保证论文能按时、保质通过。

王耀发："金嗓子喉宝"之父   213

王耀发教授（右）采访原校党委书记施平（左）

我在学科的建设和教学上也有自己的想法。最近有学生从美国回来，还提及王耀发老师讲课很生动。我认为，照本宣科地讲课没有意思，还不如让学生自己去看教科书。老师讲的东西一定要让学生举一反三。学生学的就是这种活的本领，因为他们将来到社会上去不一定做与本专业相关的事情，所以一定要在学校里学会独立工作的能力。学生有了这个能力，无论做什么都能做得很出色。同时，我时常对向我汇报工作的年轻人说，不要和我谈困难，而要和我谈怎样解决困难。

主持人：您研发了诸多养生保健品，您能否谈一谈自己的退休生活和养生之道？

王耀发：我虽然是1997年退休的，但退休后我在生物站里还是和青年教师一起坚持工作了很长时间，一直到生物站被拆。回到家里没有实验室，我就搞科普工作，至今还担任普陀区食品与营养学会理事长。我做理事长的时候在普陀区到处作科普讲座，到社区街道搞科学饮食等很多工作。

年龄大了以后，我发现很多东西和科学饮食、心理状态都是有关的。2013年，我到广西巴马长寿村去看了一下，那里的空气特好，水质又好，但是我去的时候感到很揪心，很多城市里的人，生了糖尿病的人、癌症晚期的人都跑到那边去，像抓住救命稻草一样，实际上是破坏了那里的生态环境。回来以后发现在城市的钢筋水泥森林里同样有百岁老人。于是我提出一个研究题目——寻访城市里的巴马老人。我采访了很多人：王振义院士、陈吉余院士、施平、马革顺、徐中玉、钱谷融、堵南山等全市高校 70 多位专家名人,他们大多是九十以上高龄,德高望重的前辈。他们的长寿,与良好的心态、对事业的热爱密切相关。现在长寿的意义大家都知道,科学饮食,心态要好,同时我认为跟他们过去的那段经历意义也很有关系。所以,我们不仅是要谈长寿的意义,还要做上海文化教育事业发展的历史见证的寻访者,珍惜从共和国成立至二十世纪末的这段珍贵历史记忆,教育青年一代,立志于发挥奉献精神,青出于蓝胜于蓝。

链接：

科技探亲，回家的感觉真好！

——华东师范大学教授王耀发回访金嗓子集团速写

7月2日下午，在广西金嗓子集团总部厂区，金嗓子人迎接公司合作的大功臣上海华东师范大学生物系王耀发教授。他身着一件橘红、白色相间的T恤，戴细边金丝眼镜，脸色红润，显得很精神。

"热烈欢迎王教授回家指导！目前，金嗓子的发展很好，多亏您当年的成果在柳州生根开花，结成硕果，您是我们公司最大的恩人！"广西金嗓子集团公司董事长江佩珍饱含深情地对王教授说。

"回家来看看，又有好几年不来了。很高兴，能有金嗓子这样的亲戚，我感到既荣耀又宽慰，毕竟，这些年来，我们风雨同舟。"额头宽阔，敏捷睿智的王耀发教授开心地说。

从最初洽谈合作，到研制成功金嗓子喉片，到一路发展，产品遍及全国，直至销往海外，金嗓子集团与王耀发教授结缘已经整整20年。

"是金嗓子喉片这颗'小糖药片'救活了整个公司！"江佩珍谈到企业的转型发展，心情激动地对王教授说。"是企业执著的追求，不断向上，才有今天的辉煌。"王教授说。交谈间，宾主聊得很投入。

王耀发教授在江佩珍董事长的引导下，进入金嗓子喉片生产车间，边走边看，高速运转的机器，从植物提取到糖浆搅拌到压制成型的一条龙生产线，再到产品包装，完全是机械全自动化，看着如此高速的生产过程，王教授感慨道："不可想象，非常现代化。"每参观到一个工序，王教授不时竖起拇指赞叹，说："好！真好！"

"口服含片，金嗓子在全国来讲，是一流的；排列全国前几名，生产工艺完全现代化，技术水平了不起，更安全。""我到过不少企业，一般我不随便表态的；我在任何场所不轻易竖大拇指，要我竖，还真不容易，只有那个东西确实好，我才会肯定它。确实好，我就情不自禁。"参观完整个工艺流程，王耀发教授兴致盎然地对记者说："科研成果要转化为生产力，为社会服务，为人民服务。科学家的成果锁在抽屉里，没有用，只能孤芳自赏。当初与金嗓子的合作，秉承的就是这种理念。"

"金嗓子现在的产品,像机关枪一样扫射出来,有市场,打出了品牌,创出了业绩,江董事长带领大家齐奋斗,开拓了今天的新天地,非常了不起。"参观了现代化的生产线,看到今天金嗓子集团发展状况如此良好,王耀发教授触景生情,话匣子总是关不住。

在参观和座谈中,江佩珍董事长总是激情满怀。在车间,每个工序都给王教授做认真解说,详细介绍金嗓子喉片现代化生产的各环节和高效率生产带来的效益,"金嗓子从上海来到柳州,很适合这方水土,教授的专利,在柳州生产出来,造福人类,消除咽喉疾患,现在我们做的是金嗓子升级版,功效不变、使用方便、精华浓缩、质量不变,洁净化车间全自动生产,独立包装,非常人性化,更安全,更放心。"面对王耀发教授回家探亲,江佩珍抑制不住内心的激动,回忆当年"六顾茅庐"到上海,求助华东师大生物系细胞生物学教研室王耀发教授,商谈转让高科技专利项目的事,江佩珍更是百感交集。

江佩珍团队的执著真诚,感动了王教授,洽谈进展顺利。"合作成功,我们决定将发明人王教授的头像印在产品包装盒上,让知识产权得到全社会的认同,在当时,这种举措为数不多。"

"是啊,我的头像在金嗓子的产品上出现后,走到哪里,都说我是金嗓子,人们大多不知道我的真实名字。"王耀发教授接过话茬开心地说。

"我们与王教授新的合作正在进行中,不久,将有一款新产品推出,这是我们在此前除金嗓子喉片等多款产品成功推向市场之外的又一大战略合作。"江佩珍向记者透露了企业近期的运作计划,王耀发教授当场点头认同。

"中国梦就是强国之梦,中华民族复兴之梦;我们企业的中国梦是将企业做大做强,更好地服务社会,造福人类,更上一层楼。"谈到企业下一步的发展,江佩珍信心百倍地说,"我们要技术进步,革命到底!"江佩珍话音一落,现场响起了热烈掌声。

科技探亲,回家看看。20 年的历程,回首中,科技支撑,金嗓子企业焕然一新……

（作者赖柳生,原载《广西文学》,2013 年第 9 期）

梅安新，1934年生，浙江天台人，华东师范大学地理学教授。

1957年毕业于华东师大地理系，后留校任教，师从陈吉余院士及著名地理学家李春芬、胡焕庸等教授。历任华东师范大学遥感技术应用研究所所长，中国科学院上海技术物理研究所客座研究员，中国遥感应用协会顾问，专家委员会常务理事，教育部地理信息科学重点实验室顾问。曾任美国南达科他州立大学兼职教授、德国不莱梅大学客座教授、英国利物浦大学客座教授、国际地理学 Gamma Theta Epsilon 荣誉协会会员、中国科学院"长江三角洲可持续发展院士调查团"特聘专家、中国空间科学学院空间遥感科学技术专业委员会委员等职。

主编全国21世纪大学教程《遥感导论》、《高分辨率卫星遥感应用专集》等书6部，合编全国大学统一教材《地貌学》等书4部。曾荣获国家级科技进步二等奖、全国优秀教材一等奖、省部委级科技进步一等奖。

受曾祖父影响喜欢上了地理学

主持人:梅教授,很高兴能和您面对面交谈。首先,请您回顾一下您到华东师大之前的求学经历。

梅安新:我是 1952 年高中毕业,1953 年考到华东师大。高中阶段给我印象最深的就是我的英语老师。本来我不太喜欢英语,有时候碰到英语课还会逃课,遇到施督辉老师后,我渐渐喜欢上了英语。记得有一次月考,我考了 61 分,结果他只给了我 59 分,他说因为你迟到了两次,所以扣了两分,如果你下次考得比这次好的话,就把这两分还给你。第二次我考了 79 分,结果给了我 81 分,他说这是上次欠的两分,现在还给你。在他这样循循善诱的鼓励下,我的英语成绩很快提高了。不仅如此,我的各科成绩也从班里较差的上升到最好的。所以说,施督辉老师对我的影响不仅是传授知识,更重要的是他改变了我的学习态度,提高了我对学习的兴趣。

我给你讲一个故事。施老师上英语课有一个特点,每次上课前十五分钟要提问两到三个同学。我因为英语不会,经常算好过十五分钟再进入课堂。有一次他对我说,我本来要提问你的,可你之前没有来,现在请你再回答一次我今天提问的几个问题。我当然回答不出来。结果他却说不要紧,我下次上课提问你,就是提问今天这个问题,你回去准备好了回答我。

第二次上课我就回答对了他的问题。他说好,今天你注意了,我下次还要提问你,就是今天上课的内容。那么我当然要好好听这个课了,听了以后我就回去认真

1959年，梅安新在莫干山考察

复习准备。再下一次他真的就提问我上次上课的内容，我又回答对了。这样我的自信心就一点一点建立起来了，学习的内容也从不会到一点一点入门了。

主持人：听说您高中毕业后先工作了一年多时间才考大学的，您当时怎么想到要报考华东师大呢？

梅安新：高中毕业的时候，我们班有一部分人直接保送到了浙江师院，而我是直接参加工作的。从1952年1月到1953年8月，在浙江省台州银行做了一年半的业务员。我很喜欢读书，在银行工作期间，心里一直想要考大学。直到1953年有一个机遇，教育部允许在职人员考大学，我就报考了华东师范大学地理系。

选择地理系也是机缘巧合。我的曾祖父陈钟祺（我随母姓梅），曾在日本留学，学的是地理，还带回几本书，其中有《地形学》。我中学的暑假，没事就看这个书，书里讲河流为什么是弯弯曲曲而不是直的，为什么地面上有高山，有平原，有沙漠，有海洋，这些事情令我感到很有意思，看着看着就很喜欢了。因此后来报考大学的时候我就选择了地理系。此外还有一个原因是我中学高三时的地理成绩是全班最好的。

陈吉余先生推荐我留校

主持人：在华东师大读书期间，有没有什么令您印象特别深刻的人和事？

梅安新：在华东师大读书期间，令我印象深刻的有两点。一点就是我们师大地

梅安新教授在科尔沁沙地考察

理系大师云集，比如胡焕庸、李春芬、陈吉余等等，他们都是地理学大家。我到华东师大第一堂课就是李春芬教授上的，当时他是华东师大地理系主任。那个时候都是在草棚里面上课，现在的逸夫楼原来就是草棚，过了桥以后就是草棚饭厅。河西就三个宿舍，河东一个宿舍。第二点印象就是华东师大地理系注重实践，很多老师都是利用寒暑假出去考察，考察以后写成报告。

那时我跟着导师陈吉余院士参加了很多实践。他拿自己的科研经费组织了一个自然地理科研小组，我是其中的一个成员，后来当了副组长。他叫我们到野外实习，回来以后写考察报告。我一、二年级的野外实习都是陈吉余教授带的，印象很深刻。华东师大的地理教学重视实践，地理系师生每年夏天都在野外实习，这跟我在中学里面学地理完全不一样。

我在读书的时候，陈吉余先生给我的印象也很深刻。他时常在下课前十五分钟临时出题考试，我每次都得满分。另外就是他要求科研小组每次野外考察回来都要写报告，他对我的报告和考察工作也比较满意。1957年，我的毕业正好遇上华东师大和科学院地理所合办成立河口海岸研究室，陈吉余先生共推荐了三个学生留校，我是其中之一，进入河口海岸研究室工作。

主持人：你刚刚提到过陈吉余老先生带着您做实践，在您后来的工作里面，您也做了大量的实践考察，可以说您的足迹遍布中国大江南北，您在考察当中有没有遇到什么困难？您又是怎么克服的？因为你们都是到野外去，生存环境也是比较艰苦的。

梅安新：我刚刚讲了地理系给我印象最深刻的就是重视实践，有句话叫地理系的实验室在野外，所以我也很重视野外工作。可以毫不夸张地说，在华东师大地理系的老师中，我感觉我跑的地方最多。从黑龙江到云南，从东海到天山，到西藏，到沙漠，冰川我都去过。

沙漠的考察比较辛苦，主要是饮食不习惯。比方说吃羊肉，那地方不是像我们这边炒一点儿菜，吃一点儿羊肉。他们早上起来就是羊肉，也没有主食，就是羊肉在水里面煮好以后一刀一刀切来吃，中午羊肉，晚上还是羊肉，而且调味品都不放，前面放一盆盐，拿着割下来的羊肉到盐里面沾一沾就吃。吃一顿可以，吃一天也可以，每天吃可就受不了啦。我是浙江人，不能吃辣，可一到四川、云南、贵州、江西，就全是辣的食物，我也受不了。野外考察免不了翻山越岭，这对当时年轻的我来说都能胜任，就是饮食上很不习惯，要克服很大的困难。

遥天感地

主持人：您是华东师大"地理信息科学教育部重点实验室"的前身"城市与环境考古遥感教育部开放实验室"的创始人，你能谈谈成立这个实验室的初衷是什么？当时的成立环境和条件怎么样？

梅安新：我先讲这个条件吧，当时我参加了几个高校联合起来成立的一个协作组，北大、北师大、南大、华东师大、东北师大、山东大学、南京林业大学、北京农业大学，由教育部科技司牵头，争取到了国家的"五五"、"六五"科研攻关：山西农业遥感和内蒙古草原遥感等项目。当时山西省这个遥感我先负责去做的，我去给他们工程师上课培训，由教育部科技司指导我们。另外，国家科委对华东师大也比较重视，当时成立了一个空间遥感科学学会，成立的时候，华东师大有两个人参加筹备，一位是电子系的万嘉若老先生，他是副理事长，还有一个就是我，我是秘书。这个学会由国家科委直接管理，所以国家当时已经了解了华东师大的遥感研究水平。

总体来说，当时华东师大的遥感研究在全国有一定地位，也有一些实践经验。当教育部科技司计划要成立一批开放实验室时，我们的袁运开校长非常支持我们去申报"城市与环境考古遥感教育部开放实验室"。为什么是城市遥感与考古遥感呢？当时我们考虑到上海市是全国最大的城市，理应承担研究城市遥感的重任。

2006年，梅安新教授在遥感应用协会专家委员会上发言

研究考古遥感是因为当时华东师大跟国家文物局、北京博物馆成立了联合遥感考古研究室，当时的系主任刘树人老师是搞环境考古遥感的。所以华东师大遥感有两大方向：一个环境考古遥感；一个城市遥感，我们根据自己的特色成立了这个实验室。国家教育部当时批准 39 个开放实验室，遥感有两个，一个是华东师大城市与环境考古遥感实验室，另外一个就是山东海洋大学海洋遥感信息处理实验室。从我们来讲，为学校争取到这样一个实验室就是争取到了一个高校队，研究水平会更上一层楼；从国家来讲，要考虑整体布局，华东师大搞城市与环境考古遥感，山东海洋大学搞海洋遥感，一个城市一个海洋，分工有序。

主持人：在担任"遥感技术应用研究所"所长期间，您主要做了哪些工作？有哪些事情令您印象深刻？

梅安新：我记得做了两件事情，一件事情就是抓我们的队伍建设。我们所陆续调进来几个人，一个叫张立，一个周坚华，还增加了一些留校的研究生，包括我们原来的一些老师，整个研究队伍更加全面。另外一个是上海市遥感项目 36 个，我们争取到了 24 个，占了大概三分之二，所以为上海市城市服务作了一些贡献。还有就是我们学科将遥感跟 GIS 结合起来，做了一些这方面的工作。

主持人：您主持编写的《遥感导论》被列为"21 世纪教程"，在国内影响很大。您能具体谈谈编写这本书的情况吗？这本书是如何被选中成为"21 世纪教程"的？

梅安新：《遥感导论》这本书是教育部招标的，有北大、北师大的学者一起参编。

梅安新教授（左）与陈述彭院士（右）合影

这本书为什么会被选中成"21世纪教程"呢，我认为主要是因为我们体系比较新。

遥感分为两种，一个是航天，一个是航空，我们却把它们结合起来。理由很简单，过去的书上都是将航空和航天分开讲，要编教材也比较容易，但是我们要挑战过去，要把它们结合起来重新编，重新建立一个体系。比如同一个摄像机既可以放到飞机上，也可以放到卫星上去摄像，放在飞机上面就是航空遥感，放在卫星上面就是航天遥感。但事实上，所用的手段和技术是一样的，只不过平台不同。我们就根据这个思路编写教材，比较简练。以前都叫概论，我们开始叫导论，就是引导读者进入它。由于体系比较新，教育部采用了我们这个教材。因为教育部采用了我们的教材，"21世纪教程"投标是我们去投的，投中了。

这本书现在的影响比较大，大概已经重印了十二、三次，出了约二十万本，大学的专业教材出到二十万本还是不多的。还有我们这个教材不但地理适用，测绘也可以用，地质也可以用，适用范围比较广，他们要求我们编的时候就考虑到这个因素。到现在全国考研，研究生都要用这个教材。

地理系学生要具备八大能力

主持人：您在华东师大还率先培养了遥感和地理信息系统研究生，您刚刚提到您的嗓子也不太好，是不是因为以前上课太累或是别的原因？

梅安新教授（右二）指导德国研究生

梅安新：这个不完全是，课是上得比较多，我在地理系开了八门课，还建立了两个实验室。一个就是刚才讲到的"城市与环境考古遥感教育部开放实验室"，还有一个1964年建的叫"土质土力实验室"。我先讲为什么要首先培养遥感和地理信息系统研究生。我于1985年至1986年到美国做访问学者，参加了一次北美地理学家大会。会上几乎所有的研究者，不管是搞遥感的还是搞地理的，都要用地理信息系统来处理问题。我感到地理学科的数字化、信息化方向研究有很大前景。回来以后，当时的副系主任俞立中让我向全系老师推广地理信息系统，我就对全系老师讲了一次地理信息系统对地理学现代研究的作用。同时，我也招了研究生。我感觉结合地理信息系统来处理和分析遥感问题是很好的。

当时国内的地理信息系统刚刚起步，我培养的是第一个地理信息系统方向的研究生，他叫徐建刚，刚开始留校任教，后来被南京大学作为人才引进过去了。

主持人：在人才培养方面，您比较注重什么？

梅安新：我比较注重能力培养。我曾经提出来地理系学生必须具备八个能力。

第一个，地理系学生最大的本事就是收集资料，包括收集资料、消化资料、整编资料、衍生出新的资料。地理系学生应该具备这个能力，因为地理牵涉到自然、社会、经济，各方面都要懂。首先把这些资料收集起来，更要从中分析、提取你需要的信息。

第二个本事就是野外考察，实际考察的本领。

梅安新教授（左三）与研究生合影

第三个是读地图、用地图、编地图。举个例子来说，曾经有个教授拿世界地图来给我量中国的面积、美国的面积。我说你这个不行的，世界地图这个投影不能拿来量面积，地图投影有等积、正形之分。所以地理系学生对各种地图要会读，会用，还要会自己编。

第四个是从遥感图像里面得到自己所需要的地理信息。

第五个是地理系学生还要有实验操作的本事，比如土壤试验、土壤污染、水文测验，气象观测等，这些都是实践操作的本事。

第六个是地理系学生要会做各种社会调查。

第七个是地理系学生要具备一定的计算机水平。

第八个是地理系学生要具备一定的外语能力。我觉得地理系学生就要具备这八个方面的能力。

主持人：您是如何平衡科研与教学工作的呢？

梅安新：教学工作是个硬任务，科研工作也是为了丰富教学，这两方面其实是相辅相成的。如果没有一定的科研水平，对学科没有一定了解的话，搞不好教学工作。我认为大学老师必须要会用科研来丰富教学的内容，你不能跟学生讲半个世纪以前的内容，要讲这个学科当代比较前沿的东西，尤其是对研究生。我对研究生的要求有一条，必须会自己选题目，选好以后很多老师一起来帮你斟酌。研究生具备了上面说的八个本事的话，自己能做到这一点。

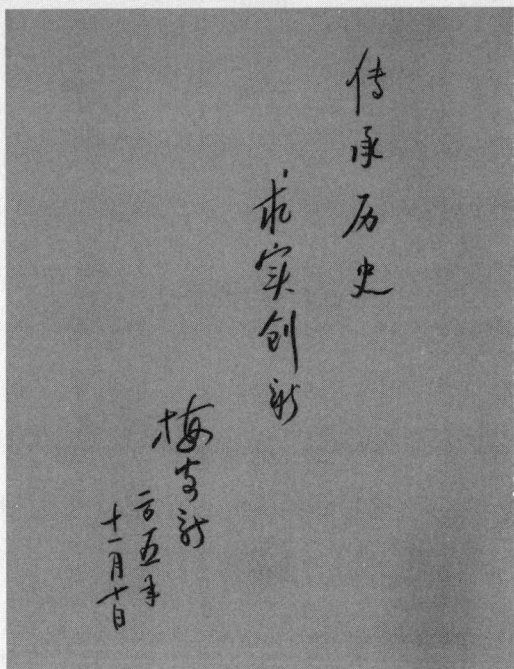

传承历史
求实创新
梅安新
二〇一五年
十一月十日

梅安新题词

主持人：您刚也提到，八个能力里面有计算机，您是从什么时候开始应用遥感和地理信息软件、处理图像软件的呢？在学习之初有没有什么困难？

梅安新：我先说一下，遥感学界、地理学界存在一个问题，即会分析图像的人不会计算机，会计算机的人不会分析图像。

我提出做遥感必须要做到以下三条：第一你必须对遥感信息有充分的了解；第二你必须对研究的对象，比如环境、资源等方面有深刻的理解；第三你必须对研究区域，比如普陀区、上海市有全面的了解。遥感的研究包括遥感的信息和遥感的信息处理两方面。我碰到过这样的情况，80年代初期，全国开遥感会议，搞遥感应用和计算机的两部分结合不到一起。搞计算机处理的人认为搞应用的人没用，你们都读不懂我的图。搞应用的人就说你只知道处理，却不知道处理完干什么用。于是我开始注意这个结合。

我在美国待的一年，发现那边什么东西都要用计算机。我当年等于就是计算机文盲了，要从头开始自学。学了计算机以后，我就能把遥感应用跟遥感处理图像结合起来，所以我处理的图像就是比较能够实际应用的图像。我认为自己在这方面走了自己的路子。

主持人：您对当代大学生有什么期待与建议？

梅安新：八个字——志存高远，脚踏实地。志向要高远，做事要脚踏实地。这是我的看法。

链接:

梅安新老师是个好人

梅安新老师今年 80 岁了,作为梅老师的第一个研究生,我有许多话要说,可惜千头万绪,只能七零八碎地写些关于自己的记忆,这些记忆只是梅老师故事的点滴,这些点滴汇成一句话:梅安新老师是个好人。

记得我读大学的时候,总是让人不满,为什么? 直接原因有两个:第一是因为我来自地质队,显得自由散漫,又感到地貌专业的地质课我都懂了,喜欢上课自己看书或者去听其他课,不招任课老师特别是班主任喜欢;另一原因,我喜欢到物理系、数学系听课,参加班级活动少。这些本来老师和班主任不知道。那时有人打小报告,把我上课不听讲、逃课都报告了。当然,这只是题外话了,没什么恩恩怨怨的。自然,我是一个不受欢迎的学生。怎样不受欢迎,有两个实例:有一次开卷考试,邻座的同学抄了我事先准备的答案,结果他得了满分,我不得分。我问任课老师为什么我的错了他却对,那个老师说我对你严格要求呀,你为什么从地理专业换到地貌专业? 我说我原来是地质队的。他说你一个钻探工懂什么? 要严格要求你! 我就被这样被严格要求着,两年半下来,我的数理化都是在 90 分以上,而专业课几乎没有上 80 分的,除了地质队调来的两个老师讲的中国地质、中国地貌,实在需要野外经验,因为我过去不是钻探工而是地质工。不知有没有人给他们介绍过我的"落后"让他们歧视我。有次地理系的线性代数课考试,我得了 100 分,立即有人说我怎么可能得 100 分呢? 后来这个任课老师找了我,原来我是那个混进他在数学系讲抽象代数的课堂听课的学生,他相信我。还有一次野外测量,我用地质队经验指挥我们小组第一个完成了测量任务,这在我们地质队是小儿科,结果我们小组被评了差,理由是完成得太快,不认真。其实我们那些青年助教,哪有我这个在地质队摸爬滚打三年的地质队员野外地质学、地貌学水平高。反正我是落后学生。二年级时,因为我写了篇论文,教泥沙力学的老师看上了我,让我跟他研究泥沙力学问题,可是到学期末,他英年早逝了,我哭了,为他哭,也为自己哭,我有些绝望了。

我这个落后学生升到三年级,梅安新老师来了。自然,落后学生被先通告一遍。梅安新老师从这种介绍中注意到了我,可能因为当年他也是"落后"学生,一个也没有写过什么申请书的人。一个学期下来,我得了遥感课程的最高分,梅老师是华东师范大学遥感的开拓者,这回梅老师没有歧视我,这门课我考最优,可是又有人不舒服了,梅老师坚持自己的评分。这个最优鼓励了我,让我感到了公正的阳光。快毕业了,我要报考研究生,有权势的人说,他考上也不要上。我只好报考了其他学校,由于种种原因,的确是种种原因,我当年没有考上,有人还说,你给华东师大丢人了!我又伤心哭了,梅安新老师见到我说:"我明年可以招生研究生了,你来考我的研究生,一视同仁。"①一视同仁,让我感到无限的温暖;一视同仁,对我来说,是世界上最温暖的阳光。

毕业离开华东师范大学,我被分回地质队,而地质队师傅说,你在地质队害了肺结核,不能回来。这样,梅老师让我去找他在云南师范大学的老同学,希望找到工作。从这个老同学那里我才知道,梅安新老师的恋人余老师,1957 年被划为"右派",梅安新老师不弃不离,表示愿意陪着她下放内蒙古,选择了与一个众人回避的右派分子结婚。我父亲知道后评价说,你不知道什么叫右派,梅老师是真正的好人。

事实上证明,梅安新老师是真正的好人。1984 年我考上了梅老师的研究生,可是系里负责教学的领导不同意录取。不过那时候开始尊重知识分子了,梅老师就说:"王铮是个勤学的人,政治思想没有问题,不让我录取他,我谁都不录取了。你要录取的,等你自己当了副教授再说。"当我那个在实验室的同学,一个也从来没有写过什么申请书的人,听到这话时,心中说:"老梅,有骨气!"就这样,我考上了研究生。我妻子后来评价说,梅老师就是你的贵人。有机会,你也要学着他做学生的贵人。我说,梅老师是个好人,我要学着他做个好人。

我考上研究生不久,就被借调到华东师大参加攻关课题,搞草原遥感。因为刘树人老师没到,梅老师被安排同时负责两个组,土地利用组和地貌组。一到内蒙古梅老师就叫我独立负责地貌图编制:"你在地质队和地理研究所工作过,相信你可以干好。不明白的自己先想一想,可以问我,也可以问北师大赵济老师,他是中国地理的权威,还有北大崔海亭老师,知识丰富可以讲个不停。"到了野外,梅老师要求我每天都作总结,当天的考察成果,当天一定要上图。就这样,梅老师没有门户

----

① 许世远老师当时也这样劝过我。

之见,鼓励我独立工作,使我成为了地貌图的主要完成者之一,也得到了很大的锻炼,向其他老师学了不少本领。如果梅老师不放手让我工作,不让我向其他老师学习,我不可能形成独当一面的能力。这种能力的培养,是真正的好人所做的,好老师所为,让你在自信和独立中成长。

1985 年底,梅安新老师要出国做访问学者,他把我和师妹叫去,专门谈了论文的事,希望在他出国期间我们不要自我流失。他说,你们的论文题目,我想了两天,我走后你们沿着这个方向读书、探索,题目可以变,方向要稳定。从梅老师家出来,晚风吹着,我感到很适宜。师妹说,梅老师真是好人,把我们论文问题想好才走。我心里想,梅老师是一个平凡的人,可是他是一个尽职的人,一个坚持教师职业操守的人,一个以平等精神待学生的人,一个有正义感的人,这样的人,说不上伟大,谈不上正确与否,但是他是一个好人,一个民众心目中的好人。

(作者王铮,原载《巡天察地——梅安新先生八十华诞恭贺文集》,东南大学出版社,2013 年 10 月第 1 版)

沈焕庭：我对河口怀有深厚感情

沈焕庭，1935年生，江苏无锡人。河口海岸学国家重点实验室、华东师范大学河口海岸研究院终身教授、博士生导师。

1957年毕业于华东师范大学地理系并留校任教。1978年起任华东师范大学河口海岸研究所河口研究室主任。1995年至1998年，任河口海岸研究所所长。1991年获国务院特殊津贴。曾兼任国家教委科学技术委员会委员、国务院学位委员会地理大气海洋评议组成员和地理学科评议组成员兼召集人、全国博士后管委会地球科学专家组成员兼召集人、JGOFS（全球海洋通量联合研究）/LOICZ（海岸带陆海相互作用研究）中国委员会执行委员、国家自然科学基金会地球科学学科评议组成员、国务院长江口及太湖流域综合治理领导小组科技组成员、中国南极研究学术委员会委员、中国海洋学会和海洋湖沼学会潮汐与海平面专业委员会副主任委员等。

长期致力于河口学研究，合作发表论文220余篇，出版《长江河口最大浑浊带》、《长江河口物质通量》、《长江河口水沙输运》、《长江河口盐水入侵》、《长江河口陆海相互作用界面》、《三峡工程与河口生态环境》、《长江冲淡水扩展机制》、《上海长江口水源地环境分析与战略选择》和《长江河口动力过程和地貌演变》等9部论著。获国家和省部级科技进步奖16项。上海市科技精英提名奖和全国教育系统劳动模范。

"保送进师大改变了我的人生轨迹"

主持人：沈教授您好！很高兴有机会与您面对面交谈。首先请谈谈您的求学经历。

沈焕庭：昨天是 9 月 3 日，抗战胜利 70 周年纪念日，对此我深有感慨。1935 年我出生在江苏无锡的农村。父亲读过几年书，字写得好，算盘也打得好，十五岁就在亲戚开办的一个孵坊做账房先生（相当于现在的会计）。江南水乡家家户户养鸡养鸭，孵坊生意兴隆，我家过着食穿不愁的安乐生活。1937 年日本鬼子侵我华夏大地，上海和我家乡无锡相继沦陷，他们一来就实行"三光"政策，狂轰滥炸，很多民房、厂房被炸，我父亲工作的孵坊靠近江阴要塞，也毁于战火，从此我父亲失业，我家的命运完全被改变。日本鬼子无恶不作，据我母亲讲，我那时两岁，她一听到飞机要来，马上把我抱到荒野坟堆去躲避。我懂事后亲眼目睹鬼子拿着装有刺刀的长枪来村里扫荡抢杀，在临近的东旺村有 108 名百姓被杀害。在日本鬼子蹂躏下，我家过着饥寒交迫的生活，我放学回家就帮父母做事，割草喂兔、喂羊等，半读半耕。

1945 年日本鬼子投降。1947 年我小学毕业，家境依然贫困，那时乡下贫穷人家一般会让孩子早点做工挣钱，为家分忧，而我父母认为，唯有读书才能改变孩子的命运。所以在经济极端困难的情况下，他们千方百计设法送我继续念初中。我就读于胶南初级中学，离家较远，只能住读。这个学校非常好，校长孙荆楚是一位曾就读北京大学外文系的爱国知识分子,是当地很有名的教育家。他聘请了多名思想进步、知识渊博、富有教学经验的老师来任教,使我在学校里接受了良好的教育,萌发了艰苦奋斗,读书救国的思想。我们村有两百多户,一千多人,只有两人进入初中。

1950年我初中毕业,家庭经济稍有好转,但仍比较拮据。当时师范学校不仅免学费,还免膳费,加上农村对老师很尊重,我决定报考师范学校,毕业后做一名乡村小学老师,家里也一致同意。那时附近有两所师范学校,一所是位于市区的无锡师范,另一所是陶行知倡导的江苏洛社乡村师范,我选择了后者。入学校后不久,国家发出抗美援朝号召,班里同学积极报名,参加军事干校,有四分之一被批准,我因是独子按政策未获批准,留下继续学业,三年间我学习努力,成绩优良,毕业时已做好准备去当一名乡村小学老师时,做梦未想到突然接到通知,保送我到华东师范大学深造,改变了我的人生轨迹。

主持人:您当时为什么选择地理作为您的专业?

沈焕庭:到了华东师大,首先是选择专业。我开始填的是物理,因报物理的人太多,学校要我们填写第二志愿。我在读师范时,地理老师讲了不少天文、气象、地质知识,我听了颇感兴趣,加上当时的师大地理系是浙江大学地理系调整过来的,名师济济,有李春芬、胡焕庸、严钦尚等著名教授,就填了地理系。

当时三馆(物理、地理、生物)正在建造,尚未竣工,我们在共青操场边的茅草房(现在是体健楼)上课。第一课是李春芬教授讲授普通自然地理的绪论,他讲课条理分明,系统性、逻辑性强,深入浅出,后来到新生欢迎大会系主任讲话时又知道他是系主任,是他首先将我引进了地理学的殿堂。

踏进美丽的师大校园后,为报答父母、党、国家和人民的恩情,我努力学习。一年级第一学期任天文学课代表,第二学期任班学习委员,并去留苏预备班学习,后因计划改变,仍回班学习。二年级任班长。到三年级时,学校很注意培养学生的科学研究能力,成立了学生科学技术协会,我积极参加,先担任系学生科技协会主席,后又任校学生科技协会副主席。利用暑假与同学吴有正去江苏吴江的庞山湖,苏州的洞庭东山和西山,无锡的鼋头渚和马迹山等地现场查勘和收集资料。当时的马迹山(现称马山)是太湖中的一个岛屿,我们乘帆船去2个多小时才到,派出所的同志问我们来干啥?我们说来考察地貌,研究太湖的演变。他们讲,这里是太湖强盗的老巢,很不安全,晚上只能住在我们这里,明天你们去考察后尽快离开为好。

经过几个月的实地考察和查阅资料,经分析研究,两人合作完成《太湖的演变》习作。

在大学学习期间,我既学到了科学知识,又培养了科学研究能力。1957 年毕业前夕,因在学习上有优秀表现,受共青团华东师范大学委员会表彰。毕业后留校任教。

锲而不舍致力河口研究

主持人:您是我国河口学的主要学术带头人,您是为何从地理专业转向河口领域的?

沈焕庭:我工作后经历了地理、海洋、河口三个不同学科的转换,这并不是有意而为之,主要是客观需要。在我毕业留校工作时,曾有领导对我讲,要我到刚成立的河口研究室从事河口研究,我听了很高兴,但未知何故,后来是安排我去自然地理教研室从事普通水文学辅导。工作不到半年,国务院发出干部下放锻炼号召。1957 年岁末,我与许多同志一起下放到上海西郊七一人民公社,与贫下中农同吃、同住、同劳动。在这期间大部分时间是干翻地、种菜、浇水、施肥、除草、收割等农活。后期公社要开一条新河,要我负责水准测量,分配给我两个知青当助手,这个测量要求甚高,在施测过程中若有一点差错就要全程重测。经我们共同努力,一次施测的闭合误差就达到规范要求,受到公社的表扬。此时下放已近一年,按计划即将结束回校。同时长江河口的通海航道大规模观测项目也要开始,我很想参加,但公社与学校联系,要我待新河开挖完成验收测量后再回校,这样又延长了四个月才回到学校。

1959 年四月回校后,国家发出向海洋进军号召。上海临海却没有一个学校有海洋专业,经教育部批准,华东师大在地理系筹建上海首个海洋水文气象专业,组织决定要我参加筹建工作,并于 1960 年由我带领 5 个青年教师赴山东海洋学院(现中国海洋大学)进修海洋学。我主修潮汐学,要求通过 1—2 年进修回校,为高年级学生讲授专业课。那时正值我国的困难时期,山东受灾更为严重,我们到青岛后立即随全校师生去农村生产救灾,在农村吃的似牛马食,干的似牛马活,一个半月回到学校才开始学习。由于我本科学的是地理专业,没有学过高等数学,而学物理海洋学一定要有较好的高等数学和流体力学的基础知识。如按部就班从头学

1959年，沈焕庭在长江口潮滩观测

起，时间不允许，反复思量，只能倒过来学，先听专业课，大口囫囵吞枣，尽最大努力学，能理解多少算多少，一时无法理解的只能留待以后再补基础知识后去消化吸收。加上当时吃等生活条件极差，身体浮肿，难上加难。但想到自己肩负重任，又是共产党员，激励我迎难而上，顽强拼搏，这是我有生以来学习最艰辛的阶段。世上事总有两面，有苦就有乐，通过一年学习，对海洋学尤其对潮汐学研究的内容、思路和方法等有了基本了解，为进一步学习打下了基础。

1962年3月—8月又赴青岛中国科学院海洋研究所进修海洋潮汐学。9月回校为海洋水文气象专业65届三年级学生讲授"海岸动力地貌学"，此课程原计划由河口研究室承担，后因故突变，要我们教研室自行解决，一时无法找到合适人选，我身兼教研室党支部书记，只能把困难留给自己，勇挑重担。这是门新课，我以往没有专修，只学过与其相关的部分内容，要教好这门课难度之大可想而知。加上按计划"海洋潮汐学"很快要开课，其中还有不少问题没有搞懂，必须补高等数学和流体力学的基础知识后才能搞懂，这又是难上加难。经夜以继日边学边认真备课、详细编写讲稿，圆满地完成讲课任务，并取得了良好的教学效果。紧接着为海洋水文气象专业65、66届学生讲授"海洋潮汐学"，这是本专业的主课之一，难度更大，为搞好教学，硬着心地将出生不久的女儿放进全托班。一分耕耘，一分收获，我们培养了两届很优秀的海洋水文气象学专业学生，他们工作后很多成为海洋学领域的骨干。

1980年，沈焕庭（前排左）参加中美海洋沉积作用联合调查研究

1966年"文化大革命"开始，海洋水文气象专业因是非师范性专业等原因争论不休而停办。1969年因研究工作需要由组织安排，我转入河口海岸研究室工作，开始全身心步入河口海岸研究领域，将地理学与海洋学结合，致力于河口研究，从此与河口结下了不解之缘。

主持人：能谈谈您参与了哪些重要的河口研究工作吗？

沈焕庭：我自步入河口研究领域后，根据生产和学科发展的需要开展了一系列的科学研究工作，按研究性质这些研究可分为两大类，一类是直接为生产服务的应用研究，另一类是基础研究。

自1959年起至2006年，我参加或负责的大小应用研究项目共计30多项。研究地区北自中朝边境的鸭绿江河口，南至中越边境的北仑河口及海南岛的三亚。研究内容涉及水文泥沙测验、滩地调查、潮流图编制、污水治理、护岸保滩、通海航道选槽与整治、河口综合治理、港口与码头选址、水源地选址与规划、新能源发展规划、重大工程对河口生态与环境影响及其对策等诸多方面，研究成果为多项工程提供了科学依据，被采纳应用，取得了明显的社会经济效益。现略举数例。

1969年因黄浦江苏州河黑臭严重影响自来水水质，市革会发出向黄浦江苏州河污水宣战号召，成立污水治理小组，成员来自市三废办公室、有关设计院和高校，抽调来的大多是各有关专业的骨干，在大量调查研究的基础上，根据当时的情况和条件提出了治理方案：一是污水截流，减少进入黄浦江苏州河的污水量；二是利用污水灌溉农田;三是建两条大排污管将污水集中排入长江和东海。后发现污水中的有害元素会转移到农作物体内,污水灌溉被否定,污水截流与集中外排是行之有效的,当年提出的石洞口和白龙港排污方案被采纳实施,经改建和扩建,至今仍在发挥作用。

1971年宝山县(包括长兴岛、横沙岛)有不少岸段涨坍不定,变化无常,给安全和生产带来严重危害。从五七干校回来后与刘苍字、曹沛奎、董永发等组成小分队去宝山县农水局参加宝山地区护岸工程自然条件分析与规划研究,经大量调查研究和综合分析,编写了研究报告,为宝山地区保滩护岸工程规划与建设提供了重要科学依据。

上世纪70年代初,国家发出"三年改变港口面貌"号召,作为上海港咽喉的长江口通海航道急需增加水深以适应上海港发展需要,首期目标是6米增深到7米。1972—1974年我有幸参加了这一工程的可行性研究。在这三年中,根据工程需要对长江口的潮汐潮流、径流、盐淡水混合、余环流、泥沙输运与河槽演变规律等首次进行了全面的开拓性综合研究,并提出疏浚南槽方案被采纳,该工程1975年竣工后使万吨级海轮可全天候进出,两万吨级海轮能乘潮进出上海港,大幅度提高了上海港的吞吐能力。研究成果还为长江口深水航道建设和综合治理规划的制定提供了重要科学依据。

1978—1979年负责南水北调对长江口盐水入侵影响研究,首次提出,东线南水北调会明显加重长江口的盐水入侵,影响上海和江苏部分地区的生活和工农业用水,并提出"控制流量"的概念和对策,得到水电部部长钱正英和有关部门的认可和采纳,成为南水北调决策和规划设计的重要依据之一。1981年宝山钢铁厂的科技人员还从此研究成果中找到了可以从长江口引淡水的理论依据,放弃了原来的淀山湖取水方案,1985年成功地在宝钢附近的长江边滩上建成第一座避咸蓄淡水库,不仅解决了宝钢的用水,且开创了入海河口利用淡水资源的先河。

三峡工程规模浩大,举世瞩目,此工程对环境和生态的影响更引人关注。《长江三峡工程对生态与环境影响及对策研究》是由国家科委下达的"六五"、"七五"攻关项目,分1984—1987年、1988—1990年两期进行,我为项目组成员和三峡工程对河口生态与环境影响与对策研究的负责人之一,重点研究三峡工程对长江河口盐水入侵的影响,通过研究提出的"三峡工程对长江河口盐水入侵有利有弊,利在枯水期流量增加使盐度峰值削减,弊在10月流量减少使河口盐水入侵时间提前,

1990年，沈焕庭教授作三峡工程对长江河口生态与环境影响报告

总受咸天数增加"的结论被报送全国人大的"长江三峡水利枢纽环境影响报告"采纳。还负责上海市2001年重大决策咨询课题《三峡工程与南水北调工程对长江口和上海地区水环境问题研究》等，被有关部门作为决策依据。

充沛、优质、安全的供水是城市发展的基本保证，上海正在向现代化国际大都市迈进，城市供水的需求量将大幅增加，对水质的要求也会越来越高。黄浦江长期以来一直是上海的主要供水水源，由于污染严重需要增辟新水源，2002—2003年我所联合上海市环境科学研究院和上海市环境监测中心，开展了"上海市水源地环境分析与战略选择研究"，提出上海市水源地的重点应由黄浦江向长江口转移，青草沙水源地是本市管辖范围内最佳的水源地。研究成果获上海市科技进步二等奖。青草沙水库2007年开工建设，2011年6月建成，给上海市人民带来了清澈优质的自来水。

除应用研究外，我还积极开展基础研究。从1998年至2007年我以长江河口为主要研究基地，不断追踪学科发展前沿，重视学科交叉，倡导和践行物理、化学、生物过程研究相结合，积极参与全球研究计划，连续承担"七五"、"八五"、"九五"、"十五"攻关和国家自然科学重大、重点基金等十多项重大项目研究，对河口的动力、水沙输运、盐水入侵、冲淡水扩展、最大浑浊带、物质通量、陆海相互作用、人类活动对河口环境影响、河口开发利用等河口学中的重大问题进行了一系列开拓性和前瞻性研究。研究成果在国内外发表后被广为引用，丰富了河口学的内涵，推动

1985年，沈焕庭教授（左）与美国工程院院士、国际著名河口海洋家普里查德合影

了河口学的发展。

　　主持人：您于上世纪80年代出国交流，开展合作研究，这些经历对您有什么影响？

　　沈焕庭：1980年至1982年，中美开展海洋沉积作用联合研究，这是中美建交后在海洋科学研究领域进行的首次合作，双方极为重视，都组建了强大的科研阵营。中方参与的有国家海洋局、中科院、教育部、交通部和地质部等5个部委的10多个研究所和大学。美方参加的有国家海洋大气局、地质调查局、伍兹霍尔海洋研究所、麻省理工学院、芝加哥大学和州立华盛顿大学等10多个单位，都派出了相关领域著名的科学家。现场调查分海洋与河口两个队，我任河口队队长。现场调查完成后，1982年我受国家海洋局委托带领参加调查的11人赴美国相关单位合作研究，我到西雅图美国国家海洋大气局太平洋环境实验室与坎农博士等合作研究。通过此次合作，与美国科学家直接接触，增进了对美国的了解和科学家间的友谊，学到了多学科交叉融合等先进理念和沉积动力球等先进技术，尤其是加深了对海洋沉积动力学的认识。

　　1983年10月至1984年10月由杨振宁基金资助，我赴美国纽约州立大学石溪分校海洋科学研究中心，与国际著名河口海洋学家普里查德和舒贝尔等合作研究。杨振宁基金以往资助的都是有关理论物理的专业人才，如复旦大学原校长谷超豪、杨福家等，与理论物理无关的我是第一人。杨先生认为中国不仅需要搞基础理论研究的人才,也需要搞应用基础研究的人才。在访问研究期间,我通过阅读文献、参加国际河口研讨会、听课、讲座、现场考察和交谈等多种方式,对国际河口研究的历史、现状和动向进行了广泛和比较深入的了解,扩大了学术视野,对我回国后申报国家自然科学基金、参加 JGOFS 和 LOICZ 国际研究计划、倡导和践行物理、化学、生物研究过程结合和培养交叉学科研究生等有很多启示。

1984 年后我积极参加国际学术交流,除又多次去美国外,还去过德国、荷兰、意大利、日本、韩国和澳大利亚等国,共约 20 余次,这对我不断追踪河口国际前沿研究、发展具有中国特色的河口学有重要作用。

对实验室未来发展的殷切期待

主持人:您对河口海岸学国家重点实验室未来的发展有何期待?

沈焕庭:全世界的大城市很多在河口地区,该地区的自然条件和人类活动的影响也特别复杂。我搞了近 50 年的河口研究,对河口怀有深厚感情,退休后大部分时间在总结河口研究成果和思考河口学的发展,河口学中诸多问题仍萦绕在脑际,对河口学的发展仍有强烈的使命感和责任感,故对河口海岸学国家重点实验室未来的发展有很多殷切期待。

河口海岸学国家重点实验室肩负发展具有中国特色的河口海岸学科的重任,在国内要起排头兵作用,在国际上要进入先进行列,在某些方面要居领先地位。

实验室要始终不渝地把河口区、海岸带作为主要研究区域,研究流域、陆架、甚至大洋,不仅可以而且必要,但着眼点主要是为了更好地搞清楚河口海岸地区的问题,发展河口海岸学。

原有的特色要进一步发展。不仅要重视当今研究的热点,更要关注河口海岸学未来的发展趋势和前景,要大力加强物理、化学、生物过程的综合研究,增添新特色,要避免新特色未形成,原有特色被削弱。

既要根据国民经济发展要求积极开展应用研究,又要大力开展基础理论研究,将两者紧密结合,以应用基础研究为主,使应用研究深深地扎根于基础研究的沃土之中,使基础研究更好地推动学科发展。

队伍建设是实验室建设的关键。要花大力气营造良好的学风,要自己培养和从国内外引进高素质、高水平的人才,尤其是学科带头人,要老中青相结合充分发

2003年，沈焕庭教授在华盛顿参加全球海洋通量联合研究学术研讨会

挥各自的作用，有高素质、高水平的团队，实验室才能不辱使命。

现场观测是原创之本，要在河口海岸的典型岸段建立长时间序列定位综合观测站，要增强实验室分析手段，要大力发展数学模型，要将三者紧密地结合。

国内外学术交流是促进学科发展的重要手段。要积极参与国际河口海岸热点和前沿课题研究，要在国内外重要的河口海岸学术研讨会上有我们的强音，要在国内外重要的河口海岸研究组织中持续地占有一席之地，可在国内牵头出版"河口海岸科学"的杂志和丛书。

主持人：您在培养人才方面有什么心得体会能跟我们分享一下吗？

沈焕庭：我在22年中共培养18名硕士、11名博士和3名博士后，其中很多已成为我国河口海岸研究领域的学术骨干。如河口海岸学国家重点实验室数值模拟的领路人，交通部上海河口海岸科学研究中心的主任、总工、水工模型室主任，浙江水利河口研究院副总工，中山大学河口海岸研究所所长和近岸海洋科学与技术研究中心主任，华侨大学环境科学与工程系主任，青岛海洋大学海洋地质系副主任，同济大学环境科学与工程学院院长助理，上海市水利工程设计研究院有限公司总经理助理，水务海洋研究所所长等都是我的学生。我培养研究生的心得体会主要有：

导师的品德、学识水平、科研能力、对学科前沿的洞察力等会直接影响研究生的培养质量，导师必须不断学习，提升水平。如果导师不重视自己的学习和研究，

2012年9月，沈焕庭教授在新建的青草沙水库

就不可能提高研究生质量。

"一树成材，十树成柴"。一个教师同时教授 5 个学生与 30 个学生，其效果和质量显然不同，一平方米内种一棵树与种 10 棵树，无疑是成材和成柴的结果。导师招生数量要适当，切忌过多。

导师授课或指导不仅在于将知识传授给学生，更在于启发和引导学生进行更有效的学习，要介绍自己是如何提出问题、分析问题和解决问题的，教会学生会提问，鼓励学生多提问，提升他们的学习动力与创新能力，"授之以鱼，不如授之以渔"。

我招收的研究生来自地理、海洋、水利、环境、数学、物理、化学、生物等多个专业，这样可把具有不同专业背景的学生培养成各有专长的复合型人才，组成跨学科团队，互相激励，取长补短，促进他们在广阔的学术空间开拓进取。

培养学生德才兼备，以德为先。寓育人于研究之中，寓研究于育人之中。把学生视作亲人，对做人、做学问要严格要求，在生活上要给予关怀，学生遇困难时要从思想上开导解惑，经济上给予力所能及的帮助。逢年过节将远离家乡的学生请到家中，像家人一样共度佳节。要鼓励学生超越自己，教师的成功在于培养出能胜于自己的学生。

主持人：您对华东师大和当代大学生有什么寄语？

沈焕庭：冀望华东师大：教学研究结合，教书育人为先；崇尚创新、学术自由和

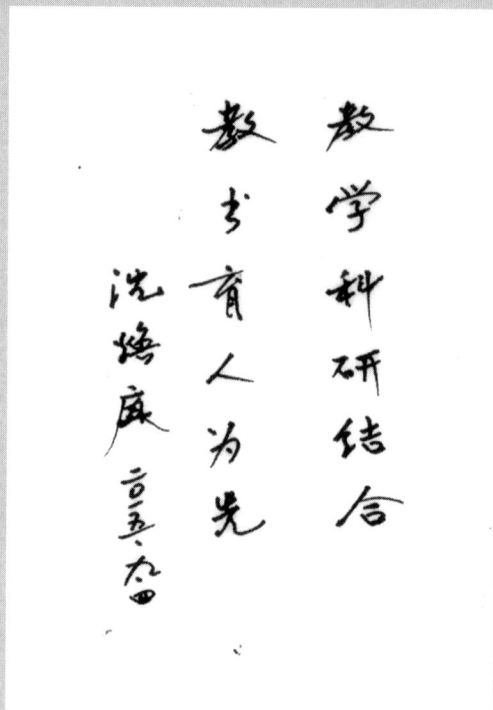

沈焕庭题词

包容；控制规模，提升质量，特色炫目。

冀望当代大学生：勤奋好学，德智体全面发展；富有团队合作精神；对未来充满信心。

链接：

情系河口（节选）

——记沈焕庭教授

与河口的不解之缘

　　沈教授从上世纪 60 年代末开始搞河口研究。先是搞黄浦江、苏州河治理，接着是去长江口的长兴岛、横沙岛搞护岸、保滩。1975 年因长江口通海航道水深不足，大船进不来，严重影响上海港发展，于是就去搞长江口通海航道治理。接着又参加了上海新港区选址、宝山钢铁厂选址、南水北调对长江河口盐水入侵影响等重大项目的研究。参加这些项目研究后，沈教授越来越感受到河口研究的重要性，对河口研究产生了更加浓厚的兴趣，从此与河口结下了不解之缘。

　　沈教授兢兢业业几十年致力于河口研究，他的足迹遍及我国 18000 公里海岸线上许多大大小小的河口，如长江口、黄河口、珠江口、钱塘江口、闽江口、中朝边境的鸭绿江口和中越边境的北仑河口等，但研究最多的还是我国第一大河——长江的河口。近 40 年来，他孜孜不倦地对径流、潮汐和潮流、余流和余环流、盐水入侵与冲淡水扩展、悬沙输移与最大浑浊带、涨潮槽与落潮槽演化、物质通量与陆海相互作用、河口区分段、南水北调与三峡工程等重大工程对河口环境的影响预测以及通海航道的选槽与治理、上海第二水源的选址与规划、淡水资源的开发与利用等进行了全面、系统、深入的研究，取得了一系列颇有价值的研究成果，不仅为长江河口综合开发治理提供了重要的科学依据，也丰富了河口学的内涵，推动了我国河口学的发展。沈教授的研究成果得到国内外同行的高度评价。我国著名的河口治理专家黄胜教授在评价沈教授关于长江河口研究成果时指出："在国内各大河口进行这样的研究，沈教授还是第一个。"美国工程院院士、国际著名河口海洋学家 D. W. Pritchard 教授评价沈教授的科学成就时认为："沈焕庭教授是中国一流（leading）的河口学家，他对长江河口的动力学和地貌学以及三峡工程对长江生态和环境影响的研究，均被国际公认是具有最高水平的研究。"

　　沈教授是我国河口学的主要学术带头人，从他的研究经历和研究成果不难看出,他对河口的研究具有鲜明的特色:一是他十分重视多学科间的渗透交叉,善于从相邻学科中汲取营养。上世纪 70 年代他把河口动力研究与泥沙运动、河槽演变、地貌和沉积研究相结合;80 年代又重视将数、理、化等基础学科的新成就应用于河口研究;到了 90 年代,他又积极探索将物理过程、化学过程、生物过程和地貌、沉积过程的研究相结合,促使我国的河口研究从静态描述向动态描述转化,从定性向定量发展。二是对河口研究的前瞻性。他积极参与国际和地区的学术交流和合作研究,不断追踪学科发展前沿。1980—1982 年在国家级中美海洋沉积作用联合研究中担任河口队队长,此后又不断赴美、德、日、荷、意、韩、澳等国和香港、台湾地区参加学术交流和合作研究。纵观他不同时期研究的课题和内容,他的研究均能体现出该时期国际上河口研究的热点或前沿领域。如上世纪 70 年代研究的河口环流与河口过滤器效应,80 年代研究的河口最大浑浊带和河口盐水入侵,90 年代研究的物质通量和重大工程对河口生态与环境的影响,以及新世纪以来还在研究的陆海相互作用等。三是他既重视基础研究又重视应用研究。他连续承担:"七五"、"八五"、"九五"攻关项目和中央部委和省、市委托的重大项目的前期可行性研究,如三峡工程和南水北调工程对长江口生态与环境的影响预测、长江河口与闽江河口通海航道的开发治理、一些重要港口的航道选址与建设、上海第二水源的选择与规划等。许多成果已在工程中发挥重要作用,取得了明显的社会效益和经济效益,获得了十多项省部级科技进步奖和上海市科技精英提名奖。如宝山钢铁厂根据沈教授等提出的长江口盐水入侵规律,放弃了原计划的淀山湖方案,在长江边滩上成功地建造了"避咸蓄淡水库",为上海和沿海城市利用河口淡水资源提供了新途径;研究东线南水北调时,他率先提出该工程会加重长江河口盐水入侵,影响上海用水,并提出控制流量概念,后被规划设计部门接受;承担三峡工程对长江河口生态与环境影响的研究时,他提出三峡工程对长江口盐水入侵有利有弊,利弊是什么等,被送交至全国人大的"长江三峡水利枢纽环境影响的报告书"采纳;他发现"远望号"码头原方案不合理,提出的替代方案被采用等。

师徒情深相映辉

对沈教授学生的采访也进行得很顺利。我去跟他们约时间时,他们都在很认真地做研究。明白我的来意以后,很热情地给我让座,并痛快地答应了我的采访。

最先接受访问的是一位姓马的学姐。马学姐是一名研三的学生,今年就要毕业了,谈起沈教授,她显得特别激动和亲切。她说在学术上沈教授学风严谨,来不得半点马虎,对学生的要求也是这样,写文章任何引用都要注明,对问题必须研究得很透彻,不能马马虎虎。而在生活中,沈教授像他们那一辈的许多人一样非常节俭,打印纸都是正面用了反面用;聚餐时,吃剩的东西都会打包让学生带走,决不浪费。

另一位迫不及待要讲恩师的是一名姓刘的师兄。这位师兄告诉我说他们与沈教授之间的关系十分密切,什么事都可以跟沈教授说,因为教授为人十分平和,对学生的大小事情都十分关心,也尽可能给予必要的帮助。

沈教授几十年如一日悉心搞科研与教学,桃李满天下,为国家培养出了许多人才。而这些学生也都念念不忘恩师的教导。去年9月,正值沈教授70华诞,我校、中山大学、浙江大学等单位的学者和专家共二十多名,为他们共同的导师、学术研究的引路人沈教授举办了"河口研究的过去、现在与未来暨沈焕庭教授河口研究40周年学术研讨会"。他培养的几十位河口学方面的优秀专业人才,都在各自的工作岗位上起到了骨干和带头作用。在研讨会上,专家学者们对沈教授在我国河口海岸研究领域所作的贡献进行了全面探讨。同时也回顾了恩师对自己的谆谆教诲,汇报了近年来各自在河口海岸研究方面所做的工作。他们对恩师的崇敬和感恩之情溢于言表。

采访最后,沈教授对人才培养的问题又一次强调,人品的塑造和能力的培养缺一不可,还有在学习中打好基础的重要性,并表示了对我们当代青年学生的良好祝愿和期望。

(作者李敏,原载《师·范——华东师范大学教授风采》,俞立中主编,华东师范大学出版社,2006年11月第1版)

齐森华：
我把学生看作
我生命的延续

齐森华，男，1935 年生，浙江慈溪人。华东师范大学中文系教授。

1953 年 7 月毕业于浙江余姚中学初中，1956 年 9 月从浙江慈溪师范中师考入华东师大中文系，1960 年 9 月留校任教。1984 年起任华东师大中文系主任，1993 年任华东师大文学艺术学院院长。现为华东师大终身教授、博士生导师。曾兼任教育部文科教学指导委员会委员、全国高等教育自学考试指导委员会文史专业委员会主任、全国大学语文研究会会长、中国戏曲学会顾问等。

长期从事中国古代文学和中国文学批评史的教学与研究，出版专著《曲论探胜》（获上海市哲学社会科学优秀成果著作奖），主编《中国曲学大辞典》（获文化部第一届文化艺术科学优秀成果二等奖，新闻出版总署第三届国家辞书二等奖）、《元曲鉴赏辞典》、《明清传奇鉴赏辞典》、《古文鉴赏大辞典》（副主编，获第四届全国图书"金钥匙"奖一等奖）。受教育部委托，和徐中玉先生共同主编国家"九五"、"十五"、"十一五"、"十二五"规划教材《大学语文》，发行三千余万册，并被评为上海市和教育部优秀教材一等奖。先后获上海市高等学校优秀思想政治工作者、国务院学位委员会"全国优秀博士学位论文指导教师奖"、中国戏剧学会"戏曲教学与研究终身成就奖"等称号。

"先天不足，后天失调"

　　主持人：齐教授，您好！首先，我们想请您跟我们分享一下您求学和工作的一些经历，好吗？

　　齐森华：我想用两句话来概括一下我的求学时代：一句是"先天不足"，第二句叫"后天失调"。我是浙江慈溪的一个农家子弟，既没有受过传统文化的良好教育，也没有受过现代城市文明的熏陶。我第一次到师大来的时候，家里也没有人送，就自己拿着一个小扁担，挑着行李，从上海西站走到学校。那是我第一次看到火车，也第一次乘火车。因此，我是非常"土"的一个人。

　　1956年进校的时候，大学里面流行跳交谊舞。班上同学都去跳交谊舞的时候，我和福建来的几个乡下同学一起到上海西站去看火车。我过去都在农村小学里念书，各方面条件很差，到现在为止，我连普通话都不会说。解放前夕，我小学毕业，去读了一年初中。因为家里穷，就回家种田了，我干农活是非常在行的。

　　解放之后，负责土改工作的来了，我读了一年初中，已经算是一个小知识分子了，于是就跟着负责土改的人去做一些登记工作。到1951年，负责土改工作的人给我介绍说："现在解放了，到学校读书都有助学金了。"因此，我便进了余姚中学就读。1953年我又读了锦堂师范学校，现在叫慈溪师范学校。1956年，为了响应"向科学进军"的国家政策，大学开始扩招，国家开始允许中等师范学校可以有限制地报考大学。我当时只能报三所学校——宁波师范专科学校，南京师范学院的学前教育系,以及华东师范大学的中文系、政教系和历史系。班主任建议说报考南京师范学院比较稳妥,但我决定冒险报考华东师范大学。从报名到正式参加考试也就一个礼拜的时间。我就去宁波参加考试,结果一考就考中了华东师大,令我非常意外。

1956 年 9 月,我就到华东师大中文系读书。第一年是真正好好读书的,第二年就开始搞政治运动、搞劳动,并没有很好地受过教育。我讲"后天失调",就是因为我们这一代人没有严格地经过大学课程的教育,大量的时间到农村和工厂劳动、搞政治运动去了。1957 年"反右",系主任许杰先生,副系主任徐中玉先生,还有跟鲁迅打过笔墨官司、被称为"百科全书式的人物"的施蛰存先生全都被打成"右派"。1960 年,我大学毕业并留校,当了很多年助教。到了"四人帮"粉碎的时候,我升了讲师。讲师之后,又升为副教授,到 1986 年,提升为教授。

我们这一代人无论从知识结构,还是从各方面修养来说,既不如老一代的前辈学者,也不如你们年轻一代,所以我用"先天不足,后天失调"八个字来总结我的求学生涯。

"不当老板,只做人梯"

主持人:刚才您也提到您大学毕业留校任教,从助教,到讲师,再到副教授、教授。那么,您能不能谈谈您在教学过程中的一些经历呢?

齐森华:我们作为教师,教学是我们的分内工作,也是我们的天职。我个人对教学工作是非常看重的。1960 年毕业,做了四、五年助教。刚刚要开始独立上课的时候,"文革"开始了,学校里停课闹革命,没有什么人上课了,我真正走上讲台是 1977 年的事。

"文革"后的第一批学生——1977 级学生进校的时候,我是第一次独自上讲台。那个时候我是讲师了。那一批学生应该说是相当优秀的。我们华东师大的一些有名的校友、作家群基本上都是 1977 级出来的。第一次给这批学生上课的时候,我是既兴奋又紧张。兴奋是因为等了这么多年,终于第一次独立走上讲台了;紧张是因为这批学生年纪比我小不了多少,却都已经很有成就了,我作为一个青年教师,内心非常怕,怕被学生赶下讲台。

到 1981 年我开始兼搞行政工作了。当时,徐中玉先生是系主任,我是副系主任。1982年,由于徐先生年岁大了,具体工作都交由我负责,我开始做常务副系主任。到1984年,我主持工作,做系主任。我1983年开始招收硕士生的,第一届招了3名硕士生;1994年,我开始招博士生,最后一届博士生是2005年。我自己比较欣慰,因为我培养的一批硕士生、博士生都比较有出息,他们的成就、学术影响完全是青出于蓝而胜于蓝。比如谭帆是我招收的第一届硕士生,他现在(2015年)是我们中文系主任、思勉高等研究院院长,又是教育部长江学者、国务院学位委员会学科评议组成员,各方面完全超过我。

主持人:您能具体和我们谈一谈如何做好学生的"人梯"吗?

齐森华:我培养研究生有一个很重要的理念,就是"不当老板,只做人梯"。现在的学校里,特别是理工科,觉得管导师叫"老板"非常时髦。我觉得这种称呼把原本很好的师生关系异化了——导师是"老板",那学生就是"小工"喽。我的理念就是,绝不当"老板",只做"人梯",为学生服务。我觉得作为一个导师,最起码的师德应该是热爱学生,为学生服务,心甘情愿做学生的"人梯",使学生能够通过我们的肩膀不断成长。对我的学生,我从不以导师自居,我把他们视为朋友,思想上面经常交流,感情上面经常沟通,生活上面互相关心,学术上面互相探讨。我只要一有空,比如说周末,我就到我学生的宿舍里面,跟他们聊聊天去。我跟学生是一种亦师亦友的关系。

从这样一个理念出发,我在研究生培养中,担当三种角色。

第一种角色:参谋。研究生进校后,很重要的一个问题,就是要帮学生确立好具体研究方向,并要及早帮学生设计好论文题目。论文题目设计好了之后,学生就可以有目的、有计划地搜集资料,理清思路。就我多年的研究生培养经验来看,这是非常重要的一个环节。

要做好这个环节,首先,我要了解这个学生的特点;其次,要了解这个学生的长处;第三,要了解这个学生的优势。举个例子,我有个学生叫车文明。他入校的时候,已经是山西师范大学的一名教师。我发现他的优缺点都非常明显。他有一个优势就是擅长文物考古,他的不足之处就是理论思辨能力相对较弱。后来我建议他做一个题目——《20世纪戏曲文物的发现与曲学研究》,将曲学研究与文物结合在一起,充分利用他的优势;同时,因为他的专业是文艺理论,又不能不考虑理论。这个论文题目刚好发挥了他的优势和特长,他论文写得非常顺手,答辩的时候大家纷纷叫好,这篇论文先后被评为校优秀论文、上海市优秀论文和全国百篇优秀博士

齐森华教授（左）与他的学生"全国百篇优秀博士论文"获得者车文明博士（右）合影

论文，为我们师大争了光。

第二种角色：向导。专业书籍研究生自己都能看，上课再讲这些书就是浪费学生的时间和精力，所以我上课绝不愿意讲这类东西。学生自己能够看、能够思考的东西我不讲，我主要把授课重点放在学术史上。学生做研究，导师要能够把这个学科学术发展的历史帮助学生去梳理，让学生知道前人在这个问题上面做过哪些研究，取得了哪些成就，他们运用的是什么思路和方法，前人的研究到现在为止还有哪些问题存在争议，而需要我们后人去解决的等等。把这些问题给学生理清楚的话，他就有了目标了，就不会走前人重复走过的道路。如此，学生就能够很快进入学术的前沿，能够用自己新的思路和方法去超越前人，能够弥补前人的研究当中没有解决的问题。

第三种角色：护驾。怎么做呢？第一，尽可能提供参考资料。尤其是像我们这种古代文学专业的，有些书可能比较稀缺，不太好找。因此，我在帮学生定好论文题目之后，就把我自己家里的相关资料统统理出来，给他们送去，也算做一点后勤工作。他们觉得有用的书，可以自己留下来，不必还给我；觉得没用的书，毕业之后可以还给我。所以我有很多书现在都散落在我学生手里面。第二，帮学生介绍名师。我虽然是导师，可一个人的水平始终是有限的，如果相关领域内的名师，学生都能够有所接触，那么，学术视野会更开阔。国内的一些同行基本上都是朋友，我这个人也比较热心，广交朋友。我把我的一些同行朋友介绍给我的学生，让学生自

齐森华教授（后排中）和部分博士生在杭州西湖聚会时合影

已去拜访这些专家，这让他们收获很大。我有个研究生现在在天津师大工作，他原先是做弹词研究的。弹词研究的资料非常少，国内研究弹词的人也不多。我把研究弹词的专家，从苏州到扬州，一一介绍给这个学生，然后他一个个地去拜访。他自己说，没有这些专家，他这篇论文根本不可能完成。第三，给学生提供机会。有学术会议，我就介绍学生去参加；有学术项目，请学生一起参与；学生有好的论文，我帮他们推荐到有关刊物；学生的博士论文出来之后，帮他们介绍出版。

总的来说，我希望学生通过我的肩膀登上去，希望学生通过我的一臂之力而成长得更快。培养好学生，也成为我一生最大的安慰。

"勉为其难，尽力奉献"

主持人：您刚才也提到，除了担任本科生、研究生的教学、指导工作，您也担任中文系的行政工作，您能不能谈谈行政工作中的一些故事？

齐森华：行政工作应当说是我一生中投入精力最多的一项工作。有的人把管理工作当成副业，而我这个人是个死脑筋，既然交给我做这个管理工作，我就全心全意做，并且把精力、时间都扑在这个上面。

我是 1981 年做中文系副主任的，1982 年做常务副主任，1984 年做系主任，一直做到 1993 年，学校任命我做文学院院长，在这期间，自 1986 年起，做了两届校党委委员。这些行政工作,我是毫无思想准备的。第一,我没有才干;第二,我没有什么经验;第三,我也没有学术地位——我做系主任的时候,还只是个副教授。当时叫我去主持中文系工作,我觉得有点"赶鸭子上架",勉为其难。所幸80年代各方面条件比较好,可谓天时、地利、人和。天时,是因为"文革"之后,中文系人心思改。地利,上海是改革开放中第一批对外开放的城市,信息比较多,与国外交流也比较多,各地方有才华的人都希望到上海来读书、工作。人和,我们中文系一批有社会地位、有影响力的老先生出山了,成了我的有力靠山。再加上一大批青年教师,他们有见识、有能力,都迫切要求改变中文系的面貌。

整个中文系百废待兴,许多重要工作都是在徐中玉先生的领导下进行的,我只是协助徐先生主要做了三方面工作。

第一方面工作是抓教师队伍建设。一个高校、一个系好不好,全在于教师队伍。中文系迫切需要建设一支好的师资队伍。我们采取了几个措施:一是把一批老的先生请出来,施蛰存先生开玩笑讲自己是"出土文物"。并且把这批老先生安排在重要岗位上,充分发挥他们的学术地位和影响力。二是打破"论资排辈",大力提拔青年教师。我们几个优秀的青年教师,比如王晓明、许子东、高建中,没几年就被提为副教授了。青年教师一提拔,老教师一发挥作用,一老一少两股力量动起来,中年教师无形中就感到有压力。中年教师人数最多,被耽误的时间也最长,所以他们感到巨大的压力,他们一旦发愤图强,急起直追,整个教师队伍的积极性都调动起来了。此外,我们还打破学校界限,大量聘请一些有名的专家学者作为我们中文系的兼职教授,请他们上课、招收研究生、带青年教师。当时上海电影局局长张骏祥,我们请他做我们的兼职教授,带研究生,指导青年教师做电影、电视这方面的研究。我们还专门成立了影视专业,该专业后来独立出来,成了今天的传播学院。我们请了上海市委宣传部部长王元化做我们的兼职教授,他给我们创下了"中国文学批评史"博士点。我们请了上海文学研究所所长姜彬、研究戏剧的蒋星煜、作家吴强、王西彦,翻译家草婴,出版家罗竹风等等。当时上海有名的文化人,我们请了将近十个。这样一来,我们整支教师队伍就比较有活力,在社会上也有名气了,中文系地位也相应提升了。

我们做的第二方面的工作是改革课程,拓宽专业。中文系作为一个老的系科,课程老化很厉害。我们迫切要改革课程,革新教材。压缩基础课,增加选修课是我们当时采取的一个重要措施。多开选修课,学生可以根据自己的兴趣和需要来选

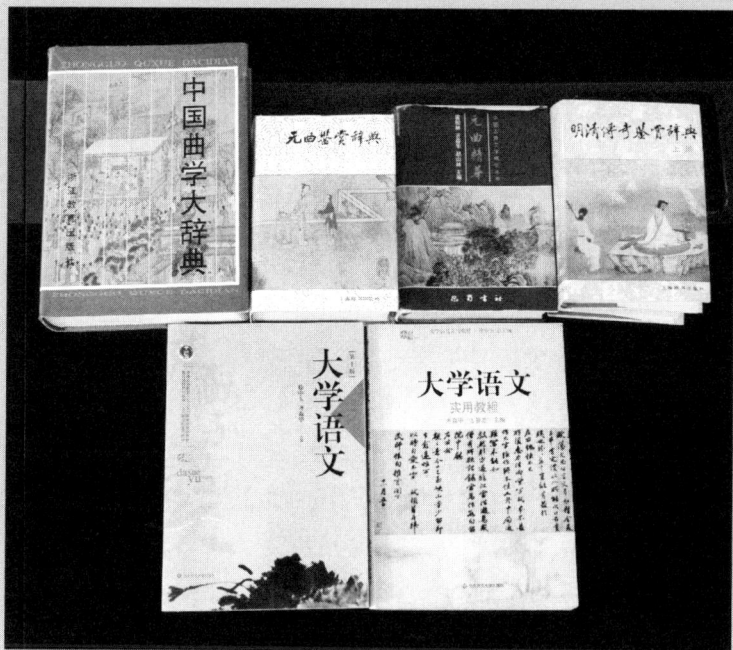
齐森华教授部分著作

择课程,这样有利于学生的多方面发展。多开选修课也让大部分青年教师有课上。青年教师在自己已有的研究成果的基础上开设选修课,再根据上课内容对研究成果进行修改和完善,最后再整理成学术专著出版。

另外,我们也拓宽专业。我们就增设了两个新的专业:一个是影视专业,另一个是对外汉语专业。影视专业非常热门,比我们传统的中文专业热多了,影视专业发展到一定的程度,学校就在此基础上成立了如今的传播学院,规模比中文系还大。再来说我们开设的对外汉语专业。中国对外开放之后,大量留学生到中国来了。对外汉语专业是专门培养留学生师资的,此专业上报教育部后,立即审批通过。包括我们华东师大在内,当时全国只有四所高校有对外汉语专业,现在对外汉语专业也发展成了一个独立的学院。原先中文系有130多个教师,集中在一起,大家都要争抢课程。开设了两个新专业之后,大家都有自己的事情可做,各司其职,就把中文系的整个一盘棋走活了。

第三项工作是办好三个学会,四本刊物。这是一项非常特殊的工作。在"文革"以前,民间是没有什么学会的。上世纪80年代初,徐中玉先生有先见之明,号召学术界组织起来,搞一些学会,便于交流和发展。中文系出面发起成立了三个全国一级学会——中国文艺理论学会、中国古代文论学会、大学语文学会。会长也都是中文系的人,它们的成立对推动全国学术发展起了非常大的作用。上海市总共只有五个一级学会,其中三个都在华东师大中文系。学会之外,我们中文系相应地

2010年，齐森华教授（前排左三）主持全国自考委中文专业委员会年会时留影

办刊物，我们办了《文艺理论研究》、《古代文学理论研究》、《词学》以及《现代中文学刊》等四本刊物。全国最有名的一些学校的中文系，比如北京大学中文系、复旦大学中文系、南京大学中文系等等，他们想办刊物却没有刊号，只能以书代刊。而我们由于起步较早同时拥有四本刊物，这也成了我们中文系最骄傲的一件事情。

三个全国一级学会，四本一级刊物，除了我们中文系，全国没有第二个高校的院系拥有。这使我们的学术地位得到大幅度的提升，同时这也是几十年来中文系稳居前列的重要原因之一。我们中文系目前在全国能够保持领先的地位，也是在那个时候打好基础的。有人说，20世纪80年代是中文系的"黄金时代"，这应当归功于徐中玉、钱谷融、施蛰存等老一辈学者的远见卓识与艰苦创业。

主持人：我们也了解到，您除了本系的行政工作之外，也承担一些社会工作，对吗？

齐森华：1995年前后，没想到新的社会工作又压上来了。当时来了三个任务：一是当时教育部成立了全国教学指导委员会，下设中文教学指导委员会，我是第一届中文教学指导委员会委员。第二项工作是担任自学考试指导委员会委员，兼任文史专业主任。因为大学的扩招始终不能满足需要，全国开设自学考试，让那些不能接受全日制高等教育的学生通过自学考试取得学位。自学考试下设自学考试指导委员会，我就担任自学考试指导委员会委员，兼任文史专业主任。我从第三届开始做起，一直到现在的第七届。这项工作的工作量相当大，因为我们中文专业下面

全国大学语文学会老、中、青三任会长徐中玉（中）、齐森华（左）、谭帆（右）合影

又细分为汉语言文学、文秘、文化产业、对外汉语、少数民族语言等等，每一个专业要组织专家编一套教材和考试大纲，还要对每个专业进行命题，对试卷进行评估，工作相当大。中文专业又是大专业，每年有几十万考生报考，远超过全日制学生，所以我们的工作量非常大，投入的时间、精力相当多，而这项工作从1995年开始到现在（2015年），一做就是二十年。第三项工作是全国大学语文学会会长。解放前有"大学国文"这门课，解放后学苏联，就把这门课砍掉了。20世纪80年代初，中文系徐中玉先生和南京大学匡亚明先生二人联合在报纸上呼吁全国高校开设"大学语文"这门课。登高一呼，全国高校纷纷响应。于是，就成立了全国大学语文学会，首任会长是徐中玉先生，他退下来之后推荐我当了会长。这个会长我一当就是十七、八年，前两年，我退下来，推荐我校谭帆教授做了会长，我做名誉会长。开了大学语文的课程，就要有合适的教材。1996年，教育部委托我和徐中玉先生编一本《大学语文》教材。我们就组织专家编写教材，并不断修订，现在已经修订到第10版了。"九五"、"十五"、"十一五"、"十二五"四个五年规划中，我们这本《大学语文》都被评为国家级教材，也成为全国高校的通用教材，目前发行量已达3000多万册。总而言之，我从院系管理工作上退下来之后，这二十年就献给这些社会工作了。

链接：

齐森华教授与他的中国戏曲批评研究（节选）

一

　　齐森华教授是华东师范大学文学与艺术学院院长，博士生导师。专治中国古代文学和中国文学批评史，尤在中国戏曲与戏曲批评研究上卓有成就。

　　中国古代文学批评史的研究向来忽视古代戏曲理论批评。1917 年董康《读曲丛刊》的问世是古典戏曲理论批评研究的起始，但一直到 50 年代中央戏曲研究院编辑出版《中国古典戏曲论著集成》，其间 40 余年，大抵是对古典戏曲资料的汇集整理，而对古典戏曲理论批评的研究则颇为零碎和不成体系。80 年代初赵景深、夏写时诸先生有关曲论著作的出版，开始了对古典戏曲理论批评的专门研究，发展到现在已蔚为体系。在这过程中，齐森华先生开拓性和独创性的研究成果，对中国古代戏曲理论批评研究的成熟有较为重要的意义。

　　齐森华先生久治中国古典文学和文学批评，有憾于古典戏曲理论这一包含丰富理论价值和现实价值的优秀文化遗产长期受到研究者的忽视，乃于 70 年代末沉潜于浩繁的曲籍资料中，披沙拣金、去粗取精，历七八载艰辛研究，于 1985 年出版了古典戏曲理论研究专著《曲论探胜》这部探幽逐微的理论专著，选择了十余种既具较高学术价值，又有一定代表性的论曲著作，进行了专题研究。其中既有曲论史上包含着曲论萌芽的开山之作《录鬼簿》，也有近代王国维的殿后扛鼎力作《宋元戏曲史》；既有以理论形态完备而著称的《闲情偶寄》，更有鲜为人知的《鸾啸小品》。通过扎实的微观研究，以点带面，初步地展示了中国古代戏曲理论发展的历史与逻辑进程。此书一出，即在戏曲理论批评界引起广泛的反响和重视，被认为是当时"这方面开拓性著作中有具有突破意义的一部"。

　　齐先生对戏曲理论批评的研究，比较重视资料的搜集和整理工作。他曾带领研究生历数年之艰辛，搜集整理了数百万字的《曲话类编》，此书虽然由于出版方面的原因未能公开面世，却为他的研究奠定了牢固的资料基础。1987 年，齐先生在《社会科学战线》发表了《中国古代戏曲理论的逻辑演进》一文，该文从理论史的逻辑发展角度清理了中国古代戏曲理论史的发展轨迹,提出了在中国戏曲理论批评史上的一些独创又具价值的理论,尤其是文中提出的古典戏曲理论的三大体系(曲学体系、叙事理论体系、剧学体系)更是发前人所未发,在学术界引起了一定的反响。之后,在齐先生指导下,由他的学生谭帆、陆炜执笔的《中国古代戏曲理论史》一书即是在此基础上的展开和深化。

在齐先生看来,中国戏曲理论批评史并不是一个孤立的理论形态史,它与中国戏曲的演进有着密切的关系。他主张以中国文化史为背景,将戏曲理论批评史和戏曲史做综合研究,从而揭示出中国戏曲及其理论发展过程中的完整体系和民族特色。

近年来,齐先生花了大量的精力和时间,与陈多、叶长海教授共同主编了《中国曲学大辞典》一书,该书二百五十余万言,融学术性、理论性、资料性为一体,以曲学、曲源、曲种、曲家、曲目、曲籍、曲律、曲词、曲伎、曲派、曲论为整体构架,这是迄今最为系统和详备的一部总结性曲学辞典。

二

齐先生治学主张微观与宏观结合、理论与现实结合,主张学术上要有开拓求新的勇气和高屋建瓴的气魄。

微观研究是宏观研究的基础,宏观研究又是微观研究的必然总结。齐先生在中国古典戏曲理论批评中,正是从对具体论著的批评,过渡到在宏观文化背景上理论体系的构建。而学术研究中向为人所诟病的理论远离实际的风气,在齐先生的研究里却很少看到。《曲论探胜》一经面世,就被评论界认为"它的研究目的不仅仅是以古治古,为史而史,更重要的是通过对戏曲理论史的规律的揭示,而使这项研究在繁荣社会主义戏剧创作、评论中发挥作用"。

学术研究中人云亦云,影从他人的现象并不鲜见。齐先生治学力避流俗,选择自己独特的研究领域,微观入手,宏观着眼,以严谨的态度、科学的方法,构建出有价值的理论体系。齐先生治学还讲求翔实地占有资料。在他看来,搞文学研究的人,必须以大量阅读作品为根基,因为理论来源于对文学现象的总结,脱离作品而空谈理论,必然流于空疏。同样,治文学批评之学,未经对文学作品的大量涉猎和对文论资料的详尽研究,以空论空,必定失于浮泛。齐先生在中国古典戏曲理论批评方面的研究成果正是他潜心于古籍探究,厚积薄发的结果。

　　齐先生尤其指出时下治学需有甘坐冷板凳的勇气。对于文学研究(尤其是古典文学研究)相对比较冷落的现状,他表示了深深的忧虑,因为在他看来,一个对本民族优秀文化传统缺乏研究的国家是难以成为发达文明的世界强国的。因此他对年轻的求学者颇多鼓励和赞赏,告诫他们要虚心学习,甘于寂寞,既然选定了自己的路,就要扎扎实实地为弘扬中国传统文化作出自己的贡献。

　　齐森华教授曾多年担任华东师大中文系系主任,现又执掌华东师大文学与艺术学院,有着繁重的行政工作,但齐先生却很好地处理了学术研究和行政工作两方面之间的关系。徐中玉先生曾这样评价:"他以实绩证明了对一个富有事业心、责任感强、而又善于安排时间的同志来说,不仅教学与科研不矛盾,甚至与担任一些行政工作也不全矛盾。"的确如此,近年来齐先生的工作实绩和学术成果进一步证明了这一点。齐先生为人师表,待人热情诚恳,虚怀若谷,深得周围同志的信任和学界同行的尊敬。长久以来,他奖掖后进,扶植学界新人也是人所共知的。

　　"世事洞明皆学问,人情练达即文章。"在齐森华教授身上,我们的确感受到了这一特点。

　　　　　　　　　　　　　　　(作者郭军,原载《中文自修:中学版》,1995 年第 6 期)

邹兆芳：人生选择 选择人生

邹兆芳，1935 年 12 月 14 日出生，江苏省苏州市人。

上海市优秀教师标兵，全国教育系统劳动模范与人民教师奖章获得者。长期从事中学数学和幼师（专）数学教学工作，致力于因材施教，探索数学高、低层次的上伸下延和幼师数学面向幼儿数学的研究。在幼儿数学教育领域渗透现代数学理念、数学美思想、数形结合教学法，构建智与美快乐数学启蒙模式。

教学成果《幼师高专数学教学的实践与研究》获 1993 年上海市高校优秀教学成果一等奖、全国高校优秀教学成果特等奖。

"我和文学很有缘的"

主持人：邹老师，据我们了解，您学生时代是上海师院文学社的骨干成员，但您当时所学的专业是数学，您是怎么会想到加入文学社呢？

邹兆芳：也许是受父母影响，我父亲虽学工科，却有文学素养。我母亲有写日记的习惯，文笔很好。我从小就写日记，从小学、中学到师范学校，我的作文常受语文老师好评。我中学在复兴中学就读，复兴中学有两个特长：一个是排球，另一个是数学。中学数学竞赛复兴中学往往名列前茅。数学老师中我印象最深的一位是教三角的姚晶老师，他上课时手拿一块三角板，在黑板上从一个三角公式推出许多三角公式。另一位是教几何的杨荣祥老师，他画圆不用圆规，用粉笔画一圈就是很圆的圆，我们学生都敬佩这两位老师。

20世纪50年代科学救国思想盛行，要学好数理化建设社会主义祖国。我觉得语文可以自学，而数学不学就不懂。我在高一时得了结核病，休学两年半。因自幼丧母、家境困难和生病，在复兴学友考大学时我报考了供食宿的上海第一师范学校，在一师我任校文学组组长。毕业时有三种选择：一是学校推荐考复旦大学新闻系；二是到上海少儿出版社工作；三是正值上海第二师范学院成立可招中师生，我毫不犹豫选择报考二师院数学系。

在大学期间，我担任了院文学社社长，校黑板报主编和校刊特约编辑，至于院文学社的社长怎么不是中文系学生而是我这个数学系学生，我自己也没有搞懂！

主持人：在文学社的时候，有哪些事或者哪些人让您印象特别深刻？

邹兆芳：印象特别深的是学校有两个阶梯教室通宵开放，我晚上在通宵教室里做好数学作业后写文章，常常深夜才回寝室。一篇篇文章完成后有成就感，很开心。至今我还保存着早已泛黄了的大学期间在院刊上发表的文章集结呢！

印象特别深的还有院刊主编倪墨炎老师，他是从事鲁迅研究的，一口绍兴话。有什么采访任务他常派我去，稿刊用后还付稿费，我这个穷学生很开心的。倪老师还在院刊上为我们文学组同学开辟"春芽"专栏。我大学期间课余生活非常丰富。

工作后，我教数学，同时一直担任学校校刊责任编辑。我退休后，上海幼专的学术论文期刊仍聘我担任责任编辑。我觉得文理相通还是比较好的，语文可以帮助表达，数学有利于文章的逻辑性。我虽然就读于数学系，却和文学还是很有缘的！

"我还是想当教师"

主持人：据我们所知，您毕业后所从事的第一份工作并不是教学，而是进了一个研究所，后来才调入幼儿师范学校。在当时来看，进研究所工作是相当了不起的，您为什么会选择调入幼儿师范学校呢？

邹兆芳：我 1960 年毕业，几百个学生中有十几个分在研究所，我是其中之一。我被分在上海力学研究所理论研究组，小组共 4 人，我任副组长。我们研究的是宇宙飞船。而研究所什么实验设备都没有，天天从书本到书本翻来翻去，不知怎么来研究宇宙飞船。

有一次，一位老农民从山东乡下赶来，他说一个农用小飞机头太大，每次洒农药时头就会倒下来，希望我们改进一下，但我们提不出改进方案，我觉得很有愧于工作。

在力学研究所一年多我只做过一件实事，就是担任苏联宇宙飞船到上海来展出时的讲解员，展出结束后，又随宇宙飞船去广州去给大学生做讲解培训。

我是师范学院毕业的，三年中师，四年高师，所学不能致用，就想调工作，正好在上海幼儿师范学校工作的学友愿意对调，大家学历相当，我就调到了幼师当老师。

我调入幼师是 1961 年的 11 月份，已经开学了。学校安排我一星期 16 节数学课,教 8 个班的三角。我还想当班主任,校长说:"班主任已经安排好了,你就做副班主任吧。"我终于和我中学时代敬佩的数学老师一样当上了数学老师,心里觉得非常满足。这是我第二次的主动选择:第一次选择报考数学系,第二次选择从研究所调到学校。

"怎么面向幼儿园呢?"

主持人:您在上海幼儿师范学校从事的既不是幼儿教师一般的数学课教学,又不是当时的教育心理学一类课程的教学,当时的体制并没有设置幼儿数学教育这一类课程,您是怎么摸索这条道路的呢?

邹兆芳:我调到上海幼师时学校正在讨论基础课程和专业课程的问题,幼师的学生要当幼儿园教师,应该加强专业课的教育,如儿童文学、唱歌、舞蹈等,而高中数学好像没什么用是否可以取消。幼师那时校长是左淑东先生,她却认为幼师生不能降低文化素质的要求,数学有利培养逻辑思维能力,没有一门学科能够离开数学。她曾语重心长地对我说,数学课一定要上的,至于高中数学如何面向幼儿园,你要探索啊!

"文革"开始,幼师就停办了,学校改成风华中学。在风华中学我当了 16 年中学数学教师,曾带领同学们学工、学农,还成立了一个辩证法学习小组,帮助差生补课和转变。恢复高考后成立提高班,夜以继日搞题海战术和升学率。

1982 年,幼师恢复了,我们这些老幼师人又回到幼师去当教师了。

我又站到幼师数学课讲台,面对的不是要报考大学的学生,而是将来要当幼儿园教师的学生。我该怎样上幼师的数学课呢? 我记得当时我主要通过三个方面来探索。

第一方面是注重幼师数学和幼儿数学间的双向联系,寻找延伸区和结合点。幼师数学和幼儿数学虽深浅不同,但观念、思维、知识方面都存在上伸下延的联系。每一章节内容我都思考中学数学教学与幼儿数学教育间的相互渗透,为幼师数学教改面向幼儿园积累资料。

第二方面是沟通学科体系,发挥它的整体功能。幼师数学长期来基础课由数学组教师执教,教法课由教育组教师执教。如此分割设置,对基础课教师面向幼儿园不利。1985 年我校改为大专建制,高志方校长破例同意我试上大专班计算教法

邹兆芳自编教材探索设计制作幼儿数学教具

课，让我能更有利探索如何面向幼儿园教育。于是我自编教材，让学生不仅具有数学理论知识，更具有数学研究能力、设计创编能力和吸取鉴评能力。选修我课的学生逐年增加，从 1987 年的 7 人到 1992 的 65 人。同学们觉得在我课上所学有用，学习兴趣增加了。

第三方面是扩展课堂教学，诱发学以致用，培养多种能力，改变"讲课加考试"的单一教学模式。我开设了第二课堂，如"教学讲座"、"课外活动"、"校园见习"、"智力竞赛"等；我注重培养学生动手能力，如教立体几何时我让同学们先将平面图形制作成立体图形，再将立体图形按趣味组合成动物玩具等。我觉得幼儿教师的动手能力是非常重要的。

"数形结合百般好"

主持人：在幼儿数学教学这方面，用得更多的是数字还是几何方面的东西呢？

邹兆芳：我觉得幼儿是以形象思维为主的，一开始就学抽象的数和数概念，如 10 以内的形成、10 以内的数数、10 以内的组成、10 以内的加减法，幼儿是难以理解的。

有次我听一堂小班的课，老师问一幼儿：2 只鸟"添上"1 只鸟是几只鸟？幼儿朝外看天上,说天上没有鸟。看来,幼儿对"添上"难理解。我觉得幼儿学习数学应从"形"开始,从"数"与"形"结合的角度着手,认"数"过程中可用半抽象的几何图形作为过渡。著名数学家华罗庚先生曾说:"数缺形时少直观,形少数时难入微;数形结合百般好,隔离分家万事休。"在探索过程中我写了一些数形结合方面的文章,开始时发表在《师范教育》、《中学数学教学》、《学科教学探索》等中学和师范期刊上,慢慢地我就能面向幼儿园数学教育,在《幼儿教育》、《为了孩子》、《幼儿学前教学研究》之类的期刊上发表文章了。

主持人:我们知道,您建立了数学兴趣小组,这个兴趣小组的建立为探索幼师数学教学如何与幼儿园计算相结合等教学改革问题等作出了重要贡献。您能说说建立这个数学兴趣小组的初衷吗?这个兴趣小组的开展在当时又取得了怎样的成效呢?

邹兆芳:第二课堂教学是每个学生都参加的,后来依同学们自愿和爱好,成立了课外兴趣小组,希望能进一步深入探索幼师数学教学怎么面向幼儿园。

那时师生一起探索数形结合方面的设计,大家积极性很高,设计内容丰富,我想把它们整理集册。记得1986年,我们兴趣小组第一次用平面几何图形与数结合设计成《幼儿计算练习册》。幼儿园用了觉得很好,要我们再配上演示用的幻灯片。两年后,我们又改编成《幼儿数形练习册》,我把"计算练习册"改成"数形练习册",逐步形成"数形结合"的理念和相应设计。这些都是我和兴趣小组同学们一起探索的成果。

印练习册时我们兴趣小组没有活动经费,我和学校商议发通知到幼儿园,有需要先付一半订金,结果一下子全国就要五万多本。我还让同学们用学的数学知识和自己的设计结合写心得体会。浙江《幼儿教育》在杂志上开辟了"未来园丁之页"专栏,刊登我学生的文章。如一位同学说:"我在吃鱼的时候,就想到鱼可以用两个三角形组成;晚上睡觉时看到台灯,觉得可以用圆形、梯形来设计。"她就发表了文章:《生活是智慧的源泉》。

我们编的书册受到幼儿教师喜欢,上海少儿出版社编辑主动来找我,出了《娃娃几何乐园》这套书。数学兴趣小组一直坚持探索活动直到学生毕业,我们师生间的感情很深厚。

主持人:在兴趣小组中,有没有什么人或者什么事让您印象很深刻的?

邹兆芳:好像是在1985年的寒假,我说我们数形结合的探索幼儿园比较认可,

1983年，师生在人民公园的课外数学咨询活动，二排左二为邹兆芳

不知家长认可吗？于是我们就在寒假到人民公园儿童乐园，将幼儿数学咨询这块牌挂在树上，家长在数学启蒙方面有问题可以咨询我们，还将我们编的书册送给家长和小朋友看是不是喜欢。

不倒娃娃

我记得当时有位同学拿出一张用圆形组合成不倒娃娃的图片，问小朋友这个图像什么？图中有几个黄圆？几个红圆？小朋友就数，1、2、3、4 四个黄圆，1、2、3、4、5、6 六个红圆。接着问 4 个加 6 个是几个？小朋友说 10 个。在活动中小朋友很开心，还记得一位孩子的爸爸说："你们幼儿园老师真有本领哦，我儿子不喜欢数学的，今天这么高兴地和你们玩数学，这张不倒娃娃图片就送给我们吧。"

印象深的还有那天上海《青年报》一位记者带着他儿子在人民公园玩，看到我们教改探索活动他很感动，后来就到学校采访我们，以《创建智与美的童话世界》为题进行了报道。

"意外，绝对的意外"

主持人：您是上海市唯一一位获得全国高校教学特等奖的教师，在获奖之前您想过自己可能获得这一奖项吗？

1993年，邹兆芳（左二）在北京人民大会堂接受李岚清副总理颁奖

邹兆芳：这是绝对没有想到的，意外的意外！1992年我将退休，华东师大著名的潘洁教授来我校担任校长。那时候正逢高校四年评一次教学成果奖，我们学校里有一个名额，报送时间快要截止了，潘校长想到了我，她看了我的教改探索资料，对我这些现代数学理念、数形结合设计、数学美思想以及二进制的游戏都比较认可，便申报了上去，竟评上了上海市第一名，拿到全国去评，又得了全国第一名，真是绝对没有想到的。

凭什么是我啊？我自己也想不通，记得《北京日报》记者采访时告诉我，宣布后会场上先是鸦雀无声，然后是一片哗然和质疑声："凭什么特等奖颁给上海市幼儿师范专科学校的一个高级讲师？"后来派考察组来考察，考察后还是评了我。1993年9月在北京人民大会堂李岚清副总理给我颁了奖。领奖后还要我作为获奖代表在北京交通大学做了汇报讲课。

记得汇报会上国家教委主任讲了给我特等奖的理由："我们是颁教学成果奖，教学成果要贯穿在整个教学过程当中，这种成果往往需要十年、二十年的长期积累。"而我的研究符合在整个教学过程中贯穿的特点，然而我却根本没想到我是在做研究，我只觉得要上好课必然要面向受教育对象，教考大学的学生应该怎么教，教幼师的学生又应该怎么教，作为一个老师教学中要因材施教，引导学生学以致用，并尽量将理论与实践、研究与应用相结合。过程中，有幸先后得到上海幼师（专）左淑东、高志方、潘洁三任校长的鼓励和支持。我编的一些书册也都要听取反

1994年，幼专潘洁校长（前排右二）指导课题组研究活动，前排左二为邹兆芳

馈，知道做得对不对。我想教师在教学过程中将教学研究和教育服务融为一体是很自然的事，完全没有想到会获什么奖的。

主持人：您退休后的近况和您对华东师范大学未来的发展和当代大学生有什么建议和期望？

邹兆芳：退休二十余年来，我继续幼儿数学"数形结合"方面的笔耕工作，系列性地设计、编写、绘著。这是我第一次选择了报考数学系，第二次选择了从研究所调到学校之后的又一次主动选择。华师大档案馆收集我这个从事中学和幼师（专）数学教师的资料，我是意外和很高兴的！

对当代的大学生，我想送上著名教育家陶行知先生的话："捧着一颗心来，不带半根草去。"让我们的教育能如陶行知先生的所言所行，做得更好！

期望华东师范大学未来发展更好！

2015年7月，邹兆芳（右二）与档案馆访谈人员杨婷（左二）、黄亚欣（右一）、张乐琴（左一）合影

邹兆芳题词

链接：

光荣与梦想

——记上海幼儿师范高等专科学校教师邹兆芳

1993 年北京，四年一度的全国普通高等学校优秀教学成果奖评选揭晓在即。来自全国的资深专家显得有些激动，他们几乎已经断定这届成果奖评选将要爆出一条大新闻。

果不其然。

特等奖——《幼师高专数学教学实践与研究》上海幼儿师范高等专科学校——邹兆芳

43 位评委中竟有 40 位把票投给了上海幼专的邹兆芳。一时，几乎所有人都在问着同样的问题：上海幼专是哪个学校？谁是邹兆芳？

上海幼专是一所 8 年前在中专基础上改建的大专学校，占地不足 30 亩，是上海最小的高等学校。然而，这又是目前全国唯一的一所培养幼儿园教师的高等学校。今天，在这名不经传的小学校的土壤里孕育出的邹兆芳，硬是捧回了一个国家大奖。

1960 年，邹兆芳从上海师范学院数学系毕业，被分配在上海力学研究所。这个别人趋之若鹜的地方。邹兆芳却犹豫着，她想当教师。在统一分配的年头，她去研究所报到了。一年后她主动与学友对调工作，来到了幼师，了却了当一名教师的心愿。每周任教 8 个班 16 节数学课的她以校为家，辛苦之余最愉快的莫过于在学生整洁的习题本上"擦、擦、擦"地用红笔划"√"，或是将得 100 分的考卷一张张作"档案"保存下来。

三年以后邹兆芳所教班级的学生毕业了。她的数学课代表回校看望老师，望着邹老师桌上垒得小山似的作业本忍不住说："邹老师，您不要生气呦！您教的高中数学在幼儿园一点用处也没有，幼儿园只教 1 到 10 和 0 这 11 个数，还有认识圆形，三角形什么的，哪里需要什么高中数学！"邹兆芳闻之困惑！学以致用，是学习的归宿，幼师的数学课究竟应该怎么上？邹兆芳萌生了心愿：为幼师的数学教改尽力。然而，这个愿望却因政治运动戛然而止。

1964 年起,"四清"、"文革"接踵而至。运动中,幼师忙着改校名,先是"新幼师附中"、再是"东方红五七学校"、后是"风华中学",邹兆芳则跟着一起忙,一忙 18 年。直到 1982 年,幼师复校,邹兆芳才回到幼师任教。此时她年近半百。但是,20 年前萦绕于心的问题依然让她牵肠挂肚,幼师的数学课究竟怎么上?

她思索着:幼师数学必须面向幼儿数学,幼师数学基础课必须和幼儿园数学教法课结合起来。她探索在幼师数学和幼儿数学的延伸区和结合点。她建立了数学课外小组,同时主动请缨,一个人挑起了数学和计算数学法两门课程。然而,1987 年邹兆芳首开大专计算数学法课,教室里只有 7 个学生。

教师铭心刻骨的责任感驱策着邹兆芳,为了上好大专计算教法课,她博览阅读,更新知识;她下幼儿园,虚心求教。她记着鲁迅先生说的话:即便是一般资质的人,一个东西钻上 10 年,也可以成为专家。没有一分教科研经费的她玩命地干。终于,她交出了一份凝聚着一个知识分子对人民的教育事业的全部忠诚和责任的答卷。

她提出:幼专数学应起提高学生文化素质和专业素质的双重作用,应区分高中和中师模式,自成优化结构教学体系。

她认为:必须改革枯燥的幼儿园数学教育的内容和方法。数学是思维的体操,首要是激发幼儿学习兴趣,发展思维和智能。

她主张:科学和艺术结合,抽象思维与形象思维结合,数学和美术结合,探究幼儿数学内蕴的科学美、抽象美,创造美。

她设计:数形结合教学法。数—抽象,形—直观,数形结合是抽象与直观、思维和感知的结合,有利幼儿进入抽象数学世界。

她推出:运用二进制原理进行数学猜想的数学游戏,激发幼儿学习兴趣和好奇心,引起探求欲。

她引导:自学与听课、阅读与积累、知识与能力、提高与应用、调查与研究、学习与创新结合的学习方式。

她注重:理论性、实践性、研究性、应用性四结合,融教书育人、教学研究、科技开发、教学服务于一体。

功夫不负有心人,数年辛苦不寻常。仅仅几年后:教室里济济一堂,一定是邹兆芳的大专计算教学法选修课。礼堂里人头攒动,邹兆芳主讲的计算教学教改动态研习班,实际参加人数是报名人数的三、四倍。邹兆芳的办公桌上,各地的邀请信函络绎不绝。

对于邹兆芳所的教学成果,国家教委专家考察组经过严格的考察,作出了权威评价:

邹兆芳同志全身心地投入课程改革探索,取得了极其丰硕的教学成果。她提出了一系列独创的新理论,大大扩展了幼师教学和幼儿数学的领域。这一方法的推广和延伸将产生很大的作用。

邹兆芳荣膺大奖,当之无愧。

所有前来采访的记者在向读者介绍邹兆芳时,几乎不约而同地用了一个同样的形容词:"羸弱"。

自幼,邹兆芳命运多舛,疾病缠身。气喘病折磨着童年生活,结核病耗去了青春年华,30 岁后是肾脏病,40 岁始是血液病,过 50 岁又来了心脏病。体重不足 80 斤的她硬是和病魔展开殊死搏斗数十年。在她身上,我们读到的不再是"羸弱",而分明是"刚强"。邹兆芳只有一个心愿:活一天,干一天,把数学教改继续搞下去。

她编写了近 20 万字的大专教材讲义。她与幼教工作者、学生们一起出版了《幼儿数学启蒙》等读物 10 余套。她撰写了科研论文、教学设计、教学游戏 200 余篇。她和同事们一起培养输送了五届近 200 名大专生,如今许多已成为上海市幼儿园数学教育方面的新秀和骨干。她还为学校办科研班、编校刊、搞创收。对事业的爱,是她流淌不息的生命之泉。

如果说,她还是一个"毫不起眼"的人,那么,她确是做出了石破天惊的业绩。专家组的同志们动情地连连说:又一个蒋筑英啊!6 月 1 日,谢丽娟副市长专程来幼专参观邹兆芳教学成果展览,她动容地说:"邹兆芳老师几十年如一日,为幼教事业呕心沥血的献身精神,真可谓是'理想加追求'的典范。邹老师的得奖,是上海的光荣。"

面对这突如其来的意外荣誉,邹老师深情感恩幼专三任校长:"左淑东校长鼓励我探究幼师数学的改革,高志方校长为我的教改实践创设条件,潘洁校长认可我的教学改革和研究成果。"她还感谢共同探索的同事和学生及幼儿园的老师、孩子们。

至于说到自己,她认为自己只是做了一个普通教师该做的工作,从未梦想到会获奖。在巨大的荣誉面前,她难能可贵地保持了一颗平常心。

在她的心中,唯有事业,唯有学生,是她生命中的太阳,是她全部的光荣与梦想。

(作者李志聪,原载《教师学习资料——优秀教师标兵先进事迹专集》,上海教育局编,1993 年)

跋涉在求真路上

周尚文：

周尚文，1935 年 12 月生，上海松江人。华东师范大学政治学系教授。

1957 年考入华东师范大学政治教育系，1961 年毕业后留校任教。先后任助教、讲师、副教授、教授，1993 年评聘为博士生导师，2002 年被聘为华东师大终身教授。曾任政教系教研室主任、副系主任等职，兼任上海市科学社会主义学会副会长、上海市马克思主义研究会副会长、上海市邓小平理论研究会副秘书长、华东师大人文学院学术委员会主任。

长期从事政治理论课教学和研究工作，主要专业研究方向为科学社会主义和国际共运。主要著述有：主编《国际共运史事件人物录》（获上海市社会科学优秀著作奖）、《中国共产党创建史》；合著《苏联兴亡史》（获上海市社会科学优秀著作奖、教育部全国高校第二届人文社会科学成果三等奖）、《社会主义150 年》（获上海市社会科学优秀著作奖）、《苏共执政模式研究》（获教育部全国高校第六届人文社会科学成果二等奖）。主要论文有《论马克思的历史洞察力》、《联结经典社会主义与现实社会主义的理论之桥》等，其中有 6 篇论文获奖。

我出身于教师世家

主持人:周教授,您好! 首先我们想请您跟我们分享一下您的求学和工作经历,好吗?

周尚文:我是 1957 年考取华东师大的。我是松江人。那个时候松江还不属于上海,而叫"江苏省松江县"。报到的时候,我一个人乘火车到上海西站下车(现在的中山公园地铁站附近),带着行李,叫了一部三轮车送我到华东师大,花了两毛七分钱。到校门口,因为我要到第七宿舍,车夫要求再加一毛钱。我当时就想:师大这么大! 进校之后,发现师大校园真大,真美! 这是师大给我的第一印象。

进师大那年是 1957 年,现在快 60 年了。一开始,我录取读师范大学,总归觉得心里有一点不那么情愿。因为我家是三代教师之家,祖父是小学教师,父亲是中学教师,小的时候,我就觉得做教师太清苦。后来通过入学教育,看了苏联电影《乡村女教师》等活动,渐渐安下心来。读书是我一直向往的,进了师大之后,就读于政治教育系,这个系当时又被称为是培养"马列主义宣传员"的。我不是应届生,曾在机关工作过几年,当时叫做"调干生"。1957 年秋入学时,第一波反"右"风暴已经过去了,但校内政治气氛仍相当紧张。因为我有过一些工作经历,被推荐当班级团支部书记。1958 年,我们政教系全体师生被安排到浙东四明山去劳动锻炼一年,基本上没有上课。

大学时代的周尚文

　　主持人：您是哪一年留校任教的，主要从事什么专业的研究？

　　周尚文：1961年。我们毕业前一年，政治气氛有所缓和。因为我学习成绩优良，又会写作一些文章，因此系里把我留了下来，被分配在国际共运史教研室，教研室主任是姜琦先生。那个时候的政教系有四大教研室，分别是：哲学、政治经济学、国际共运史和中共党史教研室。这个教学建制实际上是从苏联搬过来的，按照马克思主义的三大部分，分成三大块——哲学、政治经济学和马列主义基础。马列主义基础这门课以斯大林审定的《联共(布)党史简明教程》为教材，学的就是苏联党史的这一套。1956年苏共20大斯大林被拉下神坛，这门课上不下去了，中央就决定改成国际共产主义运动史，简称国际共运史。这三大门课，再加上一门中共党史，构成当年政教系的教学体系。

　　我毕业留校当助教，恰逢中苏大论战逐步升级，我们这个专业理所当然地被推到"反修"第一线，作为一个年轻而又激情的青年教师在这场大是大非的考验面前，自然要积极投入战斗，尽管那时对什么是修正主义根本没有搞清楚。当时"左"的思想蔓延，大家不知不觉地思想都变得比较偏激。

　　政教系最大的一门课就是要学马列、毛主席著作，但是不论在学生时代，还是当教师以后，我虽然用功读了不少马列的书，但那时政治运动多，加上学习中教条习气重，课内课外，不允许独立思考，不开展理论研讨，相信只要上了"本本"的都是对的，"句句是真理"，因此我们头脑里留下不少教条的僵化的东西，没有真正地领

1960年代初的周尚文

会马克思主义的精神实质，不会用马克思主义观点来分析问题，只会干巴巴地讲几个概念和原理，生搬硬套，人云亦云。我当学生的时候接受这一套，当了教师仍用这一套传授给学生，理论不能在实际生活中运用和解说。我觉得，马克思主义是真理，但要追求真理、真正做到理论联系实际是很不容易的，尤其在思想路线不端正的年代。

1966 年刮起了"文化大革命"的狂飙，大学首当其冲，全校停课闹革命，批斗"走资派"和"反动学术权威"，学校一片混乱，师生根本无法做学问。几年间，我们教师先后下乡、下厂接受工人、贫下中农再教育，到"五七干校"劳动，后来我又被借调到外单位工作一段时间，一直到"文革"结束。

党的十一届三中全会吹响了改革开放的号角，也给高校教师迎来"科学的春天"。解放思想、实事求是的方针打开了学者被禁锢的头脑，尽管十年动乱浪费了宝贵的青春年华，但毕竟刚过 40 岁的我就遇上"春天"的好时光，拨乱反正，清理对马克思主义的教条化倾向和附加在马克思主义名义下的错误观点，使自己的思想有豁然开朗之感。我努力跟上时代前进的脚步，积极投身到改革开放的洪流中去。我那时候常参加相关学术会议，跟外界联系和交往比较多，使我较多地吸收到学术界前沿的气息，这可能也是我后来在教学中比较受学生欢迎，并取得较多的学术成果的一个原因。

潜心研究国际共运

主持人：您后来一直专职国际共运史研究？这个专业经历了怎样的发展变化？

周尚文：国际共运史学科建设也经历了很大的拨乱反正。"文革"后期，我们教研室就成立了一个翻译组，专门收集和翻译相关资料，如《雅尔塔宣言》《波茨坦公告》、苏南关系、苏东关系以及苏联历史问题的文献，等等。这些资料原先打算为"反修"派用场的，但编译这些资料却给我们开了个眼界。

1980年初，市委宣传部部长陈沂提议上海要成立一个机构，专门研究苏联、东欧问题，并建议由上海社科院与我校联合组建。那时，中苏之间党际关系已经没有了，国与国之间关系也降到了最低点。这么大的一个邻国与我国关系如此紧张，要不要去研究？怎么样去研究？好多地方根本不敢碰这个问题。根据市里的要求成立一个苏联、东欧问题研究所，地点放在华东师大，第一任所长就是时任校党委书记施平。研究所成立30周年座谈会的时候，我们请施平同志过来，他在会上说："那个时候形势还相当严峻，当初我兼这个所长就是让学者放开思想搞研究，若碰到问题我可以帮你们挡一挡。"因为当时有一些人囿于僵化的思维，认为研究苏东就是要为"修正主义"辩护，为苏联叫好，想为苏联翻案等等。

苏东所的成立，为我们在国际共运史的教学和研究找到一个新的生长点，过去这门课教学侧重于马恩时代，如今我们率先把教研重点移放到十月革命后的苏联和二战后的苏东问题上来。许多问题过去只能按苏联教科书的观点讲，现在要我们按照史料、解放思想、实事求是地讲，虽然难度大，但有很强的现实性，正是由于勇于开创新的领域，敢于突破一些难点和禁区，使我们在学科建设方面在国内处于领先的地位。上世纪80年代，国际共运史研究在我国可以说是一个黄金时期，发展非常快。我校国际共运史专业在当年创造了辉煌，由于我们人员配备比较齐全，实力较强，特别是编译的历史资料对兄弟院校无偿开放，各地的研究人员纷纷到师大来取经找资料。华东师大就成了国内国际共运史专业最有名的三所高校（其余两校为北京大学、中国人民大学）之一，成为全国第一批国际共运史硕士学位授予点，90年代初又很快成为博士点。

国际共运史的学科发展也经历了调整和曲折。80年代末，苏东所独立建制，与系并行，姜琦、张月明两位老师到苏东所主要研究东欧问题，我留在政教系主要

1985年，周尚文教授在地理馆333教室上课

研究苏联史，大家都有比较明确的分工，也在教学研究上有很多交流和合作。苏联解体后，世界社会主义进入低潮，我们这门学科也受到影响，一些年轻老师转到国际问题研究上去，开拓新的学科领域，但由于我们打下的基础比较扎实，加上一些老师仍坚守专业岗位，我校研究苏联、东欧问题仍然保持着一定的优势。因此，90年代末，当教育部遴选全国人文社会科学重点研究基地的时候，尽管相关高校间竞争激烈，俄罗斯研究中心的重点基地最终落在了我们华东师大。国际问题的重点研究基地全国一共10个左右，在上海有3个，美国研究中心在复旦大学，中东问题研究中心在上海外国语大学。我校俄罗斯研究中心2000年正式成为国家重点研究基地。此时，姜、张两位老师已退休，我也到了退休年龄，幸有冯绍雷老师长期研究苏联问题，颇有成就，他精通俄语，与国内外学者有很好的联系和交流，就由他成为学科带头人，担任俄罗斯研究中心主任，学校任命我为副主任，直至2005年退休。可见，我的学术生涯就是与科学社会主义、国际共运的教学研究分不开的。

上世纪80年代初，改革之风虽已吹拂神州大地，但学术领域里仍有不少禁区，我们国内的许多冤假错案平反了，国际共产主义运动中尤其是苏联也有大量冤假错案，能不能平反当然不是我们的事，但历史学者有责任在学术上予以澄清，还历史真面目。这些问题都提到了我们学科改革的面前。好在我们教研室同仁的思想都比较开放，这一点可能得益于我们研究国际问题，视野比较广。

姜琦、张月明老师重点研究东欧问题，他们的一个重大突破就是20世纪80年代初最早提出南斯拉夫问题是一个错案，应予改正。这在当时是十分大胆的，因为长期以来，苏共及其操纵下的共产党情报局一直把南共联盟和铁托说成是国际共运的大叛徒、帝国主义的凶手、修正主义者，中共也曾错误地批判过他们，所以中南关系一直处于不正常状态，我国改革开放之初还来不及调整相关政策，两位老师从历史资料出发，深入研究，得出新的结论，这对学界的思想解放和上级的决策无疑有积极的影响。

80 年代初，学界已对布哈林做了正面评价，布哈林是一位著名的苏联政治家，列宁逝世后，他仍积极拥护实行新经济政策，主张不要对农村太苛刻，工业化不要蛮干等等，后来被斯大林在"大清洗"中处决。"文革"结束后，改革开放之初我国逐步放松农村政策，建立经济特区，搞活经济，布哈林思想对我国改革有很大启示，因此国内掀起一股研究布哈林的热潮，极大地推进了学界的思想解放。

但当时，对苏共党内反对派的最大首领托洛茨基却没有人敢碰，对此人的评价问题仍讳莫如深。托洛茨基是列宁的战友，与列宁共事多年，他曾经是十月革命的组织指挥者、红军总司令，还担任过党内和共产国际的重要领导职务，此人影响大，经历复杂。包括中共党史上也有托派问题，在历次政治运动中，都把托派与反革命派相提并论，所以谁都不敢贸然去触及这个人物。而对我们这些从事国际共运史、苏联史教学研究的学者来说，又是绕不过去的研究对象。在解放思想、实事求是的方针指引下，我打算闯一下禁区，深入探究一下托洛茨基问题。

正当此时，中共编译局的同志找到我，交给我一本英文版的托洛茨基自传，希望我请人翻译后在上海出版，于是我在校内请了几位谙熟英文的老师进行翻译，重建不久的华东师大出版社答应将该书作为教学用书内部出版。在组织翻译此书的过程中，我对这个历史人物有了较深的了解，也形成了分期评价托洛茨基功过的初步看法，这在当时是比较大胆的。1981 年夏，我应邀参加在四川乐山召开的一次学术会议，在小组会上我谈了对托洛茨基评价的一些看法，引起了与会者的兴趣。会议主持人让我在大组会上就这一问题作了发言。我发言的主题是：应该对托洛茨基这样有巨大影响且有复杂经历的历史人物用历史唯物主义的观点进行分析和评价，功归功，过归过，不宜全盘否定，不应跟着苏联官方的口径转，中国学者应当根据史料、遵循实事求是的原则作出独立的分析和判断。如今看来，这些都是极为普通的道理。然而在当时，学术禁区还很多，稍不小心，就会踩上"地雷"，招灾惹祸。在不少人的观念里，托洛茨基早已盖棺论定，是个彻头彻尾的反革命派别首

1990年春，周尚文教授（右二）与硕士生的合影

领，根本无需再去评价和研究，谁想去碰一下，就是亵渎原则，就是别有用心，想为托派翻案，那就不是"学术问题"，而是"政治问题"了。记得发言结束后去吃饭的路上，中央某权威杂志的一位编辑对我说："托洛茨基的评价可不是学术问题，而是政治问题。听说你要对托洛茨基问题发言，你胆子够大，我真为你捏一把汗。听完你的发言，觉得有点道理。"有的同行对我说："你的观点我赞成，但我不能回学校去讲，否则准要被揪！"也有一些好心的同志劝我谨慎小心。

由于我对苏联史研究有了兴趣并有一些积累，成为我将研究重点转入苏联史的契机，也成为我们学科发展新的生长点。我先后参加了中国社会科学院世界历史研究所所长朱庭光同志邀请我撰写《世界历史名人录》、《世界历史大事集》和《中国大百科全书（世界史卷）》有关大型词条，还受邀参加陈之骅主编的《苏联史纲》部分章节的编撰，参加国内有关苏联问题的专题研讨会。在学术领域的跨界合作中，我结交许多新朋友，学到不少新知识，加深了我对苏联史的研究兴趣。在这个基础上，我与研究苏联史的两位上海学者叶书宗、王斯德合作，编撰了《新编苏联史（1917—1985）》于1990年由上海人民出版社出版。此时正值苏联东欧发生剧变，1991年底，苏联作为世界上第一个社会主义国家轰然崩塌，震惊全球。我们抓住时机，在《新编苏联史》的基础上，通盘筹划，调整章节，补充史料，以《苏联兴亡史》（60万字）为书名于1993年正式出版，这是国内第一本由中国学者撰写的苏联史专著。该书出版后，受到学界的关注，多次重印，有的高校将其用作研究生教材。

根据新发现的档案文献资料,经修订补充后,该书2002年出版精装新1版,并获得教育部和上海市社会科学研究优秀成果奖。

上世纪80年代起,我将自己的学科研究方向定为"国际共运史—苏联史",先后发表相关论文百余篇,著作近十本。2003年我获得国家社科规划办和教育部关于苏共执政模式研究的两个立项课题,经过课题组的共同努力,获得"优秀"等级结项,该成果以《苏共执政模式研究》为名于2010年由上海人民出版社出版。该书分别获得教育部和上海市哲学社会科学研究优秀成果二等奖和三等奖。

理论研究需理清源流

主持人:不久前您在《人民日报》上发表文章,认为学术研究应当要"理清源流",您能不能跟我们具体谈谈?

周尚文:"源流"其实是一个比较专业的术语。我的意思是,我们做研究不能空对空,当然,专门研究文本的除外。

任何一门理论都有其"源"与"流"。对于理论研究来说,理清源流至关重要。所谓"源",是指在现实中寻找问题、发现问题并加以研究和解决。也就是说,研究要有问题导向,要有针对性、目的性。大到国家、民族、世界的未来趋势,小到经济、社会、个人的变化发展,我们都可以从中发现问题,挖掘理论之"源"。所谓"流",是指在研究中运用已有的知识积累,并吸取前人的优秀思想文化成果,进行理论提炼、升华和再创造。理清源流,使理论建立在科学基础之上,有助于让理论更好服务于实践并在实践中进一步发展。

恩格斯说,科学社会主义的诞生,源于当时欧洲面临的社会矛盾提出所要解决的重大课题,即资本主义基本矛盾所引发的周期性经济危机和阶级矛盾激化。以时代提出的问题为考察和研究对象作出科学严谨的结论,构成科学社会主义之"源";而"流"则是指吸取人类思想文化的优秀成果。马克思、恩格斯批判地吸收德国古典哲学、英国古典政治经济学、法国空想社会主义的合理成分,这是主流;还吸取政治、历史、文学等领域的精粹,站在前人的肩膀上进行思想革命,创立了科学社会主义学说。

理论在发展过程中存在继承、创新、提高的问题。从理论发展的先后关系这个

2007年4月，周尚文教授赴日本参加国际学术研讨会

角度看，"源"是指发现、研究、解决时代提出的重大问题，例如，搞清楚"什么是社会主义，怎样建设社会主义"的基本理论问题，以及改革开放中一系列重大方针政策的理论研究，这些当代中国发展进程中的重大课题，是中国特色社会主义理论体系之"源"。同时，中国特色社会主义理论体系是对马克思列宁主义、毛泽东思想的继承与发展，马克思列宁主义、毛泽东思想是中国特色社会主义理论体系的直接理论来源，这里讲的"直接理论来源"也就是"主流"。当然，中国特色社会主义理论体系之"流"，还包括吸取中国传统文化和外国思想文化中的优秀成果。30多年来，正是在"源"与"流"结合、实践与理论互动的过程中，中国特色社会主义理论体系才得以建立起来并不断丰富发展。

所谓"源流结合"，就是解决马克思主义中国化的问题。我们研究的是中国的现实问题，而运用的立场、观点和方法要到马克思主义那里去寻找，要从中寻求对中国有用的理论和方法，而不能生搬硬套。譬如说，改革开放以来，有一个非常重大的理论成果，叫社会主义初级阶段理论。初级阶段理论在马克思主义经典著作中是没有的，经过多年的艰苦探索和大胆创新，我们创立了这个理论，并在党的"十三大"时把它写进了党章，形成了一个比较完整的理论。

理论研究是一项艰辛的思想劳动，需要经历科学立项、搜集资料并认真思考、探索、提炼、升华的过程，才能做到"源"与"流"的完美结合，得出对时代发展有价值的成果。有人常常觉得研究课题难觅，其实，理论之源就蕴藏在现实生活中。

2008年，周尚文教授在东方绿洲

我的治学格言

　　主持人：您在师大从事教学和研究 50 多年，成果卓然，出版著作 20 多本，发表论文 300 余篇，您能否谈谈您的治学经验和治学方法？

　　周尚文：算起来，我在师大从求学到留校任教，迄今已近 60 年了。我热爱师大的一草一木，更热爱我的师长、同事以及我教过的学生。近年来，常有学生来看望我，也常有学生问我有哪些治学经验和方法。我总是告诉他们，每个人的成长道路是不一样的，做学问的方法也不尽相同，没有一个普遍适用的套路。我们是师范大学，不少同学毕业后的工作岗位在学校，就我自己而言，可以概括为三句话、九个字："多读书，勤思考，善表达。"我认为这是做好一名人民教师和社会科学学者的重要条件。

　　多读书，是治学的基础。一个人的学问来自许多方面，但学者的知识主要来源仍是通过阅读书籍报刊（包括网络信息）得到的，当今年代，每天的信息量不计其数，要有选择地阅读。读书，有精读和泛读，大学生、尤其是研究生都有各自的专业方向，一定要按照自己选定的主攻方向，选择几本有关经典著作精读，力求掌握其内容和实质，打下较为扎实的理论功底。在此基础上，我主张天天看报，浏览网上信息，多读一些与专业相关的"闲书"，包括时评和文艺作品，一个人拥有了丰富的

留住丽娃河、夏
雨岛的美好记忆

校档案馆编纂华东师大
口述实录是一件很有意义的
事情，特题此。

周尚文
2015年7月24日

周尚文题词

知识，才能做出深度的思考。作为一个从事人文社会科学研究的人来说，读一点马列的书是十分必要的，其中阐发的辩证唯物主义世界观和方法论可以帮助我们立信念，明事理，辨是非，掌握研究问题的科学方法。

勤思考，是治学的重要环节，是一个桥梁。学问学问，重要的一点是又学又问，学习，要带着问题去学，通过思考才能提出问题，有了问题才能有意识地去读书、找资料、多方论证，以寻求答案。古人说，"学而不思则罔，思而不学则殆"，如果一个人光读书不思考，就无法梳理读书心得，凝聚思想火花，展示原创或独创的学术成果。做学问、搞研究贵在创新，从事社会科学的学者，重要的是从前人的学术成果中、从当前社会发展变化的实践中、从提炼和概括为理论观点中提出新的学术见解，或提出新考证、新结论，或参与学术争鸣，或与他人切磋讨论，都要求我们解放思想，在充分掌握知识的前提下，进行深入的思考。每当你经过思考和研究，得出属于自己的创新结论，就会感到心情十分愉悦，也为社会科学的发展作了贡献。

善表达，是一个学者需要具备的重要条件。一个人学问再多，如果不能以某种方式表达出来，就无法取得社会效果。表达可分为口头表达和文字表达，对一个师范学校学生或人文学者来说，两方面的能力都不可或缺，你的学问，你对社会作贡献，都要通过完美的表达方式才得以实现。口头表达，是当好一名教师的基本功，根据我多年执教的经验，讲好一门课，一定要认真备课，精心讲解，尽可能与听课者互动，教学相长。对一名教师来说，讲课不只是简单地传授知识，而是一门艺术。

把讲课的内容和方法完美结合,能沟通师生感情,帮助学生全面成长,而且讲课本身能促进自己努力吸取知识,迸发思想火花,帮助自己更深入地思考问题,形成新观点,推进自己的研究工作。文字表达,就是要多动脑、勤写作。一个人思考和研究的成果通过加工、整理,以文章著作的形式发表,能产生更大的社会效果,更重要的,写作可以训练自己的思维条理有序,逻辑严密,使研究成果科学化,反过来又有助于提高教学质量。此外,写作还可以锻炼思维能力,经常动脑练笔,琢磨遣词造句,将自己的研究成果更精准、更有文采地表现出来,如能持之以恒,成为习惯,一定能使自己思想活跃,成果丰硕,在学术领域里更快地成长。

链接：

多了解生活中的伟人

作为一名政治理论课教师,我经常要读一些马列的书,毋庸讳言,当今读马列的书不那么行时了,政治理论课受学生欢迎的也不多。原因固然是多方面的,就教师而言,如何在讲课中少一点学究气教条味,乃是至关重要的。

记得50年代我们上大学读书的时候,读马列的书认真得近乎虔诚,一字一句都要读懂,中心思想,段落大意,原理ABCD,观点甲乙丙丁,都要一一把握。当了教师,也想把这一套原封不动地传授给学生。其效果常常不灵,学马列的书,却对实际生活中的现象解释不了,连生活中的伟人是什么样子也不甚了了,剩下的只是书本上干巴巴的几个条条。读马列的书常觉得枯燥无味,又不管用,成了一种通病。

医治这一病症,当然不是根本不读马列的书。大学生,尤其是文科大学生,读几本马列的书还是十分必要的。关键在于如何学,我觉得,要学得活,学得管用,有一点很重要,就是要了解生活中的伟人是什么样子:他们生活在怎样一个时代,他们为何投入斗争,如何对待生活,他们遇到什么困惑、烦恼,以至他们的个性、风格和心理,等等,都会在他们的著述中有所表现。如果能对生活中的伟人了解得透彻一些,就将对他们著作中的一些原理的形成和阐发,可以生动地表现出来。

这里有一个例子。

那是1919年的苏维埃俄国最艰难的岁月,战争、饥饿、社会秩序极度混乱。一天傍晚,列宁和他的妹妹玛丽亚乘坐一辆汽车去探望正在莫斯科郊外养病的克鲁普斯卡娅(列宁夫人)。在一个岔路口遇上了强盗,这伙人逼着车上四个人下车,用手枪对准列宁的太阳穴,搜走了列宁的手枪和克里姆林宫通行证。强盗不认识列宁,玛丽亚冲着他们喊道:"你们要干什么,要知道这是列宁同志!你们是什么人,拿出证件来!"这伙人满不在乎地回答说:"对刑事犯来说,不需要任何证件!"他们劫持了汽车,疾驶而逃,不久以后,这伙强盗终于落网,受到法律的制裁。

列宁生活中的这件轶事,在列宁著作中被上升为一个重要的策略原理:如何对待妥协。在《共产主义运动的"左派"幼稚病》一书中,列宁说了这样一段著名的话:

"假定您坐的汽车被武装强盗拦住了。您把钱、身份证、手枪、汽车都给了他们,于是您摆脱了这次幸遇。这显然是一种妥协。'do ut des'(我给你钱、武器、汽车,是为了你给我机会安全脱险)。但是很难找到一个没有发疯的人会说这种妥协'在原则上是不能容许的',或者说实行这种妥协的人是强盗的同谋者(虽然强盗坐上汽车又可以利用它和武器再去打劫)。我们同德国帝国主义强盗的妥协(指签订布列斯特和约——引者注)正是这样一种妥协。"

这样的例子还不少,所以,我在读马列和毛泽东的著作的同时,常常注意阅读各种回忆录、纪实文学之类的书刊,帮助自己多了解生活中的伟人,这也算是读书一得吧。

(作者周尚文,原载《华东师范大学校报》,1992 年 10 月 3 日)

张超，1936 年 7 月生，江苏淮安人。华东师范大学地理学教授。

1959 年毕业于华东师大地理系。1984 年 10 月到 1986 年 1 月，在美国加州伯克利分校任高访学者，之后又分别赴美国、日本、加拿大、英国、香港、澳门、台湾等地进行大气环境、人文地理、区域发展、计量地理、地理系统工程等方面的学术交流。1992 年至 1998 年，任地理系副主任、主任；1991 年 5 月至 2000 年 5 月，任教育部理科高校地理教学指导委员会副主任兼地理信息系统（GIS）教学指导组组长。曾任中国地理学会数量地理专业委员会主任、全国高校计量地理与地理信息系统教学研究会主任、气象学与气候学教学研究会副主任、上海市气象学会副理事长、上海市信息化委员会专家指导委员会委员、上海市浦东新区城市建设科技委员会技术顾问、城市地理信息系统联合实验室主任。主要研究方向为气象学与气候学、城市气候学、计量地理学、地理信息系统、地理系统工程。

出版《计量地理学基础》、《计量地理学实习和应用程序》、《地理信息系统》、《地理信息系统实习教程》、《区域科学论》、《地理系统工程》以及合著出版《气象学和气候学》、《城市气候学导论》等著作 10 余部。

实践出真知

　　主持人:张教授,您好! 首先请你谈谈当年考入华东师大地理系的情况。

　　张　超:1936 年 7 月,我出生于江苏省涟水县。1942 年 9 月至 1949 年 9 月读小学,因为抗日战争和解放战争,小学读了四、五个学校。在淮阴读了中学后,我考上了华东师大地理系。当时对学习地理专业的思想还不大稳固,对地理科学还缺乏足够的认识。记得当时,地理系主任、留学加拿大的地理学博士、我国著名的地理学家李春芬教授找我谈话,他说地理学是一座宏伟的科学殿堂,学习地理这门学科,可以大有作为。他还语重心长地勉励我们,地理学是值得我们奉献一生的事业。他用他的科研经历和学术生涯激励我们。直到现在我也跟地理系的学生强调,地理学是社会主义建设迫切需要的一门学问。华东师大地理系曾被中国科学院院士、中国地理学会理事长吴传钧教授称之为世界最大的地理系,再加之有较强的教学和科研力量,师大园真是人才成长的摇篮。

　　主持人:大学期间有哪些令您难忘的经历?

　　张　超:华东师大的校园很大、很美、课余饭后,我常在夏雨岛上小憩,或在丽娃河畔漫步。当时丽娃河里还有船,我们划着船,不时还会有鱼跳到船上。总之,在风景如画的师大校园度过我的大学时代,觉得很美好,不但学到了知识,也受到华东师大特有的求真知、务实干的师大情怀所熏陶。对此,我怀有感恩之心,常常感念我的母校。

大学时代我最难忘的是地理系十分重视地理实践和社会调查。当时地理系师生都在一起共同思考地理学的课程和教学设置,为此我们开展了几项重大工作。其中之一是我们进行了长江三角洲的地理大调查,范围覆盖江苏、浙江、上海等整个长江下游地区。发动全系师生几百人一起深入长江三角洲,我们背着背包、肩扛手摇钻、手拿军用的详细地图,进行实地勘察。这份地图详细到该地区的每一架桥、每一座坟都能在地图上找到。我们在地图上画上网格,根据设计的定位,采集当地的土壤、水样、矿物、植物标本等,运回华东师大实验室化验、鉴定、分析。可以说,我们花费这么大的人力、物力,收集如此详细的自然地理资料,包括地貌、水文、气象、植被、土壤等,以及极其丰富的人文、经济地理的资料,和一些发达国家的河流三角洲研究比较起来,都是毫不逊色的,甚至我们的资料比他们更详细。这一重视调查实践的教学、科研特色,对一代地理人才的培养也是十分重要的。

　　后来,我做地理系系主任的时候,不忘地理系的优良传统,还主持过上海市交通大调查。当时北京大学有位知名的城市地理学教授和我说,上海市交通地理资料丰富,急需整理研究。我意识到城市交通作为城市地理的一部分,有重要的研究意义。于是接受上海市交通调查办公室的任务,动员全系学生参加这一工作,每一重要路口都安排多名人员数车子,这项工作对上海的交通规划有很大帮助,据此,我们也提出不少城市交通的建设性意见。

　　我再举一个例子。上海人都知道,苏州河曾是污染严重的"脏河"。我当时是地理学教授,以知识分子的身份给市政府写了一封信。我认为,苏州河水污染严重,并非只有环保局一家之责,其污染来源主要是工厂的废水和其他一些污染源。要解决苏州河的水污染是一个系统工程的问题。我提出要对苏州河沿岸的污染源进行实地勘察。就这样市领导把这个调查项目给了华东师大地理系。我带着地理系团队,从苏州河口一直勘察到太湖。使用航空遥感迅速计算出苏州河上来往的船只、沿岸的饲养场、工厂等数量,进而确定当时苏州河的十大污染源,为苏州河的整治提供了决策依据。总之,我认为地理学是门实践性很强的学科,勘察和调查非常重要。

　　主持人:在担任地理系系主任期间,您如何平衡行政工作和教学科研呢?

　　张　超:我认为,我能很好地将两者结合起来。正因为做了系主任,我对国家的方针政策和对学科建设的要求更清楚,开展教学和科研工作就更有针对性,使行政工作和教学科研相互协调和促进。

张超教授在加州大学

主持人：请您谈谈 1984 年到 1985 年期间，您去美国加州大学伯克利分校当高级访问学者的经历。这段经历对您后来的教学和科研有什么影响？

张　超：美国加州大学伯克利分校气象学与气候学教学没有统一教材。每次上课的时候老师会发一张纸，纸上写着的是这节课老师要讲的内容、要点及要求等等，然后是主要参考书目，老师上课氛围很轻松。

给我深刻印象的是老师上课不教数学公式的推理过程，但是考试会考，所以需要学生自己搞懂。这种教学方式培养了学生的自学能力，自己建构自己的知识。上课期间，学生可以问老师问题或者老师问学生问题。课堂上每天都会分析天气图，结合课本和当时的天气来讲，我觉得这种方法对培养学生的能力很有好处。还有印象很深的是美国大学研究和教学的物质环境很好。1984 年，我们作为较早公派出国的教师，所见到的美国信息技术已经很发达了。用计算机查询图书资料、分析地理数据、绘制专业地图等。这些都给我留下深刻印象，为我后来的教学和科研提供了很大帮助。

气象气候识云天

主持人：您承担了气象学与气候学的教学，请谈谈您几十年的教学、科研的经验，以及您对此有什么感悟？

张超教授（右）与IGU城市气候专业委员会主任T.R.Oke（中）、周淑贞教授（左）合影

    张　超：大学毕业后，留校任教，有幸成为我国著名地理学家、城市气候学家、地理教育家周淑贞教授的助教，得到她精心培养，从事气象气候的教学和科研工作。参加周淑贞教授主编的全国通用教材《气象学与气候学》《气象学与气候学实习》的编写，以及我国首部城市气候专著《城市气候学导论》的研究和撰写工作。气象气候学教材多次获奖，是一部精品教材，从上世纪80年代，已由高等教育出版社发行三版，一直延用至今。

    气象学与气候学是地理教学的主干课程之一。对该门课程的教学必须脚踏实地，认认真真地上好每一堂课。记得在担任气象气候教学时，我常备课到深夜，甚至通宵达旦，然后走上讲台，从解惑、释疑的理论教学中、观云识天的实习、实验中，形象化的表达设计等多方面，做好每一个教学环节，使其成为名副其实的精品课程，从而深刻体会到教学的责任和乐趣。

    在教材编写中，建立创新的教材体系十分重要。记得在国内一些学术会议上，常有人问我，气象学与气候学为什么能成为精品教材，多年应用不衰，以至1996年被台湾明文书局以繁体字出版，供台湾高等学校有关专业使用。我的回答是原因之一，就是该教材建立了以气候为重点、以气象为气候的物理基础、以天气为气候的天气学基础、以大气环流为纽带的创新教材体系，使教材内容，环环相扣，活了起来，仿佛长了翅膀。

    对于科学研究，我认为应结合学科发展趋势和国家经济社会发展的需要开展科学研究。事实上,教学和科研是密不可分的。当时,结合上海实际,和周淑贞教授一起开展上海城市气候研究,发现了上海城市气候的"热岛、干岛与湿岛交替、雨岛、混浊岛","五岛效应"。其研究成果,获国内外的肯定和表彰,从而推动了我国"城市气候学"的学科建立和发展。

计量地理学的创建与发展

主持人:您在计量地理学方面做了很多工作,能否谈一下您在其中取得了哪些成就,遇到了什么困难?

张　超:20 世纪 60 年代,美国发生了一场地理学的"计量革命",那时我国正在进行"文化大革命"。"四人帮"倒台以后,邓小平同志提出高等教育要引进一些国外教材。当时最大的困难,一是很难获得相关的研究资料。经初步分析,国外不仅在自然地理,而且在人文地理、经济地理的教学和科研中,运用了大量的数学模型。从某种意义上说这是处理好地理学和数学的关系、地理学对科学的贡献与地理学和社会经济新关联的大问题;二是我国高校地理学系高等教学课程不完备,或没有开设数学课程,因而学生的数学基础不能适应。记得有一次商务印书馆的一位同志,曾给我写了一封信,说在香港的书展上,发现了一本标有"世界名著"的《计量地理学》,后几经周折,开了上海市革命委员会的介绍信,才获得了该书的复印本。当即,我就将该书扫描油印,分发给我国有关高校地理系,以期推动该学科在我国的发展。

1980 年在教育部理科地理教材编审委员会杭州会议上,确定由我负责计量地理学科组,其成员有南京大学林炳耀、东北师范大学杨秉庚、我执笔分别编写了综合大学地理系和师范大学地理系计量地理学教学大纲,使这一学科得以确定,并稳步发展。在李春芬教授的支持下,先是编译出版了《计量地理学导论》(张超等,高等教育出版社,1983)一书,接着在国家自然科学基金"人口地理学中的数学模型研究"等多项与此有关的科研课题支持下,发表了《概率论与数理统计在地理学中的应用》等多篇论文。在此基础上,由我主编出版了《计量地理学基础》、《计量地理学基础和计算程序》、《区域科学论》、《地理系统工程》等教材和专著,使计量地理学科在我国得以创建和发展。华东师大地理系首先开设计量地理学课程,同时在教学计划中率先开设高等数学、概率论与数理统计、线性代数等系列课程,这些课程开

1990年，国际地理联合会（IGU）计量地理专业组专业委员会会议在华东师大召开，左二为张超教授

设后来被全国高校地理系所采用。时任中国科协主席的钱学森院士,不仅指出地理科学要发展数量地理学,而且提出"地理系统是复杂巨系统,处理复杂巨系统的唯一方法是从定性到定量综合集成法"。也正如美籍华人地理学家马润潮先生指出的"计量革命最主要的意义并不在于它将计量方法带进了地理学,而在于它是一场猛烈及影响深远的思想革命",后在地理学的景观设计到景观生态设计,再到地理设计的发展历程证明了这一点。其模型框架（表达、过程、评价、变化、影响、智能决策等六层数学模型）、概念设计、实施策略,程序指令、智能决策等支持并引领地理学的发展。其中数字化、模型化、智能化则孕育了地理信息系统（GIS）的诞生。真可谓计量地理显神奇,这对地理学科建设和发展的意义,不可低估。

GIS,帮助管理我们的世界

主持人:您后来也开始从事地理信息系统（GIS）的研究,请您谈谈在GIS方面的教学和科研工作。

张 超:说到GIS,这使我想起了在1992年,国际地理联合会（IGU）在美国华盛顿召开世界地理大会,与会代表除美国外,我国是第二大代表团,中国代表有100多人。会议的名誉主席是时任美国总统的老布什。我们住在白宫旁边的乔治·华盛顿大学。由于参会人数众多,分成若干专业组进行学术交流,我们的学术

张超教授在做实验

报告,已充分反映我国地理学研究的学术成就,和国外比较,并未显现有多大差距。但到会议末期,我们参观了会议举办的地图、遥感和地理信息系统展览会,美国有关高校演示他们利用卫星遥感、GPS、GIS 等先进的地理信息技术所创制的全球图、大洲图、国家图乃至城市交通图等,以及地理信息技术,在生产建设、环境保护、国土整治、数字地球、数字城市等领域的应用,他们追求并实现 GIS,帮助管理我们的世界。我和俞立中教授、沈焕庭教授都参观了这一展览会,深感这一学科领域发展很快,和国外比较差距较大。我当时任教育部全国高校理科地理教学指导委员会副主任,并兼任地图、遥感、地理信息系统教学指导组组长(指导组挂靠华东师大),深感责任重大。

回国后,在北京召开的一次地理教学指导委员会会议上,决定在我国高校有关专业开设 GIS 课程,并由华东师大的我负责牵头,北京大学、南京大学参加,编写地理信息系统教材,供高校有关专业使用。接着,我又利用去英国进行学术交流的机会,搜集 GIS 有关资料,同时又参考了乔治·华盛顿大学 GIS 教材的内容,结合我主持的"上海市人口地理信息系统建设"的实践,以及有关单位建设的北京水土流失信息系统、我国地貌、旅游、县域规划等信息系统建设的实践和研究成果,构建了 GIS 理论、软件技术、应用实践的教材体系。主持编写了"面向 21 世纪"的《地理信息系统》、《地理信息系统实习教程》的配套教材。该书出版深受广大师生的欢迎,在网络上表达了他们由衷的赞誉。

1990年，张超教授（左四）与学生在一起

随着我国教育事业的发展，教育改革的力度也越来越大，教育部理科高校地理教学指导委员会在兰州召开的一次会议上，决定地理学科分设地理学专业（一级学科设专业）、地理信息系统专业（含地图、遥感）、资源环境与城乡规划管理专业，并由我主持起草了 GIS 专业设立的目标、条件和措施的规范性文件。我校是全国较早设立 GIS 专业（1996 年）的高校之一。之后又经过多方面的努力并经教育部批准，在华东师大地理系设立地理学人才培养基地，为地理学人才培养创造了优越的条件。

GIS 发展之快、应用之广、影响之深刻是其他学科无法比拟的。在上海市政府领导、推动之下，上海各相关委办局和区县都进行了地理信息系统建设，华东师大地理信息科学教育部重点实验室成立后，积极参加了该项宏大的建设工程。拓展了 GIS 应用，包括城市规划管理、园林绿化管理、环境管理等。由我主持的研究课题有：移动 GIS 应用、上海农业 GIS、信息管网 GIS、人口管理、浦东劳动局网络管理、区县 GIS 建设规范、上海市地理空间信息共享标准、固体废弃物管理等。它涉及众多领域，在此基础上出版专著《地理信息系统应用教程》（张超等，科学出版社，2007）、《城市地理信息系统原理、应用和项目管理》（上海市信息化委员会、张超主编，科学出版社，2008）。这些研究工作为 GIS 学科建设以及 GIS 专业的本科生、硕士、博士、博士后培养，起了重要作用，也为上海市的市政规划、土地环卫、园林绿化、商业农业、电子政府建设等作出了贡献。

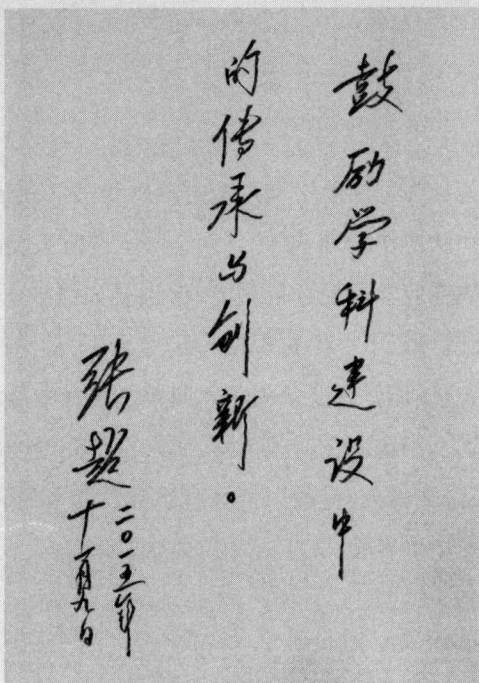

张超题词

记得在一次学术会议上,一位科研机构的中科院院士曾指出:"上海市地理空间信息的人才高地是华东师大。"我们听了以后深受鼓舞。

传承与开拓

主持人:在华东师大工作期间,有哪些事情给您留有深刻印象?

张　超:华东师大有很多老师给我的印象都很深刻。我们虽然一直在提创新、提发展,但是也应该看到传承。我们老一辈的教师们给我们打下了那么好的学科基础,中青年一代要更好地把它传承下去,将我们的地理学科发展得更好。华东师大有很多年的历史积淀,可以上溯到民国时期的大夏大学与光华大学。我始终对华东师大的发展抱有很大的信心,我相信多年的历史成果摆在那里,我们一定会有更大的进步。我的想法是,我们要加强团队的力量搞发展。我们要多多发展科研团队,研究区域性的东西,为区域发展献计献策。比如我们搞区域地理,就可以立足上海,结合上海的城市建设、环保、水资源等问题展开,发挥大学服务社会的重要功能。

主持人:您对当代大学生有什么期待和建议?

张　超:当代大学生,真像早晨八、九点钟的太阳,他们是当今社会的数字一代,将是我们事业的接班人。学科建设、事业发展的重任,将历史地落在他们的肩上。我希望他们能加强创新能力和创造力的培养，为长期的成功奠定基础；要提高人际交往能力和团队协作精神，既能自信、开放，也能激励队友，完成任务。

现在学生完成专业学习任务很重要，但也要加强外语的学习。过去只要学一门外语，比如英语就可以了。但是现在时代变了，我觉得一门外语是不够的，最好还要会多门语言，这样你就有竞争力了。我曾经在日本接触过一个人，他自己是日本人，太太是台湾人，小孩现在美国上学，后来又到法国读硕士，你想想这样的小孩日文、中文、英文、法文都会，竞争力自然就很强。除了语言能力的培养，我认为还要加强对当代大学生世界观、人生观和价值观的培养。

链接:

加强地理科学的理论研究

　　地理科学是复杂的科学体系。随着地理学分支学科的迅速发展,切实加强综合,研究社会经济的整体优化和持续发展问题,构建新的学科体系——地球表层学,是非常重要和迫切的问题。社会实践表明,一个地区的发展规则及区域治理,需要综合考虑自然、人文、社会、经济发展和技术进步等各种因素。要构建具有中国特色的现代地理科学体系,关键就是从整体上解决长期以来地理科学部门分割的局面,形成一门高度综合的能指导国家制定宏观规划且具有理论基础和技术支持的科学体系,使地理科学成为自然科学和社会科学的桥梁,发挥其他学科不能替代的作用。钱学森教授倡导建立地理科学体系的出发点正在于此。地理科学基础理论薄弱,运用兄弟学科最新理论和方法不够,已使其在解决实际问题时受到极大限制,因此对加强地理科学的基础理论建设、强调新技术方法的应用以及加强地理理论的哲学思考,应给予充分重视。我们应该围绕地学的重点领域及前沿课题,从不同方向如人地关系空间系统、人地关系能量系统、环境演化变迁、区域发展规划和优化模式等方面,发展地理科学的基础理论,为国际地理科学的发展,作出我们应有的贡献。

　　加强地理科学的理论研究,首先要对人地关系有一个全面的认识①。人地关系地域系统是地理学研究的核心,也是地理学理论研究的一项工作。地理环境是人类赖以生存的物质基础和空间场所,它制约着人类活动的深度、广度和速度。地理环境对于社会和人的影响是一个变量,随着生产力的发展,人类认识、利用和改造地理环境的能力将发生变化,人和地就会产生新的关系。地理学研究人地关系是以地域为基础,研究人地关系地域系统的结构和机制,重视它的空间变化和时间变化关系,探求系统内各要素的相互作用及系统整体行为与调控机理,从空间结构、时间过程、组织序变、整体效应、协同互补等方面去认识和寻求全球的、全国的或区域的人地关系的整体优化、综合平衡及有效调控的机理。可以预言,21世纪

---

① 吴传钧.论地理学的研究核心——人地关系地域系统.经济地理,1991,11(3):1—5.

张　超:地理学人铸人生

地理科学中人文地理学的比重将会增大，地理学研究中重视人的趋势将会加强。在众多的研究课题中，人地关系地域系统的形成过程、结构特征、发展趋向和优化调控的研究，将是涉及面最广的理论和应用意义最为重大的主题。

其次，要正确地认识人地关系，必须要有系统思维，建立地理系统是一个开放的复杂巨系统的理论①②。这是地理学理论建设关键所在。地理系统是指地球表面的岩石圈、水圈、大气圈、生物圈和人类相互作用的物质、能量、信息运动系统。它与周围环境有物质、能量和信息的交换，它是多要素多级别的系统，因而具有"开放"、"复杂"、"巨系统"三个特征。通常各级地理系统所对应的就是各级地理区，因此多层次结构是地理系统的第四个特征。这些特征是地理科学理论研究的基础。例如在经济地理学研究中发现，一些发达国家随着经济的发展，将一些劳动密集型产业转移到亚洲"四小龙"，现在亚洲"四小龙"又向东南亚发展中国家转移，最后要向中国大陆找出路。所以中国的社会主义建设，必须考虑国际的影响。从开放、复杂巨系统的角度去认识并解决问题，只有对一个一个的开放复杂巨系统进行研究，当这些具体研究的成果多了，才能从中提炼出地理系统这一开放复杂巨系统的理论，进一步发展地理科学。事实上，近20多年来，国际学术界也较为重视地理系统的研究，一些国家把"地理系统空间与时间组织和社会与自然的相互作用"，列为重点的研究项目。

第三，加强地理科学的理论研究，必须有正确的思想指导，这就是马克思主义哲学思想的指导。因为在人地关系地域系统中，地理环境虽然是重要的，但人具有能动的功能，地理环境可以被人类认识、利用、保护、改变和调控。人地关系协调发展，不决定于地，而取决于人。再说，人地关系是在一定的生产、社会关系中建立的，可以把它理解为一种具有社会和历史特性的辩证关系。实践证明，正是在人类活动与自然环境协调发展的实践中，逐步提炼，上升到思维学的理论，最后上升到思维科学的哲学——认识论，从而形成地理学理论。从唯物主义的观点来看，人靠实践来认识客观世界，每次认识，只是地理系统很小的一部分，所以要再实践、再认识，才能不断扩大对地理系统的认识，这个过程是无穷无尽的。因此，地理系统是

---

① 钱学森、于景元、戴汝为.一个科学新领域——开放的复杂巨系统及其方法论.自然杂志，1990,(1).

② 钱学森.再谈开放的复杂巨系统.模式识别与人工智能,1991,(3).

开放复杂巨系统的观点,不仅对地理科学理论的建立是十分重要的,而且对国际学术界关于人地关系的"悲观论"、"乐观论"等观点,会有清醒的认识。它关系到地理学本身的生存与发展,是地理学的立足点和地理工作者的用武之地,又是促使我们向前发展的最大的动力。回顾地理学的发展历程,如果在哲学思考上发生偏差,地理学理论建设的步伐就会减慢,甚至有步入歧途的危险。

我们在我国南方山地综合考察的科研实践中,就是从人地关系区域系统的原理出发,在讨论区域系统特征、区域系统的结构与功能、区域系统的动态变化和稳定性、区域系统的调节与控制的基础上,结合区域经济的微观研究、区域经济发展理论,建立起经济区划论、区域规划论、区域系统模型、地理信息系统等,为地理学的理论建设做了一些新的探索。这些内容在作者最近出版的《区域科学论》(华中理工大学出版社,1991)和《地理系统工程》(科学出版社,1993)两本书中,有较为详细的叙述。

(作者张超,摘自《论地理科学的理论研究与新技术手段》,原载《地理学报》,1995 年 1 月)

茆诗松：
中国数理统计的开拓者

茆诗松，1936年8月生，安徽巢湖人。华东师范大学数理统计学教授。

1958年毕业于华东师大数学系后留校任教，1986年评为教授，创建全国第一个数理统计系，担任系主任。1990年评为博导。获得全国优秀质量管理工作者（1993年）、上海市育才奖（1997年）、宝钢优秀教师奖（2001年）、全国质量管理突出贡献者（2002年）等称号。

出版专著有：《概率论与数理统计》、《试验设计》、《贝叶斯统计》、《可靠性统计》、《统计手册》等10余本，其中《概率论与数理统计》、《概率论与数理统计习题解答》获2002年国家教育部优秀教材一等奖。

概率统计"零"的突破

主持人:茆教授,当年您从华东师大数学系毕业,后来留校任教,您能谈一谈您在大学期间以及在华东师大工作的一些情况吗?

茆诗松:1958 年,我从华东师大数学系毕业,随后分至数学分析教研室工作。刚开始没有分配上课任务,而是学习概率论。那时候全国还没有高校开设概率论与数理统计课,国内这方面的人才十分紧缺。为了培养概率论与数理统计人才队伍,我们成立了一个讨论班,大概有五、六个青年教师在一起讨论,共同学习从苏联翻译过来的《概率论教程》。我们几乎全是靠自学,因为没有教授这门课的老师。北京大学倒是有一位老教授研究数理统计,但那时他身体不太好,只能留在北京带研究生。我读书时的指导老师是魏宗舒教授,他是 20 世纪 30 年代美国大学统计学博士,但他研究的是抽样检验和保险统计。所以说我们讨论班几个人是我校第一批学习概率论的。我们常常会因为一个题目怎么做、一个概念怎么理解争得面红耳赤,因为之前根本没有一个人懂概率论。概率论与数理统计这门学科当时在国内几乎是一穷二白,我们也算是"白手起家"。

主持人:所以后来您还被专门派去苏联学习概率论,能谈谈在苏联学习的情况吗?

茆诗松:当时国内可以学习概率论与数理统计的地方很少。1961 年,华东师大决定派我到苏联进修。从 1961 年 9 月开始到 1963 年 7 月,总共两年的时间,我

青年时代的茆诗松

在莫斯科大学概率论教研室进修。那时候国家的任务对我们这些年轻人来讲绝对重要，所以拼命要把概率论学好。我的概率论基础是在苏联打的，老实说，这个基础就是读了一两本书，从头到尾把所有习题做一遍。1961年中苏关系已经恶化，我们在北京外国语学校学习俄语的时候是几百个人，等到赴苏的时候却只剩下几十个人。国内派我主要去学概率论里面的一个分支，叫信息论，也就是通信当中的数学问题。开始我被送到列宁格勒大学，但列宁格勒大学没有信息论的老师，苏联高教部就让我们在莫斯科等待，后来联系到莫斯科大学的犹太人达布罗辛，就跟着他学了两年。他让他的一个研究生伊拉改我的作业。我们一个礼拜碰两次头，我把我做的题给她看。记得我把美国的《概率论及其应用》这本书中的题目全部做一遍后，开始慢慢懂得点概率论了。一年后导师给我出了一个题目，结果我做出来了，他还帮我在苏联的一个《概率论及其应用》杂志上发表了，那是我发表的第一篇论文。得到这个消息，当晚就睡不着觉，兴奋了，这是我向祖国的一种汇报。回想这篇论文成熟的过程，我思索很长时间，在一天夜里突然在一个关键处想通了，灵感来了，立即起身写出来。这个过程就像"十月怀胎，一朝分娩"，没有多月的思考，灵感是不会产生的。那一晚的回忆让我终身受益。以后一些论文发表，也很类似这个思考过程。

主持人：两年之后回到华东师大，您主要是做什么工作呢？

茆诗松：1963年回国以后，校长常溪萍带我到上海几个单位去寻找信息论的

1963年摄于莫斯科，右一为茆诗松

应用，由于信息编码是军事秘密项目，不向民间开放，故走了几家单位都落空了。当时只能回校教书，系里让我开设概率论的课，而且要编写教材。大概是 1964 年，我认认真真编了第一本教材《概率论讲义》，把在苏联学习的有趣例子编写进教材。还特意在书旁边留了空白，让学生自己写体会。我一边教书，还一边组织学生把书中一些有兴趣的题目做出来，比如博彩、房间的分配等。我将学生给出的不同做法用纸写出来贴在教室里，这样学生之间可以互相学习，同时也调动了学习的积极性。第一本教材（油印讲义）在学生当中的反响很好，还想继续改进，只可惜 1965年国家搞农村社会主义教育运动，让大学老师、学生下乡参加农村的社会主义建设，被迫停课一年，到农村搞"四清"。1966 年，国家又一声令下要我们回校参加"文化大革命"。一回到华东师大就看见大字报铺天盖地，我们回来也摸不着头脑，只觉得中国出大事了，学生整天不上课，就这样闹了十年，一直到 1976 年才恢复正常教学秩序。

理论必须结合实际

主持人：那会儿您是怎么想到将数理统计应用到工业生产的呢？

茆诗松：当时我们这些人都到工厂里面去劳动，虽然是体力劳动，但脑子还在思考怎么让所学为国家服务。我正好看到一本北京大学翻译的日本人田口玄一写

1981年，茆诗松（左）与魏宗舒教授（中）在安庆师范学院合影

的讲稿《试验设计》，里面谈到很多试验方法，提到做试验要有一全盘的考虑，这样可以减少试验次数，减少试验误差，这正是工程设计里面所需要的东西。

于是我就想把书中方法在我国用上啊，可以在工厂里用。我就到上海橡胶厂跟厂长讲我看到一个统计方法，可能对你们搞橡胶配方试验有用。他说："好的，我请几个工程师听你讲一次。"后来我就去讲了，讲完两天以后，厂长说："茆老师，很遗憾，我们的工程师是橡胶专业毕业的，从来没听说过有这种方法，因此我们不敢用。"第一次应用尝试没有成功。

后来我们转到制药厂，因为药片也需要配方，需要好几种原料按一定比例配合在一起，要严格掌握各种原料的分量，这里面也有试验设计问题。制药厂接受了我们的方法，我们就在制药厂里做了几种新药的配置，特别是微生物的培养。这个药厂试验成功以后，我们又到了其他几个厂继续应用概率统计方法。

之后我们再次回到上海橡胶制品研究所做研究。有一个工程师听了我们的建议后很高兴，因为既可以减少试验周期，又可以减少费用。记得有一次研究所里接到任务，要做大炮上的一个橡胶配件，限期一个月完成。大家都很紧张，国家制作大炮用的东西，一定要认真做好。后来他们采纳我们的统计方法，很快就选好了配方，做出合格的成品来。

1984 年，我去美国待了一年零三个月。当时美国的工业没有日本发展快，一个伊朗籍的美国人问我是否了解田口玄一和他的试验设计，我说我知道。他还邀请我去作一次讲座介绍田口玄一方法，可见当时美国对田口玄一的了解很少。其实美国人的数学基础不如中国人好，再加上中国人要到工厂去实践，要数据很容易，还都是免费的，而美国的统计学家拿数据是要钱的，因为数据是试验做出来的，需要成本。现在的中国数据也商品化了，这样的好处是大家越来越重视数据，但也有坏处，就是交流变少。有些数据并不重要，值钱的都是少数数据，多数数据一般都是没什么太大的价值。

主持人：现在是大数据时代，对数据的重视高，您怎么看呢？

茆诗松：大数据是最近几年兴起的，在国内大多数都是吹。最近我到上海财经大学参加大数据统计方法研讨会。很多报告题目都有大数据，但内容却跟大数据没多大关系，都是普通的统计方法。所以中国时髦讲大数据，实际上讲的都是常用的统计方法，或者数据挖掘、多元分析等等，真正的大数据成果还没有看到。

创办数理统计专业

主持人：您能谈谈申请创办数理统计专业的过程吗？

茆诗松：这是我与同事们共同做了一件很有意思的事。美国回来以后，我清楚认识到了中美统计发展的巨大悬殊，并向教育部科技司写一份专题报告，希望在中国发展数理统计，办数理统计专业。中国的统计分两部分：一个是国家统计局搞的政府统计，另一个是民间的数理统计。我向袁运开校长提议成立数理统计专业，袁校长很支持，数学系的系主任曹锡华也很支持，但是没有得到教育部的批准。有一次国际统计学会给中国统计学会发了一个召开国际统计年会的通知，请中国派代表参加。这个通知给了中国统计学会，也就是政府统计，没有给数理统计学会，没有给中国概率统计学会。参会人员回来以后很有感触，他们认识到了中美统计的巨大差距，认为中国统计要改革。但他们还不太愿意接受数理统计，他们提出一个新的说法叫西方统计，实际上西方统计就是数理统计，他们希望教育部帮助培养西方统计学生。1983 年，教育部审批通过三个学校开办数理统计专业，分别是华东师大、复旦大学和南开大学。

主持人：成立数理统计专业以后，在教学方面又是如何开展的？

茆诗松：我认为数理统计专业的学习主要分两个部分：一个是数学，一个是统计。要把微积分、线性代数学好，这是研究数理统计的基础、基本工具，直到现在，

茆诗松教授（二排右三）与数学系同事合影

数理统计专业一、二年级的学生还和数学系学生一样学微积分和线性代数，考研究生也是同一张卷子。其实刚入大学是学微积分的最佳时候，十七八岁到二十岁左右的年纪，容易接受细致、深入的思考方式，年纪大了就懒了，反而不愿意学了。

此外概率统计一定要学好。当时高等教育出版社要出版概率统计方面的教材，华东师大积极参与，师范院校的概率论统计教材由魏宗舒教授主编。在魏宗舒教授带领下，我们花了较长时间编写了《概率论与数理统计教程》，魏先生去世后，这本书又修改再版，但基本内容没变，这是我们成立统计专业的第一本教材。后来教育部要我组织编写数理统计专业的教材，我请了国内最好的教师以及研究所的研究人员出来编写，结果用了一段时间，八个人共写出了八本书，解决数理统计专业成立之初的教材问题。

主持人：您在 1978 年找了几个弟子开设研讨班，你能谈一谈这个研讨班是如何成立的吗？

茆诗松：1977 年高考恢复以后，第一批学生学习劲头很大，当时数学系招一百多人，按年龄分四个班。何声武教授在高年龄学生中选 10 个学生（第三、四班），开设概率论课外讨论班。我在低年龄（第一、二班）也选了 10 个人开设数理统计课外讨论班，进行数理统计方面的探索与研究。我们读《统计学的基本概念》，这本书是一个外国人写的，吉林大学把它翻译成中文。开始是我讲，到了第三、四章，就叫学生讲，一个人负责一章，每章大概有 10 页内容。学生们很认真，学得颇有收获，打

2007年，茆诗松教授（前排右二）与学生在一起

下了很好的数理统计基础。这 10 个人先后都出国了。当时我想得也很简单，出去 10 个，能归来 5 个就不错。结果 1989 年以后，美国政策放松，只要愿意留下都给绿卡。本来讲好要回来的，都不回来了。他们在美国都找到工作，得到了发展。回国探亲时都来看望我。回想那些讨论班的事，大家都很珍惜，是跨进学术领域的第一步。

主持人：那您还记得他们的名字吗？后来他们有跟您联系吗？

茆诗松：一直有联系，但是他们不好意思跟我联系，本来讲好出去还是要回来的，结果都不回来了。现在大家都理解了，不再计较了。如今国家搞"千人计划"，有两个人回到我们统计系了，一个是邵军，一个是孙东初。还有陈实，曾为美国通用汽车公司驻华代表，负责与上海汽车公司谈判合资造厂之事。成功以后，他兴奋地对我说，我们拿出一个新型号汽车，终于战胜了另一个外国公司。还有刘光汉与张立民都在美国一家药厂任统计部负责人，陈仪（女）现在美国一高校任教。

做青年的指路人

主持人：您编写了很多概率统计方面的教材，您为什么要花那么多的时间在编写教材上？

茆诗松：我刚接触概率论的时候，苦于没有书读。中国在这方面开始是零，后来才逐渐有各种教材。当时搞统计，我在国内读了两年，到苏联读了两年，才基本搞懂概率论。我觉得不能让中国的青年再走这条曲折路，所以我要把自己对概率论的了解和认识告诉中国年轻人，让他们在短时期内，花半年到一年的工夫就能够掌握这门学科的基础。

1963年从苏联回来后，我就开始编教材，第一本是《概率论与数理统计讲义》。1986年从美国回来后，我做了6年系主任，1992年卸任后就开始写书出版，先写研究生的教材，后写大学生的教材。编的第一本书就是《概率论与数理统计》，这本书第二版就获得了国家教育部优秀教材一等奖（2002年）。以后又陆续出了一些书，最近一本书是武汉大学出版社出版的，供MBA研究生使用概率论与数理统计教材。写完这本书我的身体不行了，住院治疗了一段时间，慢慢康复。身体好转以后，我又希望能够多做些有意义的事情，于是我又开始为中国质量工程师考试编写、审查教材，为公共院校、财经院校编写概率论与数理统计教材。我还能做的一件事情就是翻译，最近翻译了一本书《注册可靠性工程师手册》。我总想，年纪大了不能够天天看电视、听广播、看报，要尽己所能做些对国家有用的事情。最近又萌生与周纪芬教授合作编写《工程统计学》，快要脱稿，这大概是最后写的书，写不动了，腿坐麻了，腰也痛了。

主持人：听说统计系当年还创办了《应用概率统计》杂志，这本杂志在当时也是很重要的学术交流的平台吧？

茆诗松：当时我们创办一本《应用概率统计》杂志，由中国概率论统计学会负责主编，华东师大筹办编辑部，后来决定让北京大学的老教授江泽培出任第一任主编。这个杂志在我们统计系分量很重！我们系不大，每年招收大概六、七十个学生，研究生招收二、三十个。但是我们很全，我们有本科生、研究生、博士生和博士点，有博士后流动站，还有一本杂志，这个杂志也是个学术刊物。办学术刊物在经济上是亏本的，每年约亏两万元。当时约定出资方都不能即时到位，我到处寻求资助，花了不少精力。直到华东师大出版社有了盈余，才对这本杂志表示全额资助，这才使我们放下心来。这本杂志至今已出版三十余年了，成为我国核心期刊之一。

主持人：您对现在的统计专业办学和学生有什么好的建议？

茆诗松：我建议现在的统计系要分理论和应用两大方向。统计是应用学科，不能只有纯理论研究，那样就成数学系了。我认为全国的统计专业不要都去搞基础研究，至少应该有一部分去搞应用统计。我们要敢于接受新的统计思想和统计方

1992年，茆诗松教授（左）与魏宗舒教授（中）合影

法，在实践中提出新的统计概念和新的统计方法，在此基础上发展统计理论，那就扎实了。办好统计系不要只有一个模式，要有多种模式、各有特色，中国需要的是多方面的，不能都搞大样本理论。

对于统计学专业的大学生，我希望他们在本科四年能好好读几本统计方面的书。每年读一本，读通一本，不是马马虎虎地读，四年读四本，将来会很有用。我们这一代的人深刻体会了没有书读的痛苦。上世纪 50 年代，我们想读书却没有中文书，只有外文书，而且外文里面没有英文书，只有俄文书。现在我们编写教材，尽量写得让年轻人容易读懂，很快地掌握。想当年我们是一题一题地琢磨，真的难啊！一个国家必须要大力发展概率与统计，很多学科都要用它作工具。

现在我们的概率统计理论还能跟上国际前沿，但应用又很欠缺。如何让文科、工科、农科、医科的学生都有相应的统计知识，这方面我们还很薄弱。美国有一批人，既懂统计又懂工程，这样结合实际写出来的教材，学生就容易接受。而我们由数学出身的人来编写统计教材，写来写去还是数学化，年轻人读起来还是比较麻烦的。我由衷地希望年轻人少走弯路，快一点成长，把我们国家建设得快一点、好一点。

链接：

"数理统计"情况的调查报告(节选)

数理统计是数学中一个应用面很广的分支学科。它研究如何以有效的方式收集、整理和分析受到随机性影响的数据，以对所考察的问题作出推断或预测，直至为采取决策和行动提供依据和建议。它在物理、化学、生物、医学、工程、军事、经济、社会、教育等方面都有广泛的应用。这里所谈的应用是指在这些学科和部门内数据的收集和分析推断中涉及的与随机性有关的数学问题，而这类问题是广泛存在的。

解放前夕从国外学习数理统计获得博士学位回国的仅有三、五人。据现在所知的有三位，这三位是北京大学许宝騄教授(十年内乱期间去世)、华东师范大学魏宗舒教授、科学院计算中心徐钟济研究员，那时他们手下的学生也寥寥无几。

解放后，给科学发展带来了春天，可是1953年苏联开展的一场讨论对中国统计界影响很大，当时有人在报刊上介绍了苏联这场讨论情况和最后结论，随后国内也兴起一场批判，把抽样调查批判为"求神拜佛"、"唯心论"，十年内乱中又把平均数批为"中庸之道"。在这种极左思潮中，统计学与数理统计被严格分开。从五十年代开始，凡是从英美进口的杂志带有"Statistics"字样的一律被列为禁书。要阅读这类杂志非要在单位另开介绍信才能借阅。上海图书馆的同志说，"这是上级规定"，这就严重地影响国内数理统计的研究和应用。

苏联的影响还表现在培养人才方面。国内至今没有一个大学设有数理统计专业，更没有数理统计系，而在国内财经院校设的统计系是禁止讲授数理统计课程的。目前这些系内中青年教师都不懂或很少懂数理统计学，其中有些人已成为财经院校统计系改革的阻力，懂得数理统计的几个人不是受压抑，就是之后转到其他系，因为懂数理统计的人讲的内容他们都听不懂。国内统计学与数理统计学也被严格地分开了，他们分别成立了中国统计学会和中国概率统计学会。

1980年，国际统计学会召开年会，邀请三名中国统计学者参加，中国统计学会派了人员前往参加。在会议期间，外国学者问起中国著名的统计学家徐宝騄教授的情况，中国代表根本不知道中国还有这样一位著名专家。这次会议的学术报告中有80%涉及数理统计，中国代表都听不懂。三位代表回国后很有感慨，在国外统计学与数理统计学是一家,可在中国被人为地分为两家,这种落后的现象迫切需要解决。这样中国统计学会开始吸收少量国内数理统计学者参加学会工作,在国内财经院校开始允许讲授数理统计课程。

假如说十年内乱使国内科技界停顿十年,那么国内统计界的发展则被停顿了三十年,造成国内统计界的落后状态,统计人才已成为一个巨大缺口,大大影响了国家的四化建设。

国家统计局在十年内乱前约有 28000 人,内乱期间队伍散失,"四人帮"打倒后开始恢复,到 78 年已有 26000 人,这个数字比南斯拉夫国家统计局还少,这支队伍中大学生只占 5.6%,有些人已到或将要到退休年龄。这支队伍以收集数据为主,统计分析与处理数据的能力较弱。这次全国人口普查后,大量数据需要加工处理,国家统计局深感数理统计人才匮乏,才开始与教育部联系,愿意出几百万元资助复旦大学与南开大学筹建数理统计专业。据了解仅国家统计局还需要 5000 名统计人才,假如这两所高校以每年 100 人速度培养统计人才,那也需要 25 年才能满足国家统计局的要求,而国内需要统计人才的单位和机关不止国家统计局一个单位,国家计委、国家经委、中央各部委、各省市自治区的计委、经委、组办在业务工作中每天要用到大量数据需要及时处理、加工等统计分析工作,供决策和制定计划使用。这就需要大量的数理统计专业人员和培养这些人员的教师。

另外需要数理统计人才的单位是全国各公司、工厂、商业单位的管理部门和技术部门,估计这些部门需要统计人才的数量比国家和省市自治区单位需要的人还要多。

上海机电一局技术处协助上海高压油泵厂和上海变压器厂,使用多种数理统计方法,把高压油泵的合格率由 69% 提高到近 100%,使矽钢片节约 2000 吨(每年),折合人民币 40 万元。该处副处长王忠铭同志说:国内机械行业的设备和专业人员水平是不低的,外国人也这样评价我们。为什么我们的品种发展缓慢、经济效益低、无国际竞争力,原因之一就是我们的技术人员缺乏处理带有随机性数据的能力,而生产过程,即使是自动化生产过程总带有或多或少的随机性。我们只能按进口设备生产,若要改进,就不会处理带来的随机性数据。假如这些技术人员都具有随机性处理的能力,或者一个大厂配有一个数理统计人才,那么情况将会有较大的好转。上海仪器仪表公司技术科召开的一次座谈会上说,希望能在 400 人以上的工厂配有一个统计人才。上海约有一万个大小工厂,400 人以上的工厂估计有

1000 个,那么仅上海市就需要 1000 个数理统计人才,加上公司一级需要的人员就更多了。他们建议这种人员最好放在质量科、技术科或总工程师办公室。以上仅是上海市的情况,从中可看出全国需要这方面人才的情况。

国内高校和中专技校中数理统计教师严重缺乏也是急需解决的一个问题。解放前,全国高校中概率论与数理统计教师是屈指可数的几位;解放后,苏联帮助我们培养了一些概率论方面的人才,但数理统计教师仍相当缺乏,以致在一些高校(如天津大学、海军工程学院等)只能开设概率论课程,而不能讲授数理统计。一些重点高校迫切要求数理统计研究生,至于一般高校和中专技校那就更加缺乏数理统计教师。每当暑假开设数理统计学习班时,不少教师都报名前往学习。今年暑假将要举办的一次数理统计班报名人数达 450 人之多。可见数理统计专业越来越受到人们重视,这种短训班可以继续办,可解决暂时的矛盾。但从长远来看,一位数理统计教师是需要经过专门训练(包括系统的理论学习和统计实习培养)的。

综上所述,数理统计是一门应用广泛的学科,由于受苏联影响和国内极左思潮的影响,数理统计发展在国内受到极大影响,从而也影响到我国的四化建设。数理统计人才在国内已是一个很大的缺口,所以数理统计急需发展。

为此我们建议:

1. 教育部要全面规划,积极布置数理统计人才培养基地,根据国内各方面的需要,数理统计人才可分大专生、本科生和研究生三类,根据各校的数理统计已有基础情况可分别设立数理统计专业和数理统计系,争取在未来十年内能培养近千名数理统计人才。

在培养数理统计人才方面,一定要从实际出发,应该允许有条件的师范院校也可培养数理统计人才,就像工科大学也可以培养少量的理科生,军工厂也可生产民用产品那样,这样才可加快培养数理统计人才的速度。

2. 加强数理统计学科的研究,根据现有条件积极扶植几所有条件的学校成立数理统计研究所,进行理论、方法和应用的研究。

3. 教育部全面资助出版《应用概率统计》杂志,促进国内数理统计在应用上的发展,此杂志已由中国概率统计学会委托华东师大筹备这本杂志,现在主要矛盾是缺乏资金,望能得到教育部资助和支持,使这份杂志能早日问世。

(作者魏宗舒、茆诗松、周纪芗、吕乃刚,作于 1983 年 4 月 20 日)

千金一诺　大爱无疆
刘运来：

刘运来，1936年9月生，福建泉州人，中共党员，民进会员。中学高级教师、江西省首批特级教师。

1958年毕业于华东师范大学物理系。历任第六、七届全国人大代表，第八、九、十届全国政协委员，第八、九、十、十一届民进中央常委，民进江西省委会主委，江西省政协副主席。多届中国物理学会教学委员会委员、全国中学物理分会副理事长、多届省物理学会副理事长。担任20年江西省科协常委。是华东师范大学江西校友会名誉会长。历任江西师范学院附中物理老师、教研组长、副校长、校长。1984年起，任江西师大、江西教育学院兼职教授。发表研究论文数十篇，主编或合编教学论著20余部。

1983年起，致力于未成年犯教育改造工作，担任江西省未成年犯管教所启明学校名誉校长三十多年。1987年兼任南昌市政协副主席。1992年起任南昌市副市长，分管科、教、文、卫、体、高新技术开发区等方面工作。1997年起担任10年江西省政协副主席。荣获国务院、江西省政府授予的全国劳动模范、江西省劳动模范、江西省优秀教师称号。

千里来相会

主持人：1954 年您从福建考入华东师范大学物理系，在这里收获了学业和爱情，我们很想听听您的故事呢。

刘运来：我和太太徐娟大学时代是同班同学，都是 1954 年考入华东师范大学物理系。我是福建泉州人，她家住上海市，原来相隔十万八千里，最后这个姻缘可以说是千里来相会。华东师大同窗四年，从相识、相知到相恋，没有母校也就没有我们今天幸福美满的家庭。

我的兄弟姐妹很多，总共有十个，我排行老九。从小家里面很穷，父母亲都大字不识一个，好不容易在街上摆设了水果摊，后来在路边开了个小水果店，养活全家十几口人，生活在社会底层。所有兄弟姐妹中我的天资最好，从小也很会读书，所以父母亲把一切希望都寄托在我身上，希望我将来能够成才，为家庭争口气。在这种思想熏陶下，我读书非常认真，立志改变家庭的社会地位。

从青年时代起，我就与教师这个职业有了初步接触，而且非常喜爱。1951 年，全国大范围开展扫盲运动，针对青壮年，办了很多识字班。我们家边上的泉州市文化馆办了一个民众夜校，那时我上初三，因为我经常到文化馆去看书，他们觉得我非常用功，请我晚上到夜校当老师，教着教着我渐渐对当老师产生了兴趣。一年以后，泉州市还给我评了全市二等模范教师，给予了隆重表彰，这就让我更加热爱当老师。这样，高中三年间，白天当学生，晚上当老师，一干就是三年。

1957年8月，物理系三年级团组织生活，在丽娃河大桥上合影，前排右五是袁运开老师，后排右六是刘运来，前排右四是徐娟

　　1954年，高中毕业的时候，报什么志愿？我在思想上进行过激烈的斗争，但最终还是确定华东师大为第一志愿。为什么思想斗争激烈？有两大原因：第一是我高中时对自然科学兴趣浓厚。课余读了诸如《从猿到人》、《地球的构造》、《宇宙的构造》、《地球与月亮》之类的书，特别着迷，立志成为一名天文学家，想考南京大学天文系。第二是受社会鄙薄人民教师的思想影响，觉得如果我考上师范大学的话，也会被人看不起。但当时学校的老师都动员我考师范学校，他们对我说："国家现在百废待兴，处于经济恢复期，最需要的就是人才，人才又要靠教育来培养，最需要的就是师资。你本身对教育事业很热爱，很有教书天分，一定会成为一名出色的教师。"听了老师的一席话后，我有些动摇了，而且我们学校在我前面三届的毕业生中，每年都有好几个优秀学生考到了华东师大。就这样，经过三个月痛苦的思想斗争，最终还是下决心报考华东师大物理系。但是我的脑海深处强烈的飞天梦仍然没有完全放弃。

　　徐娟老师的学习更好，高中读的是有名的晋元中学，她也是第一志愿报考华东师大物理系的。进入物理系后，我们在同一个班。大学时期我比较活跃，兴趣也比较广泛，而徐娟是个很听老师话的好学生，学习用功，不大说话，每到周末都会回家，所以我们前三年都是普通同学关系，没有谈恋爱。我们俩的学习在班上都是很拔尖的，从三年级开始，我当班长，她当学习班委，彼此接触就多起来。上晚自习，会约好一起去图书馆、生物馆这些地方抢座位看书。到了期末考试，我们都会约

1958年8月，刘运来（左）与徐娟（右）毕业前夕在丽娃河畔的第一次合影

好，跑到生物馆找个人少的教室一起温课。

1958年2月13日，是我们终生铭刻的日子。因为已经考完试，我们就在阶梯教室聊天，聊到我们马上要面临毕业分配的事情。她内心始终认为，我们要服从分配，到祖国最艰苦、最需要的地方去，可她唯一不放心的就是家庭。当时她的弟弟妹妹们都太小，需要人照顾，而她的父亲也希望她留在上海。她拿出一本粉红色封皮的日记翻给我看，上面写着："我的心情非常矛盾。"我立刻明白了她的矛盾中还包含着我们的关系问题。我就对她说："你放心，我一定和你共同把家庭的担子挑到底，把年幼的弟弟妹妹抚养长大。"我们还签署了一份共同的诺言，承诺为了党的教育事业，愿意一起到祖国最艰苦的地方去，还承诺要共同承担家庭的重担。我们爱情之间的最后一层纸就这样被捅破了。

1958年8月18日，我们双双结伴离开上海，赴江西投身教育事业。徐娟被分配到江西师范学院物理系当助教，我被分配到江西师范学院附中。当时我的思想上有很大的波动，一是觉得到中学当物理老师以后就很难在物理专业上有更大的突破了。还有觉得徐娟分在大学，而我却在中学，面子上有点过不去，她勉励我："是金子埋在土里，几十年挖出来依然是金光闪闪。"为了打消我的顾虑，第二年暑假我们就结婚了。

投身教育事业

主持人：江西是您事业发展的大舞台，多年来您做了很多工作，取得了累累硕果，这些似乎都没有离开过教育这个大本行。

刘运来：那时江西师范学院附中刚创建，我一去就承担高三毕业班的物理课，半年后就要组织学生复习，迎接高考。我不仅要教高三的课，还要抓紧时间熟悉钻研初二到高二的全部物理教材。那时我非常忙碌，非常努力，白天上课，晚上看书，备课，准备实验，经常深夜爬近 2 米高的校门回家。花了一年的时间，走完了其他老师五年才能走完的路。正因为这样，我很快就从教师队伍中脱颖而出。1962 年，年仅 26 岁的我就出版了自己的第一本书，那本书是省教育厅指定我写的，并将它作为全省物理教师教学的参考。那段时间我一心扑在工作上，家庭的事情全由徐娟负责，所以我出成果很多很快，出了很多书，也发表了很多论文。

"文革"期间，我受到了批判，被戴上了"反动学术权威"的帽子。白天的全国大串联我不能去参加，就在学校接待红卫兵，在接待站卖饭菜票。到了晚上，我就自己关起门来，不管严寒酷暑，坚持翻译苏联的三本物理书还有几十篇物理文章，总共 60 多万字。这些东西不敢让别人知道，怕受到批判。1969 年，我们全家跟着学校下迁到农村，1973 年才回到南昌。那时学校打算复课，却没有教材，省里就把我调去编写全省的物理教科书。

恢复高考之后，国家计划重建教师队伍。为提拔有能力、有水平的教师，全国开展了第一批特级教师评选。特级教师按教师总数的万分之一比例评选。江西省当时有 33 万教师，只能评出 33 个特级教师。由于我的学术研究在"文革"中没有荒废，有很多的成果，所以，1980 年我顺利被评为江西省首批特级教师并名列榜首。同一年国家评全国劳动模范给了江西 10 个名额，其中教育战线就 1 个，省里把我的材料报到了中央评委会，顺利评上。我光荣赴京，在人民大会堂接受党和国家最高领导人授奖，捧回金光闪闪的金质奖章和国务院颁发的劳模证书。

1981 年，我开始担任江西师范大学附中副校长；1984 年，担任正校长。1983 年我当选了第六届全国人大代表，此后连续 25 年担任了两届全国人大代表、三届全国政协委员。1987 年，我担任南昌市政协副主席兼江西师大附中校长。

从 1977 年恢复高考开始，江西师大附中的升学率就一直在江西省名列前茅。

2003年3月5日，刘运来（右）与女儿刘三秋（左）同赴全国"两会"

从1981年到1992年，我在附中当了12年的副校长、校长。主政期间，我端正办学思想，全面贯彻教育方针，努力落实知识分子政策，调动教师积极性，建设一支高素质的教师队伍，培养优良的校风和传统、校园文化。以身作则，勤政廉政，建设优秀生源基地。使学校走过困难时期，成为全省一流的优秀重点中学。这期间附中的教学教育成绩非常出色，直到1992年当选南昌市副市长才不得不离开附中。1998年初，江西省领导班子换届，我当选江西省政协副主席，在这个位子上干了十年，2008年才退出岗位。2010年退休，我已经72岁高龄。但我担任着江西省关工委第一副主任，担任江西省老年书法学会会长等社会职务，继续发挥余热。退休后，还完成了四部著作：《大道中行——特级教师刘运来的教育人生》《大成跬步——刘运来教育教学成长轨迹》《大歌岁月——刘运来江西民进工作文选》《大爱无疆——刘运来与江西启明学校》。

我这一辈子干了这么多年工作，但都没有离开过教育这个大本行。我的人生经历可以简单地概括为这几句话：先是一支粉笔、一本课本面对一个班的学生教书，然后面对一个重点中学管理好学校，再到面对一个省会城市管好一个城市的科教文卫体，最后作为25年的全国人大代表、全国政协委员和10年的江西省政协副主席，在参政议政的岗位上对国家的教育政策决策提出意见和建议。

主持人：您曾将多年的光阴奉献在中学物理教育上，请您谈谈对中国基础教育的看法。

刘运来：作为一名新中国基础教育的参与者、见证者，我感觉我们国家的教育事业有了很大的发展，取得了非常伟大的成就，在教育理论和实践上都取得了很多成功。但是在基础教育方面，当前存在的问题也确实不能忽视。

　　我曾作为中国优秀教师代表团的成员去美国考察基础教育，还去欧洲参观过他们的学校。比较中国和西方的基础教育，我觉得有两点很大的差异：第一，我认为中国教育非常强调知识，重视基础。（实际上与其说我们重视知识，不如说我们重视的是做题目。）忽视了对学生技能的培养，忽视了对创造能力的激发。所以现在国家说要建成创新型的国家，要实现科技自主创新。在创新方面，我们国家是很落后了。现在国外很多媒体都报道说，中国是世界加工厂，我们只生产产品，却不懂得核心技术。所以在中国青少年培养中要加强创造力的发展，这是我们当年很薄弱的地方。第二，我们注重共性教育，而忽视了对不同学生个性的培养。我们的课堂教学通常面对的是一个班五、六十个学生，大家千篇一律地进行同样的教育，忽视个性的发展，特别是没有给学生独立思考的空间来培养他们的创造才能。我是从基础教育战线出来的，我从自己的孩子、孙辈身上都看到了这些存在的问题，深感痛心。长期以来，在片面追求升学率的这根指挥棒下，普通基础教育受到严重的扭曲。

　　现在的中小学都十分看重分数、成绩，忽视了对孩子们思想道德的培养，忽视了对他们世界观、价值观形成的培养。很多孩子七八岁的时候非常可爱，但在强烈的竞争压力下，无休无止地做题，没有时间玩，更没有时间培养和发展自己的兴趣爱好，这些孩子们还谈什么"幸福的童年"。还有现在的书海、题海让孩子们变成了做题的机器。没有人愿意看到这种情况，老师不愿意，校长也不愿意。这是我们现在的教育制度出了问题，使得孩子们没有金色的童年。所以如果中国的教育制度不改革，继续这样下去的话，是很令人担忧的。

　　中国现在的教育问题错综复杂，不是一句两句话就可以概括的，但我有几条建议可供大家思考：第一，我觉得现在社会上的人才观需要纠正。三百六十行，行行出状元，不是非要大学生、研究生。有很多本土培养出来的人才主要是为发展家乡的经济，提高家乡人幸福指数服务。不能只着眼那些全国"高、精、尖"大学。结果必然是"上得越多，走得越多，家乡越来越穷"。我们的政府和国家要尊重各种人才，并给各种人才应有的重视和合理的待遇。第二，我觉得一定要努力地改变我们的中考、高考制度，尤其是命题的方向。现在多数是请高等学校的老师来命题。我

刘运来（右二）与夫人徐娟（右一）在江西启明学校

同他们有过很多交流，他们的立足点是选拔人才，但是我认为在命题方向还应考虑对今后中等教育的导向，这两个方面要兼顾。第三，我觉得我们要努力探索一些科学对待学校和老师的评价体系，尤其要严禁教育行政部门肆意施压。第四，我建议我们的出版部门、教育行政部门共同携手管好图书出版问题，绝对不能以盈利为动力，以学生作为赚钱对象，要严格控制教科书以外的各种教学参考资料出版的数量和质量，不能让这些参考书满天飞。第五，要进一步加快教育结构的调整，大力发展职业教育。现在我们要把职业教育发展到跟普通基础教育并驾齐驱的地步，就能够实现教育上的分流，让接受职业教育的学生同样成才。

开启"启明"爱的蓝天

主持人：江西启明学校是一所专门为未成年服刑人员提供义务教育的特殊学校，是全国未成年犯教育改造的先行者。可以这样说，这所学校的创建与发展，您厥功至伟。请您谈谈您与启明学校的故事。

刘运来：我与启明学校的结缘是在担任江西师大附中校长期间。1983年秋，我到江西省少年管教所视察，看到关押在少管所的都是不满18岁的未成年罪犯，心里特别难受。我觉得那群孩子犯罪不完全是自己的责任，他们父母的责任最大，其次也有学校和社会的责任，对他们进行文化教育不仅迫切而且十分必要。

2004年3月30日，刘运来出席全国政协十届二次会议

　　孔子说有教无类，学校教育不能仅仅关注精英部分，更要关注普通大众，甚至是落后误入歧途的孩子。这些孩子就像行将枯萎的树苗，如果有春风哺育，他们照样能枝繁叶茂，茁壮成长！不久，当少管所的领导亲自登门拜访，请我去担任启明学校名誉校长时，我欣然同意了。这样我同时拥有了两个身份：一个最优秀学校的校长，一个"最差"学校的名誉校长。我一辈子最关注的也是这两个群体：一个是有正常教育条件的青少年，特别是那些具有拔尖才能的青少年，如何把他们教育好，是全社会的共同关注；另一个是由于失足而走上犯罪道路的未成年人，他们的教育往往被社会遗忘，怎么教育感化这批人，把他们改造好，是一件非常有意义的事情。

　　当上名誉校长后，我发现这所学校的现实情况比想象更糟糕。启明学校虽然是一所学校，可是教育管理体制没有明确，在行政隶属上是省直属单位，上级主管部门是省监狱局，无法在教育上给予支持。实施义务教育的责任在地方政府，该校地处新建县，当地教育管理部门又无管辖权，因此，这所学校的工作基本上无人过问。而且这里的教师大多由民警兼任，他们大多没有受过专业系统的教师培训。我当时的想法是，一定要努力将启明学校纳入义务教育范畴，这样办学场地、师资、经费等问题就解决了。

　　从1985年起，我先后在第六届、第七届全国人大，第八届、第九届全国政协提交了有关未成年犯实施义务教育提案。功夫不负有心人，经过近20年的奔走呼喊，2004年11月26日，经江西省政府批准，省司法厅、省教育厅、省财政厅印发了

2012年春节，刘运来一家三代人在家住的玉泉岛小区（右一）合影

《关于在未成年犯中实施义务教育的意见》，这标志着江西省的未成年犯教育正式纳入了国民教育行列，在全国首开先河。

2005年9月1日，在江西省委、省政府的关心支持下创办江西启明学校，在全国率先将未成年犯义务教育正式纳入国民教育行列，实现未成年犯教育改造社会效益的最优化。截至2014年，共有2331人初中毕业，885人小学毕业。同时启明学校还开设了高考培优班，使未成年犯回归社会后有机会、有能力考大学。目前，已有20余名刑释学员考取了南昌大学等高等院校，有16名服刑人员通过全国自学考试获得了大专以上文凭，对近五年来刑满释放的初中毕业学员抽样调查了657人，仅有6人重新违法犯罪，重新违法犯罪率为0.91%，远远低于全国平均数。

2009年2月，我积极协调，多方共同努力，他们又依托江西启明学校正式成立了江西省启明职业培训学校。将未成年犯职业教育培训纳入全省职业培训总体规划。所有在一年内将刑释的未成年犯100%参加了培训，100%拿到了劳动技术等级证书。五年来，共有3578名服刑人员接受职业技术培训，并全部获得南昌市劳动部门的技术等级证书。其中获中级以上等级证书的有526人。同时积极加强与劳动保障部门的联系，及时了解就业信息，请劳动保障部门安置就业或到监狱举办就业指导等咨询活动；加强与地方司法局的联系，给予推荐就业或扶持刑释人员自主创业；加强与监狱外来加工企业的联系，推荐安置相应工种的刑释人员，努力推进刑释人员社会就业的无缝对接。

2014年5月，刘运来夫妇与档案馆访谈人员胡琨（右一）合影

2011年9月又挂牌成立了"江西启明学校职业中专班"，学制三年，业务上由南昌市教育局负责指导管理。首开全国由监狱自主办学、自主颁发职业中专毕业证书的中等职业教育先河。以市场为导向，经江西省教育厅批准开设了服装制作与生产管理、计算机与数码产品维修、电子电器运用与维修和动漫制作等4个实用性强、就业前景好的专业。2014年6月，首届职业中专班服装制作与生产管理、计算机与数码产品维修、电子电器运用与维修三个专业149名学员毕业，学员将获得职业中专毕业证书、职业资格中级或高级证书。

启明学校的办学模式得到社会各界广泛赞誉。2006年5月，荷兰监狱总长布朗到启明学校参观，题词说："如果我们要寻找一个纪律管教和标准化社会之间的平衡点，并让未成年犯有一个光明的未来，那么这个管教所实际上就是一个典范。"2009年11月，全国人大常委会委员、全国人大内务司法委员会主任委员、全国人大常委会代表资格审查委员会主任委员黄镇东在视察后，称赞启明学校"为我国未成年犯的管理教育探索出了一条新路。我们回去以后要深入总结、探讨，争取与司法部加强联系，让江西的先进经验在全国推广"。

2014年5月17日，司法部长吴爱英视察江西省未成年犯管教所教育改造工作时指出："看来方向是对的，值得在全国推广。"

帮助失足少年重回人生正轨，我倾注了三十几年的心血，看到这些孩子能重新开启自己的人生，能够成家立业，能够被社会接纳，成为对社会和家庭有用的人，我

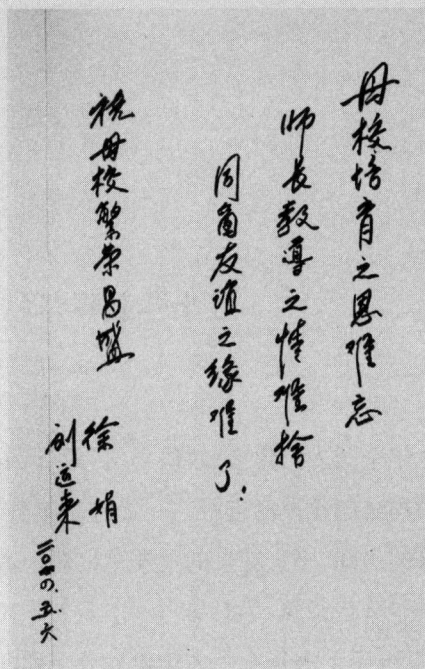

母校培育之恩难忘
师长教导之情难捨
同窗友谊之缘难了。
祝母校繁荣昌盛

徐娟
刘运来
二〇一〇·五·六

刘运来、徐娟题词

感到无比欣慰，觉得自己做了一件非常有意义的事情。

　　主持人：最后，请您谈谈您对华东师大，对当代大学生的期望。

　　刘运来：人生的大学阶段是未来通向社会的重要过渡。学好各门功课、打好基础固然重要，但培养自己的创造才能，全面提高自己的文化素养和意志、品格，尤其树立远大理想、社会责任；培养自立、自强、自信的精神；锻炼自己的社会工作能力，根据社会需要转换职业的能力等都是不可或缺的。

　　我的一生转换多种职业角色。我们唯一的女儿，是中科院博士、博导。29 岁、34 岁时，先后破格晋升物理学副教授、教授，江西省授予青年科学家称号，本应从事她的"天文物理"的研究。但工作需要，四十岁出头，却被任命为"211 工程"大学的副校长，接着任省委组织部副部长，省人力资源和社会保障厅（人社厅）党组书记、厅长。历任三届全国人大代表。她的职业跨度很大，但都能很快适应。靠的是原来大学的基础，和适应社会需要的职业转换能力。

　　我们唯一的外孙女，依靠她取得全国物理竞赛江西赛区一等奖的成绩，保送上海交通大学，17 岁就离开家庭。大学期间参加全美数学建模国际竞赛，获二等奖。后来留美取得硕士学位，回上海创业。靠的是她从小树立远大的理想和抱负。她的自强、自信、独立和创造精神使她战胜面临的各种挑战。

　　从我几十年的人生道路和对子女、孙辈的培养悟出了这些道理，愿与当代的大学生共勉。

链接：

二十四载春华秋实

"当了 24 年全国人大代表、政协委员，累计约有 100 多件建议和提案，这一历程是伴随着中国法制建设的进程。"一走进京丰宾馆的全国政协委员、江西省政协副主席刘运来的房间，一头花发的他郑重地对记者说。他还告诉记者，作为代表委员最重要的是要珍惜荣誉，尽心尽力。

刘运来 1958 年上海华东师大毕业后分配到江西师大附中工作，后任师大附中校长，在 30 多年教师岗位上曾荣获首批特级教师和全国劳动模范称号，并当选第六、七届全国人大代表，第八、九届、十届全国政协委员。"虽然年年来开会，但不能马虎对待，这是人民给你的一个很大荣誉，肩负沉重的责任。"刘运来委员说。

刘运来委员告诉记者，每年开"两会"以前，他要花 2—3 个月收集社情民意。参加六届人大一次会议之时，他力倡建立"教师节"，两年后，国家将"教师节"正式确立下来；参加六届人大二次会议之时，他提出建立"义务教育法"，后来国家也通过了这一法，还有《教师法》也通过了。"当然这都是大家共同努力的结果。"刘运来委员谦虚地说。在《义务教育法》实施 5 年之际，刘运来还提出要组织执法检查，全国人大派出检查组到各地检查，还特邀刘运来参加了在江西的检查工作。

刘运来告诉记者一件令人感动的事。他坚持不懈 15 年，从人大代表到政协委员，始终要求"把未成年犯实施义务教育纳入国民教育范畴"。多年来，因这一提案涉及多个部门，操作复杂而未果。他没有因此泄气，而是先在 2003 年江西省政协会议上作为提案提出，亲自督办，经过艰苦努力促成解决了管理体制和经费保障等问题。结合监狱改造的任务，江西省司法厅投入 4000 多万元经费，在少年管教所建立"启明学校"，使这些未成年犯接受了九年义务教育，首开全国先河。

刘运来委员今年已至古稀之年，但对建言献策的职责一丝不苟。记者在他的房间看到他在江西省各厅局收集的提案材料达十多个，整整齐齐摆放在床上。他说开会很累，声音都嘶哑了。我是他接受此次会议采访的第 21 个记者，另外他还到清华大学与博士生班就他所提的提案做了专题座谈。他手中厚厚的笔记本密密麻麻记满了历年来"政府工作报告"的摘要，今年的报告内容也浓缩记录了三页，并把各大媒体对"报告"报道的标题也记录起来。他很认真地说:"这样方便与往年对比,可更加清晰见证中国经济社会的发展进程。"

他那份今年总理《政府工作报告》文件画满了红杠杠,圈圈点点,写满了批语,可见他花了不少功夫。"今年'报告'到前一天半夜才来,我连夜看了一遍,另在这几天按不同的角度先后看了五遍,这次重点是研读建设社会主义新农村那部分,并在会上做了认真的发言。"刘运来委员告诉记者。

刘运来委员的女儿也是全国人大代表,但与唯一的女儿同在京城却很难有时间专门一聚,只好约定在列席人大全体会议时在人民大会堂里匆匆见上一面。

（作者李时平,原载人民日报《人民网》,2006 年 3 月 14 日）

跋

两年前,我们在承担学校文化建设项目后,出版了《丽娃记忆:华东师大口述实录》(第一辑),本书为学校文化建设项目第二批成果。

打捞华东师大悠久深厚的历史记忆,是学校档案馆(校史党史办)的工作职责,也是我们的一个使命。我们怀着对历史负责的使命感和高度的责任感,在征询学校相关部门意见的基础上,综合各方因素,从近500余名退休教师中确定了第二批口述访谈人物名单。口述访谈以"抢救式访谈"为基本要旨,人物选择按老干部、老教授和老校友划分,且主要以前两者为主。人物遴选的基本条件是:1)年龄在80周岁以上;2)不同学科且有一定声望;3)一定比例的女性。最后确定此次访谈人物有:张瑞琨、吴铎、郭豫适、江铭、徐天芬、黄永砥、盛和林、倪蕊琴、颜逸明、陈崇武、宋永昌、陈伯庚、彭漪涟、王耀发、梅安新、沈焕庭、齐森华、邹兆芳、周尚文、张超、茆诗松、刘运来等22人。

本项目在档案馆馆长汤涛的主持下,在近两年的时间里,分别对这批老干部、老教授、老校友进行了深度的口述访谈,同时系统征集到大量珍贵的照片、手稿、著作、证书等实物档案;通过录像录音,获得了大量生动形象、鲜活细腻和富含启迪意义的声像档案。

为编撰成书,我们在70余万字的访谈记录的基础上,进行了大量而艰苦的材料补充和史料补正。在此基础上,再请口述者进行审读,签字授权。本书以问答形式,且遵循第一人称的叙述体裁。在编排上,老干部按入校工作时间排序,老教授按年龄大小排序,老校友按入学时间先后排序。

本书编撰出版得到了学校党政领导的高度重视和大力支持,党委书记童世骏亲自为本书作总序。老干部、老教授和老校友对口述文稿提出了许多宝贵的意见和建议，在此，对他们孜孜矻矻、慎终如始的精神深表敬意。

本项目的访谈人物、采访提纲等由档案馆馆长汤涛负责制定。全书由汤涛负责整理统稿、修订和审定。档案馆馆员俞玮琦具体负责访谈项目实施和协助整理工作，胡琨参与前期准备工作和部分访谈，林雨平、杨婷等参与本书内容的修订和讨论。

本项目具体访谈分工情况：张瑞琨、郭豫适、江铭、宋永昌、颜逸明、王耀发、沈焕庭由俞玮琦主持；刘运来由胡琨主持；倪蕊琴、彭漪涟、齐森华、邹兆芳、周尚文由黄亚欣主持；陈崇武、陈伯庚、梅安新、张超、茆诗松由张乐琴主持；吴铎、徐天芬、盛和林、黄永砥由邵雨、陈洲主持。在每篇访谈之后，我们附上一篇链接文章，作为访谈录的一种补充，使每位访谈对象的形象更鲜明生动。

本项目得到华东师范大学文化建设委员会办公室、党委宣传部、老龄工作委员会办公室、校友会等部门的鼎力支持；本书的出版得到上海三联书店的支持，感谢责任编辑钱震华先生及相关工作人员的辛勤付出，在此谨表谢意！

因编撰时间与编者水平所限，书中不当之处，敬请读者批评指正。

编　者
2016 年 5 月

图书在版编目(CIP)数据

丽娃记忆:华东师大口述实录.二/汤涛主编.

一上海:上海三联书店,2016.

ISBN 978 - 7 - 5426 - 5654 - 4

Ⅰ.①丽… Ⅱ.①汤… Ⅲ.①华东师范大学—校史—史料

Ⅳ.①G659.285.1

中国版本图书馆 CIP 数据核字(2016)第 171993 号

丽娃记忆:华东师大口述实录(第二辑)

主　　编　汤　涛

责任编辑　钱震华

装帧设计　魏　来

出版发行　上海三联书店

　　　　　(201199)中国上海市都市路 4855 号

　　　　　http://www.sjpc1932.com

　　　　　E-mail:shsanlian@yahoo.com.cn

印　　刷　上海昌鑫龙印务有限公司

版　　次　2016 年 10 月第 1 版

印　　次　2016 年 10 月第 1 次印刷

开　　本　787×1092　1/16

字　　数　370 千字

印　　张　22

书　　号　ISBN 978 - 7 - 5426 - 5654 - 4/G · 1434

定　　价　60.00 元